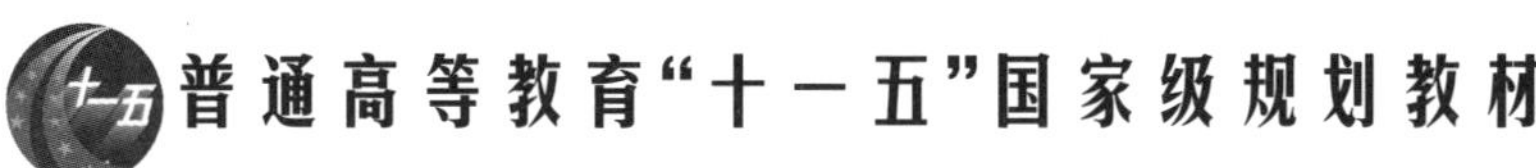

资源经济学

刘学敏　金建君　李咏涛　编著

中国教育出版传媒集团
高等教育出版社·北京

内容提要

本书较系统地介绍了现代资源经济学的基础知识和观点，阐述了自然资源与可持续发展的基本战略思想，讨论了自然资源的供求和价格理论、自然资源经济评价的基本问题、自然资源的经济开发、资源产业化和资源产业、环境资源价值评估理论和方法体系，以及循环经济的基本理论和实践问题；在此基础上，还分别介绍了能源资源、土地资源、森林资源、矿产资源和水资源开发利用中的主要经济问题。全书力求尽量反映国内外资源经济研究的最新成果，做到理论和实际相结合。

本书既可作为普通高校资源科学与工程、资源环境与城乡规划管理、地理科学等专业本科生的教材和研究生的教学参考书，又可作为国土资源管理和规划人员的培训教材，也可供各级地方政府工作人员阅读参考。

图书在版编目（CIP）数据

资源经济学 / 刘学敏，金建君，李咏涛编著．--北京：高等教育出版社，2008．6（2023．9 重印）
ISBN 978－7－04－024363－5

Ⅰ．资… Ⅱ．①刘…②金…③李… Ⅲ．资源经济学-高等学校-教材 Ⅳ．F062．1

中国版本图书馆 CIP 数据核字（2008）第 057905 号

策划编辑 南 峰　责任编辑 徐丽萍　封面设计 张 楠　责任绘图 尹 莉
版式设计 余 杨　责任校对 殷 然　责任印制 耿 轩

出版发行 高等教育出版社
社 址 北京市西城区德外大街 4 号
邮政编码 100120
印 刷 河北信瑞彩印刷有限公司
开 本 787×960 1/16
印 张 18．75
字 数 330 000
购书热线 010－58581118
咨询电话 400－810－0598
网 址 http：//www．hep．edu．cn
http：//www．hep．com．cn
网上订购 http：//www．landraco．com
http：//www．landraco．com．cn
版 次 2008 年 6 月第 1 版
印 次 2023 年 9 月第 5 次印刷
定 价 27．20 元

物 料 号 24363－00

前 言

资源经济学运用经济学研究的基本方法，综合分析自然资源调查、评价、开发、利用和保护过程中产生的各种经济问题，指导制定自然资源开发利用和保护政策，以实现自然资源的优化配置和可持续利用。在我国，建设资源节约型、环境友好型社会，大力发展循环经济，是认真贯彻落实"以人为本，全面、协调和可持续"的科学发展观的重要方面。资源经济学要以此为指导，充分阐释如何建设资源节约型社会、如何推进循环经济等方面的经济问题。作为一门应用经济学，资源经济学追求的是自然资源系统、社会系统和经济系统的协调发展，以提高整体的经济效益、生态效益和社会效益。

根据中国发展的实际需要，北京师范大学率先在国内开设了"资源科学与工程"本科专业，资源经济学是本专业的一门专业基础课程。全书由导论和 11 章组成。撰写分工如下：导论和第 1、3、4、6 章由刘学敏撰写，第 2、5、8、9、10 章由金建君撰写，第 7、11 章由李咏涛撰写。全书由刘学敏负责统稿，中国社会科学院学部委员、著名经济学家张卓元研究员审稿。

在编写过程中，高等教育出版社的领导和编辑南峰先生给予了热情的支持与帮助，使本书增色不少。

作为教材，本书广泛吸收了国内外已有的研究成果，所引用部分，我们在书中尽可能加注和在书后列出参考文献，疏漏之处，敬请原谅。在此向有关作者致以深深的谢意。

在本书编写中，尽管作者力求反映国内外资源经济研究的最新成果，做到理论和实际相结合，但因能力所限，加之时间紧迫，谬误疏漏在所难免，欢迎读者批评指正。

目 录

导论

朴素的资源经济思想早已有之，但人类研究并真正高度重视资源经济问题却是在20世纪后半叶。面对工业革命造成的环境污染和资源枯竭，使人们更加重视资源的合理开发和利用，可持续发展思想就是它的集中表现，而现代资源经济学就发轫于此。

第1节　可持续发展

一、可持续发展的含义和由来

（一）对传统行为和观念的反思——可持续发展的由来

人类社会为了存在和发展，必须获取物质资料。谋取物质资料的方式即为生产方式。生产方式包括生产力和生产关系两个方面。前者反映人与自然之间的关系，后者则体现人与人之间的关系。在生产力中，人类经历了对自然顶礼膜拜的漫长历史以后，经过工业革命，铸就了现代科学技术之剑，从而成为大自然的主人。

然而，正当人类为科学技术和经济增长沾沾自喜、津津乐道时，却不知不觉地步入了自己挖掘的陷阱——生存环境在不断恶化。工业革命曾经有力地推动了世界经济的发展，却不经意中让人类付出了环境和资源的代价，使持续发展难以为继。资源耗竭、臭氧层破坏、荒漠化等直接威胁到人类自身的生存。所有这些，都迫使人类对自己的行为方式和观念进行反思。

20世纪中叶，环境和生态问题日益严峻，恶性公害事件（1943年、1955年美国洛杉矶光化学烟雾事件，1952年的伦敦烟雾事件，20世纪50—60年代日本的水俣病事件等）频频发生。1962年，美国海洋生物学家蕾切尔·卡逊发表了她的环保科普著作《寂静的春天》。作者通过对环境物富集、迁移、转化的描写，阐明了人类同大气、海洋、河流、土壤、动植物之间的关系，初步揭示了污染对生态系统的影响。这是对人类行为和观念进行系统反思的开山之作。

1968年，来自世界各国的几十位科学家、经济学家、教育家，在意大利菲亚特公司董事长帕塞伊的倡导下，成立了专门研究国际社会所面临的环境、经济问题的“罗马俱乐部”。受该俱乐部的委托，美国经济学家梅多斯于1972年出版了第一份研究报告——《增长的极限》。该报告认为，由于世界人口增长、粮食生产、工业发展、资源消耗和环境污染这五项基本因素的运行是指数增长的，全球的增长在将来的某一时刻会因粮食短缺和环境破坏而突然崩溃。如要推迟世界的崩溃，只有实行经济的“零增长”。该报告的出版，引发了一场旷日持久的、激烈的学术之争。1973年，该俱乐部的第二份研究报告《人类处于转折点》指出，为了避免崩溃，世界各国必须携起手来。“罗马俱乐部”的研究报告对唤起人类自身的觉醒具有积极意义，它为孕育可持续发展的思想萌芽提供了土壤。

1972年，联合国人类环境会议在瑞典的斯德哥尔摩召开，来自世界113个国家和地区的代表会聚一堂，共同商讨环境对人类的影响问题。这是人类第一次把环境问题纳入国际议事日程。大会所通过的《人类环境宣言》指出：保护和改善人类环境是关系到各国人民的幸福和经济发展的重要问题，是各国人民的迫切希望和各国政府的责任，也是人类的紧迫目标。这次会议，把各国政府和公众的环境意识向前推进了一大步。

1983年成立的世界环境与发展委员会，于1987年向联合国提交了《我们共同的未来》的研究报告。报告深刻地指出，我们需要一条新的发展道路，这就是“可持续发展”的道路。可持续发展的提出，是关于人类生存与发展的一次思想史上的重要飞跃。

1992年，联合国环境与发展大会在巴西里约热内卢召开，183个国家和70个国际组织与会，102个国家元首或政府首脑讲话。时任国务院总理的李鹏率领中国代表团参加了会议。会议通过《里约环境与发展宣言》（又称《地球宪章》）和《21世纪议程》。至此，可持续发展得到了世界最广泛和最高级别的政治承诺。以这次大会为标志，人类对环境和发展的认识提高到了一个崭新的阶段，可持续发展思想成为人类高高举起的重要旗帜。

2002年9月4日，在南非约翰内斯堡召开的可持续发展世界首脑会议在通过了两份重要文件——《执行计划》和《约翰内斯堡可持续发展承诺》后降下了帷幕。这是迄今在可持续发展领域召开的最大规模的国际会议，时任国务院总理的朱镕基率领中国代表团参加了会议。这次会议就形式上的意义而言已经远远超出了它的内容，它表明，可持续发展正在成为人类生活的重要准则，日益成为世界经济社会发展的潮流。

（二）一种新的发展观——可持续发展的含义和原则

按照《我们共同的未来》中的定义，可持续发展就是“既满足当代人的需求，又不对后代人满足其自身需求的能力构成危害的发展”。它应该包括：

可持续发展是要满足当前的需要，又不削弱对子孙后代满足其需要之能力的发展；它意味着国家内和国际间的公平，意味着要有一种支援性的国际经济环境，从而导致各国，尤其是发展中国家的经济增长和经济发展；它还意味着维护和合理使用并且加强自然资源基础，这种基础支撑着生态环境的良性循环和经济增长；它涉及国内合作和跨国界的合作，它绝不包含侵犯国家主权的含义。

可持续发展是一个涉及经济、社会、文化、技术以及自然、环境的全新的综合概念。

首先，可持续发展支持经济增长。经济增长是一个国家 GDP 的增加，只有经济增长，才能增强国家的实力和社会的财富，才能增加人民的福利。可持续发展所支持的经济增长方式与传统经济增长方式不同，它注重经济运行质量，依靠科学技术进步，是以“低投入、低消耗、低污染”为特征的经济增长方式。

其次，可持续发展的标志是良好的生态环境和自然资源的永续利用。可持续发展是人口、资源、环境诸方面的协调发展。它要求，在严格控制人口增长、提高人口素质和保护环境、资源永续利用的前提下进行经济建设，保证以可持续的方式使用自然资源和环境成本，使人类的发展控制在地球的承载力之内。

最后，可持续发展的目标是谋求社会的全面进步。可持续发展观认为，发展的本质应当包括改善人类生活质量，提高人类健康水平，创造一个保障人们平等、自由、教育和免受暴力的社会环境。可持续发展不仅是经济发展，而且还包括社会、文化诸领域的发展，它是整个社会的全面进步。

可持续发展所体现的原则主要是：

1. 公平性

公平是结果公平和机会公平的统一。可持续发展所体现的公平原则不仅包括代际公平，也包括代内公平。代际公平是在有限的资源下，当代人不能因为自己的发展和需求而损害后代人满足其发展需求的条件，要给后代人以公平地利用自然资源和环境的权利；代内公平是要满足所有人的基本需求，给他们机会以满足他们要求过美好生活的愿望。

2. 持续性

人类发展必须以不损害支持地球生命的大气、水、土壤、生物等自然条件为前提，必须考虑到资源的稀缺性，必须适应资源和环境的承载能力。人类要根据可持续的原则调整自己的生活方式，确定自身的消耗标准，而不是盲目地、无休止地生产、消费甚至浪费。

3. 共同性

可持续发展是全球的发展，这是由地球的整体性和相互依存性所决定的。不管是什么样的国家，也不管各国历史、经济、文化和发展水平多么不同，要实现可持续发展的总目标，必须争取全球共同的配合行动。因此，致力于达成既尊重各方的利益，又保护全球环境和发展体系的国际协定至关重要。

(三) 经济利益的挑战——可持续发展的艰难历程

尽管在20世纪70年代就出现了可持续发展的思想，但可持续发展的实践却步履蹒跚。这主要是由于经济规律和现有的经济利益格局与可持续发展的思想体系存在着矛盾。

1. 现行的经济规律和经济思维与可持续发展的冲突

“利润就是损失”[①]，这是20世纪40年代美国经济学家福格特提出的重要观点。它表明，现行的经济规律和经济思维与可持续发展之间存在冲突。

首先，衡量经济增长的GDP没有计算对环境和资源所造成的损害。而且，GDP还产生一种误导：只要GDP增长速度快，国家的经济实力就大。它全然不顾GDP可能是由于资源耗竭和环境破坏造成的，在相当程度上是建立在过分开采可耗尽资源基础上的。所以，GDP的增加，并不必然导致生活质量的提高，相反，它可能还会造成生活质量的下降。

其次，“消费者主权”存在着误导。“消费者主权”就是在市场上消费者说了算。消费者在市场上购买他所需要的商品和劳务，他把这种愿望告诉市场，并通过市场转告给生产者，于是，生产者遵从消费者的指令进行生产。但问题是，消费者并不总是正确的。事实上，一些消费者穷奢极欲或者放纵的恶习会使整个社会的生产扭曲，猎杀和食用濒危动物恶化了人类的生命保障系统；反过来，人类的真实欲望被促销广告中的虚拟欲望所代替、以消费的膨胀甚至“浪费”来支持生产。

再次，可持续发展要求确定人类自身的消耗标准，但很多国家的政府为了解决失业问题、缓解经济生活中的矛盾，却又在拼命地鼓吹“扩大需求”。在经济学上有一个著名的“碎窗谬论”：一个流氓扔了一块砖头，打碎了商店的窗子；当店主怒气冲冲地跑出来时，那家伙已经溜得没了踪影；乍一看来，这是坏事；但店主为了重新安装玻璃，玻璃匠就得到了收入；如果玻璃匠再购买别的什么东西，就又会形成新的收入；如此不断地传递下去，将会导致收入的成倍增加。经济学家说，增加了社会的收入，这是好事。不言而喻，在现代经济学看来，这个扔砖头的流氓是社会的“恩人”。

---

① 福格特．生存之路．北京：商务印书馆，1981：41。

最后，既有的经济规律道出了这样的事实：生产者使用生产要素时主要看成本的高低。在价格下降时多购买，价格上升就少购买；资源丰富价格就低，资源稀缺价格就高。这样，在初始状态下，丰富的资源价格都非常低，甚至不支付任何代价，人们就可以多加使用，等到这些资源耗费殆尽（价格也随着资源数量的减少而逐步提高）时，人们就用别的资源来替代。因此，经济规律表明，“先破坏，后修复；先污染，后恢复；先浪费，后节约”是一种必然。显然，这与可持续发展观是相矛盾的。

2. 现行世界利益格局制约着可持续发展

可持续发展的原则是共同性，它要求，为实现全球共同的总目标，必须进行全球共同的配合行动。然而，由于世界经济发展和利益格局的不均衡，各个国家所面临的问题也不相同，发达国家与发达国家之间、发达国家与发展中国家之间、发展中国家与发展中国家之间存在着太多的分歧和矛盾，使得在可持续发展问题上常常意见相左。

1992 年巴西里约热内卢“地球峰会”以后，地球环境却是走向进一步的危机。温室效应、沙漠化、水危机、森林减少、土壤碱化、气象异常等问题愈演愈烈，人口继续膨胀，贫困继续蔓延。发达国家和发展中国家之间的贫富差距、卫生差距以及享有高新技术和能源资源的差距，也都在迅速扩大。可以说，贫困的扩大与生态环境的恶化互为循环，而且都具有积累的效应。环境问题为世界各国共同承受，而贫困问题却需要发展中国家独自去承受。

自从 2001 年美国总统布什拒绝批准旨在防止地球温室化的《京都议定书》以来，可持续发展问题变得异常尖锐。科学研究表明，现在可燃烧的化石燃料（如石油、煤炭）释放出的全球 CO_2 量，每年增加一个百分点。许多国家都郑重承诺它们所使用的可再生能源（如太阳能、风力）在 2010 年之前应该占全球能源生产的 15%，朱镕基总理在 2002 年 9 月约翰内斯堡会议期间也宣布中国已经核准《京都议定书》，向国际社会表达了中国坚持走可持续发展道路的决心。然而作为全球最大污染者的美国，则拒绝签字；作为化石性燃料重要供应者的加拿大和沙特阿拉伯，也对此予以反对。

看来，受利益的驱使，每一次国际可持续发展会议，都是斗争与妥协，最终都会在利益上得到协调。

当然，妥协也未必全是坏事。把所有国家放在一起讨论整个地球的未来，有分歧是正常的。为取得一致，彼此妥协也是必需的①。

① 刘学敏．城市化与可持续发展．北京：中央党校出版社，2004：241。

二、资源与可持续发展

可持续发展涉及经济、社会、人口、资源和环境，其中，自然资源的合理开发和利用是实现可持续发展的物质基础。

(一) 自然资源支撑着一个国家的经济发展

英国古典经济学家配第曾说过，“劳动是财富之父，土地是财富之母”[①]。这里的“土地”泛指自然资源。在古典经济学家看来，财富的创造不能离开自然资源。人类社会要存在和发展，一刻也不能没有消费，而消费品是生产过程的结果，这就决定了人类社会存在和发展也不能没有生产。生产是起点，消费是终点，而生产是各种生产要素包括劳动、资本、自然资源等组合以制成产品的行为。正是由于劳动、资本等其他生产要素作用于自然资源，才使生产过程成为可能。可以说，自然资源支撑着经济发展，是经济活动的物质基础。

(二) 环境问题与自然资源的不合理利用密切相关

迄今为止，几乎所有的环境问题都是对自然资源的不合理利用造成的。由于对自然资源的巨大消耗和过度开采，出现环境污染、生态破坏、酸雨蔓延、全球气候变化、臭氧层出现空洞等环境问题，且愈演愈烈。毫不夸张地说，人类正在遭受着严重环境问题的威胁和危害。由于资源的不合理利用，使地球的健康和人类自身的健康都受到严重威胁和损害。因此，要保护环境，必须把资源开发利用与经济发展有机地协调起来，只有这样，才能从根本上解决环境问题。

(三) 人类享受自然资源所提供的福利与人口规模高度相关

人类之所以看重自然资源，是因为自然资源的多寡直接关乎人类的福利。由于自然资源的稀缺性，不可再生资源在人类的时间尺度上不能再生，而可再生资源必须保持其再生能力，不可过度消耗。相对于人口数量的增长，资源是有限的。不仅如此，还要考虑到人类自身的繁衍，就是说，人类自身也要世代延续下去，因此，资源对人类福利增加的约束会越来越强。以不可再生资源为例，如果以纵轴 R 表示资源量，以横轴 P 表示人口规模，则图 0-1 显示的曲线表明，人口规模 P 越大，人均占用的资源量 R/P 就越少。

人口是经济、社会发展的主体，发展必须要有一定的人口作为基础。目前，世界大约 80%的人口居住在发展中国家，而有 74 个发展中国家正面临着在今

---

① 参见马克思．资本论:第 1 卷．北京:人民出版社，1975:57。

后 30 年里人口翻一番的局面。据联合国估计，到 2025 年世界人口将达到 85 亿，其中新增人口的 90%将在发展中国家。对于发展中国家来说，人口增长虽不是导致贫困的根本原因，却是生态环境恶化的重要因素之一，从而使贫困问题更加严重。人口增长增加了对商品和服务的需求，但也对自然资源形成额外的压力。尤其在城市地区，人口增长速度超过其承受能力，如住房、医院和其他基础设施等。更多的人还将产生更多的废物，生活环境更加恶化，传染性疾病更易流行。联合国人口委员会预测，到 2015 年，全世界将有 26 个城市跃入特大城市行列，其中 22 个在发展中国家。人口增长和城市扩展加重了地球的环境污染。

(四) 自然资源是社会进步的物质基础

正是由于自然资源支撑了经济发展，与其他生产要素联合创造了物质产品，才支撑了社会的进步，文化事业、医疗卫生事业、社会公共安全、科学研究与教育等才得以发展和繁荣。事实上，社会事业的产生依赖于经济中的剩余产品，只有经济发展了，提供了足够多的剩余产品，才能支撑人们从事经济以外的活动，社会事业才能产生，才能支撑更加细密的社会分工；同样，社会事业的发展和进步，也是经济进一步发展的结果，归根结底也依靠自然资源的支撑。尽管随着科学技术的进步，其他生产要素可以在一定程度上替代自然资源，但它们毕竟不是自然资源的理想替代物。设在生产中只使用劳动 L 和土地 N 两种生产要素，为了生产相同产量，劳动和土地二者之间可以替代，但边际技术替代率 $MRTS$ ($MRTS=-\mathrm{d}L/\mathrm{d}N$)具有递减的倾向，如图 0-2 所示。为了生产相同的产量 Q，在 A 点需要更多的劳动和较少的土地资源，而在 B 点则需要较少的劳动和较多的土地资源。可见，无论科技发展到何种程度，经济发展和社会进步都不能绕开自然资源的支撑。

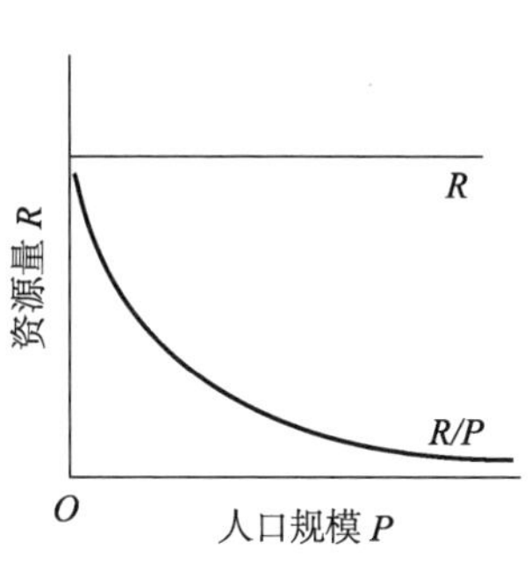

图 0-1 资源与人口规模

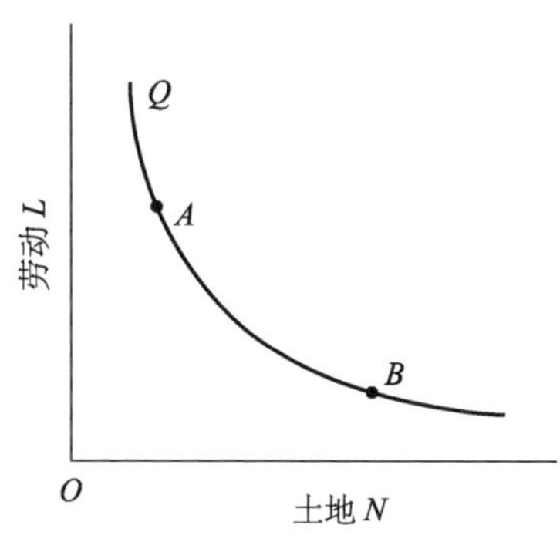

图 0-2 等产量线

三、可持续发展的实践

(一) 世界的可持续发展

自1992年里约热内卢会议可持续发展得到世界最广泛和最高级别的政治承诺以后,可持续发展就从一种新的发展理念转入实践和探索阶段。世界上大多数国家都开始在考虑本国的可持续发展问题,几乎所有的国际组织都对可持续发展战略作出了反应。各国都根据自己发展的实际,制定可持续发展战略,探索可持续发展的道路。由于世界的复杂性和社会经济发展水平的不同以及文化背景的差异,可持续发展作为世界各国的共同纲领,不同国家与地区可以根据自身的基础、条件、特点和要求确定不同的发展模式。从各国推行可持续发展战略的实际情况来看,处于不同地区、不同发展水平和不同发展阶段的国家,其贯彻可持续发展的侧重点和追求的目标是不同的。发达国家侧重于加强环境保护和提高经济增长的质量,强调气候变化等全球环境问题。而发展中国家所追求的目标则主要是发展经济和消除贫困,解决人口、健康、教育、安全等社会问题,在发展中提高保护环境与生态的能力。

1. 欧盟的可持续发展战略

欧盟早在2000年制定的里斯本战略中就把可持续发展作为重要政策来实施。里斯本战略的目标就是"至2010年,将欧洲建设成为世界上最具活力和最具竞争力的知识经济社会"。为了实现这一目标,该项战略以建设和谐社会、振兴经济、可持续发展作为三大支柱,相互支持,相互促进,共创欧洲美好未来。为了实现世界的可持续发展,欧盟密切关注世界环境不断恶化给人类带来的灾难,并积极制定本地区环境保护政策;增加投入,组织大型环境科研攻关计划;加大环境保护宣传力度,鼓励民众参与各项环保活动;促进国际合作,努力推动国际社会共同面对世界环境不断恶化的严峻挑战。欧盟的战略和政策是:欧盟战略条约、欧盟"第五个环境和持续发展行动计划"、《振兴经济,增强竞争力,创造就业机会》白皮书、《21世纪议程》、欧盟可持续发展行动计划等。

在欧盟的总协调下,不断密切成员国之间的合作;集中精英科研力量攻克难关;鼓励欧洲投资银行积极参与绿色新技术的研发和创新工作;大力扶持经济和科研实力较弱的成员国,促其高度关注和落实欧盟的可持续发展战略,以防一些国家的环境继续恶化,为全欧洲绿色技术的均衡发展创造条件。

2. 日本的可持续发展战略

日本在1994年颁布的《21世纪行动纲领》中,系统地反映了日本对可持续发展的理解。这份文件针对日本出生率下降的问题,提出了一系列鼓励生育的政策，目的在于保持日本社会的活力；针对全球气候变暖的问题，提出了环境保护、能源供需平衡、经济发展三位一体的环境政策；减少对不可再生资源的依赖，开发新的再生资源，提高资源的使用效率，努力将环境保护与经济发展协调一致。这份文件要求人口、经济、社会、资源和环境的协调发展，其目标就是要建立一个环境可以承担的可持续发展的社会。

针对大气污染的主要源头之一的能源工业，日本政府采取了政府引导与投资相结合的治理办法。同时，调整能源结构，减少了石油的使用量，增加了天然气、核能、水电等清洁能源的使用量，使得日本大气中的二氧化碳的含量大大降低。日本调整了能源密集型的重工业，转而积极发展能源消耗较少的电子产业与高新技术。这也在很大程度上缓解了大气的污染程度。日本还陆续建立和完善了关于可持续发展的各项法律，如《公害对策法》、《环境污染控制法》、《环境基本法》、《节能法》等。这些法令对控制污染，维持社会与环境的协调发展起到了重要的作用。

3. 巴西的可持续发展战略

巴西可持续发展战略由以下 7 个部分组成：

① 逐步消除贫困；

② 合理利用能源；

③ 建立新的交通体系；

④ 建立生态平衡经济发展区；

⑤ 发展农业多品种种植和食品多样化；

⑥ 开发多样化生物产品；

⑦ 强化可持续发展手段，把培养人才、发展教育作为社会发展的头等大事。

可见，巴西把逐步消除贫困作为其走向可持续发展的首要目标，把经济发展放在可持续发展的首要地位。

贫困是阻碍巴西可持续发展的重要问题之一。反贫困是巴西 21 世纪议程中最优先的国家行动。在巴西，不同地区之间社会和经济发展极不均衡，尤其是城乡差别，体现在城乡居民收入和所能获得的基础服务方面。为了反贫困，政府在经济和社会领域以及对公共政策（包括环境政策）进行了卓有成效的改革，使分配的天平向贫困阶层倾斜，取得了很好的效果。

4. 印度的可持续发展战略

印度可持续发展的思想与行动主要体现在：

① 环境保护。其主要内容是调查环境现状，评估环境污染所造成的影响，控制污染和弥补环境所遭到的损害，在若干个大学内设置有关环保问题的研究机构，动员民众参与《环境保护法》的实施。

② 农业可持续发展。从研制和推广生物肥料、推广使用生物农药等方面努

力，进一步推动农业可持续发展。

③ 控制人口与消除贫困。制定计划生育政策和“生育与少儿健康计划”。

④ 政府行为和公民参与。

5. 美国的可持续发展战略

美国为了贯彻里约热内卢联合国环境与发展大会精神，于1993年7月成立了“总统持续发展理事会”(PCSD)，负责执行联合国环境与发展大会《21世纪议程》，制定国家持续发展战略及国家行动计划。美国的可持续发展战略的原则主要是：

① 要达到可持续发展的目标，必须增加工作职位、生产能力、薪金、资信、知识和受教育机会，同时减少环境污染、废物和贫穷；

② 要改革，选择一条以经济增长、环境保护和社会公平为共同目标的发展道路；

③ 不断减少在教育、就业和环境风险方面的不平等，是达到经济增长、环境舒适和社会公平的关键；

④ 在未来25年内，必须继续努力，市场的激烈竞争和消费者的影响力，能迅速带动环境事业的进步；

⑤ 一个基于科技革新，增加效率和扩充市场的经济增长是通向繁荣、公平和优质环境的社会的必要条件；

⑥ 环境保护的法律必须能继续提高美国人民的生活水平。

因此，需要清晰公正的工作准则，应不断改善现行的体制以求能以低成本达到所需结果；环境改善需要个人、组织之间的合作及相互帮助；需要一个新的合作决策，以更好地判断、更快速地改变和更有理性地利用人力、天然和财政资源来达到目标；必须加强社会团体组织在自然环境、社会平等、资源保护和经济增长中的主导地位，带动全社会参与决策过程；经济发展、环境保护和社会公平之间是息息相关的，需要完善综合政策以求达到这些国家的目标；美国应该帮助世界制定稳定人口的计划和行动；即使对于目前科学上还存在不确定性的问题，也要采取合理措施，尽量避免对环境和人体健康造成严重的不可补救的伤害和威胁；不断在科学和技术方面创新；一个增长的经济和健康的环境是国家和世界性安全的必要条件；有理性的公众、有资信自由和充满机遇这三个要素对于公开、公平和有效的决策是十分重要的；公民必须接受高质量的专业和非专业教育，并持之以恒。

美国总统持续发展理事会(PCSD)就美国的可持续发展提出了10个相互依存的、相互联系的、对美国经济繁荣、环境保护和社会平等至关重要的目标：健康和环境；经济繁荣；平等；自然保护；服务管理；可持续发展社区；市民支持参与；人口；国际义务；教育。

美国可持续发展的措施主要包括：

第一，加强社区建设。制定社区战略；加强地区合作；建筑设计与翻新；社区规划；社区管理；发展强有力的和多元化的地方经济；培训及终身教育；环境的经济开发以及开发褐色场地。

第二，自然资源的管理服务。通过合作途径，保护、恢复和监测自然资源，解决自然资源的利用和保护之间的矛盾；利用有关生态、社会和经济方面的信息，妥善管理自然资源；建立奖励制度；恢复水生环境等。

第三，美国的人口与可持续发展。提供更多的服务，为妇女提供更多的机会、改进移民政策。

第四，信息和教育。加强信息管理；拓展科学知识，加强决策制定；加强信息准入；发展有关可持续生活方式的信息；制订指标；编制国家收入补充报告；实施环境会计制度；正规教育改革；拓展其他教育形式和加强可持续发展方面的教育。

第五，国际领导地位。通过积极参与领导旨在鼓励民主、支持科学研究、促进经济发展和保护环境与人类健康的国际合作，促进美国的经济和国家安全。

6. 东盟的可持续发展战略

东盟国家制定了《环境战略行动计划》，基本目标是：积极响应联合国《21 世纪议程》，不懈地致力于东盟应承担的义务；制定新政策和新措施，加强环境保护机构的建设，提高东盟地区国家综合治理环境的能力；建立环境质量的长期目标，统一东盟地区的环境质量标准；统一方向，采取协调一致的行动，加强技术合作以解决共同的环境问题；研究东盟自由贸易区（AFTA）对环境保护的影响，采取措施，使优惠的贸易政策与完善的环境政策得以有机统一。

《环境战略行动计划》的具体内容包括：支持把环境和发展的问题纳入区域框架的决策过程；促进政府和私营部门的相互合作和相互支持；加强环境知识信息数据库的建设；加强履行国际环境协议的行政机构和法律体系；建立东盟地区生物多样性保护和可持续利用的体制；制定保护海洋环境、开发东南亚近海海域的行动计划；加强对有毒化学药品和有害垃圾的管理，严格控制有害垃圾的流入；建立促进环境无害化技术转移的体制；积极开展地区性合作，提高主管部门在可持续发展中的作用；加强实施和管理地区环境计划的协调机制。

（二）可持续发展与中国

1992 年联合国环境与发展大会后，中国政府以求真务实的态度，逐步地履行自己在联合国环境与发展大会上的承诺。

1. 中国的可持续发展战略

第一，中国同意联合国环境规划署 15 届理事会通过的《关于可持续发展的声明》中关于可持续发展的定义，并且根据中国的具体国情，进一步强调：可持续发展的核心是发展；可持续发展的重要标志是资源的永续利用和良好的生态环境；可持续发展要求既要考虑当前发展的需要，又要考虑未来发展的需要，不以牺牲后代人利益为代价来满足当代人利益；实现可持续发展战略必须转变思想观念和行为规范。

第二，明确指出走可持续发展道路是中国当代以及未来的必然选择；建立了推动可持续发展战略实施的组织保障体系；制定了国家、各部门和地方政府不同层次的可持续发展战略，1994 年制定了可持续发展战略——《中国 21 世纪议程——中国 21 世纪人口、环境与发展白皮书》(以下简称《中国 21 世纪议程》)，将可持续发展战略纳入国民经济和社会发展计划中；加快可持续发展的立法进程，加强执法力度，努力促使中国可持续发展战略的实施逐步走向法制化、制度化和科学化的轨道；组织和动员社会团体及公众参与可持续发展；本着建立新的全球伙伴关系的精神，积极开展环境与发展领域的国际合作。

第三，在可持续发展重点领域取得巨大成就。主要是：控制人口增长，提高人口素质；加大扶贫力度，努力消除贫困；综合整治城市环境，加快居民住宅建设；强化土地资源管理，保持农业和农村经济持续稳定增长；推行清洁生产，防治工业污染，促进工业增长方式的转变；坚持能源开发与节约并重，把节约放在首位的方针，降低能源消耗，防治环境污染；加强森林资源培育，继续实施林业生态体系工程建设；合理开发利用和保护水资源；强化海洋资源管理，保护海洋环境；合理开发利用气候资源，加强气候资源监测、评估和规划工作；开展防灾减灾，努力减轻自然灾害；防治大气污染，认真履行国际公约；开展固体废物的资源化和无害化管理；保护生物多样性，认真履行《生物多样性公约》。

第四，提出了可持续发展的战略设想及政策措施。我国将建立可持续发展的经济体系、社会体系和保持与之相适应的可持续利用的资源和环境基础，作为可持续发展的总体目标，以最终实现经济繁荣、社会进步、生态安全。我国进一步实施可持续发展战略所具备的有利因素是：国民经济持续快速增长，经济实力和综合国力显著增强，为未来的发展奠定了初步的经济、物质和技术基础；环境保护的基本国策地位进一步强化。同样，在实施可持续发展战略方面也面临一些困难：经济发展水平比较低，总体技术水平相对落后，转变经济增长方式的任务远远没有完成；庞大的人口压力和资源相对紧缺的矛盾长期存在；经济增长与资金、资源、环境的矛盾相当突出；环境污染和生态破坏的恶化趋势尚未得到有效控制，国家治理环境污染和保护生态环境的任务十分艰巨。我国在推进可持续发展战略实施方面将采取以下具体措施：依靠科技进步，促进可持续发展；继续推动地方和部门实施《中国 21 世纪议程》；加强能力建设，提高公众可持续发展意识；选择重点地区，开展生态环境整治；继续加强资源节约与综合利用，保护自然资源;加强广泛、互利的国际合作。

第五,我国对国际环境与发展领域若干问题的基本原则和立场是:经济发展必须与环境保护相协调;保护环境是全人类的共同任务,但经济发达国家负有更大责任;加强国际环境与发展领域的合作必须以尊重国家主权为基础;保护环境和发展离不开世界的和平与稳定;处理环境问题应当兼顾各国现实的实际利益和世界的长远利益,在重视一些全球性环境问题的同时,需要优先考虑区域性的环境问题,特别是发展中国家面临的环境污染和水土流失、沙漠化、水旱灾害等问题,国际社会应理解和支持发展中国家在这些问题上的合理要求。

2. 国家可持续发展实验区

1978年党的十一届三中全会以后,随着改革开放的不断深入,随着制约发展的桎梏被打破,中国的生产力获得了解放,经济获得了前所未有的发展。尤其在中国东部沿海开放地区,涌现出"长江三角洲"、"珠江三角洲"等多个具有广泛辐射力和强大影响力的"增长极"。体制的变革、市场的活力、增长的冲动,使这些区域成为中国最具活力、最具吸引力的区域。

但是,在发展的过程中,也出现了诸多问题:社会发展相对滞后,经济发展与社会发展不协调;资源枯竭,环境污染,人与自然不和谐;城乡之间、地区之间收入差距扩大,区域发展不平衡。

要用发展的办法解决前进中出现的问题。1986年,在有关部门和地方政府的共同努力和参与下,选择江苏省常州市和锡山市华庄镇,开始城镇社会发展综合示范试点工作,探索有中国特色的社会发展道路,这便是实验区建设的最初雏形。从那时起,中国开始了具有可持续发展全部内容的实验和示范工作。就在中国设立实验区一年以后,1987年,联合国环境与发展委员会发表了《我们共同的未来——从一个地球到一个世界:世界环境与发展委员会的总观点》的报告,科学论述了可持续发展的概念。

1994年3月,国务院正式通过了《中国21世纪议程》,并将其作为指导我国国民经济与社会发展的纲领性文件。同年7月,实验区协调领导小组召开会议,明确指出要将可持续发展的思想作为实验区的指导思想。会议指出,"实验区可以说是实践《中国21世纪议程》的实验区,可以作为中国今后发展的方向和样板","这条道路就是中国未来发展的道路,也是建设具有中国特色社会主义的发展方向。"会议提出了"实施《中国21世纪议程》,推进社会发展综合实验区建设"的意见,要求各实验区要率先实施《中国21世纪议程》,把实验区建设成实施可持续发展战略的基地。

为了推广实验区的成功经验,进一步贯彻可持续发展战略和科教兴国战略,推动经济与社会协调发展,1997年12月,将"社会发展综合实验区"更名为"可持续发展实验区"。截止2007年,在中央各有关部门和地方政府的共同努力和参与下，在全国范围内，现已建立国家级实验区 58 个，分布在全国 23 个省、自治区、直辖市。同时，各省、自治区、直辖市陆续建立了省级实验区 90 余个，遍及全国 25 个省、自治区、直辖市，形成了从国家和地方共同推进可持续发展战略的格局。

可持续发展实验区建设的意义就在于：

首先，实验区建设是可持续发展理论的探索基地，是社会综合发展的实践基地，是小康社会全面建设的实践基地，是区域可持续发展机制创新基地，是区域可持续发展模式的探索基地，是新农村建设的实践基地，是可持续发展的合作交流与示范基地。

其次，实验区建设是国际可持续发展的重要组成部分。可持续发展观提出以后，实验区建设便迅速地汇入这股世界潮流，成为国际可持续发展的重要组成部分。

最后，实验区建设为发展中国家提供了经验和示范。可持续发展是对传统发展观扬弃的结果。然而，如何实现可持续发展，却没有一个现成的模式，可持续发展本身还在探索之中，尤其是对于广大发展中国家而言，由于发展的阶段不同，许多问题还没有遇到，一些问题远没有恶化到发达国家那样严重的地步。但是，工业发达国家向工业不发达国家所显示的只是后者未来发展的景象。作为世界上最大的发展中国家，中国正在从不发达状态向发达状态过渡，针对发展中存在的问题，通过实验区的建设，试图在实验区中实现经济、社会、人口、资源、环境的协调发展，积累经验，推广和扩散，取得了良好的效果。实践证明，推进地方可持续发展工作可以通过实验区建设来实现，实验区这种形式具有广泛的适应性。正因为如此，实验区的建设在国际上产生了广泛而深远的影响。在约翰内斯堡 2002 年可持续发展世界首脑会议上，与会的各国官员都惊叹实验区建设这项创举，认为这是一项值得效法的重要经验。

第 2 节　自然资源的经济问题

自然资源的含义、分类和特征

（一）自然资源的含义

自然资源是自然环境中与人类社会发展有关的，能被利用来服务于人类目的的自然诸要素，它包括土地、水体、动植物、矿产以及光、热等资源。环境也是一种自然资源,即“环境资源”[①]。自然资源是社会物质财富的源泉,是社会生产过程中不可缺少的物质要素,是人类生存的自然基础。

1. 自然资源是一个动态的概念

由于自然资源与人类社会发展有关,且服务于人类目的,随着社会的发展和人类知识的增进使它的内涵不断延伸,外延不断扩展。过去被视为无用的东西,现在则可以纳入到自然资源的范畴(表 0-1)。

表 0-1　自然资源的演变

社会发展阶段	文化时期	技术水平	新增的自然资源种类
狩猎-采集社会	旧石器时代	粗制石器、钻木起火	燧石、树木、鱼、兽、果
	新石器时代	精制石器、刀耕火种	栽培植物、驯化动物
农业社会	青铜器时代	青铜斧、犁、冶铜技术、轮轴机械、灌溉技术、木结构建筑	铜、锡矿石、耕地、木材、水流
	铁器时代	铁斧、犁、刀、冶铁技术、齿轮传动机械、石结构建筑、水磨	铁、铅、金、银、汞、石料、水力
	中世纪	风车、航海	风能、海洋水产
	文艺复兴时期	爆破技术	硝石(炸药与肥料)
工业社会	产业革命时期	蒸汽机	煤的大量使用
	殖民时期	火车、轮船、电力、炼钢、汽车、内燃机	石油
	第一次世界大战前后	飞机、化肥	铝、磷、钾
	第二次世界大战前后	人造纤维、原子技术	稀有元素、放射性元素;石油、煤不仅作为能源,也作为原料
	20 世纪 50 年代以后	空间技术、电子技术、生物技术等新技术	更多的稀有金属、半导体元素、遗传基因

注:本表摘自蔡运龙. 自然资源学原理. 北京:科学出版社,2001:35.

过去仅仅认识到某种自然资源的一种或几种用途,现在则可以把它的用途扩展许多,譬如木材,原始人仅用木材取火,但现代人对于木材已经有几千种用途;过去在自然资源的某种用途中仅生产有限的产品或提供有限的服务,现在则可以外推“生产可能性边缘”。图 0-3 显示,在初始条件下,既定的自然资源不

① 安东尼·C·费希尔. 自然资源. 伊特韦尔,等. 新帕尔格雷夫经济学大辞典:第 3 卷. 北京:经济科学出版社,1996:659。

能达到 M 点的产量组合，但科技的发展和知识的进步，提高了生产效率，外推了“生产可能性边缘”，使生产 M 点的产量组合成为可能和现实。这一切都表明，对自然资源的认识有一个深化的过程，它的内涵和外延都在不断变化。所以，“迄今的资源利用史一直是不断发现的历史，对资源基础的定义在不断拓展。”①

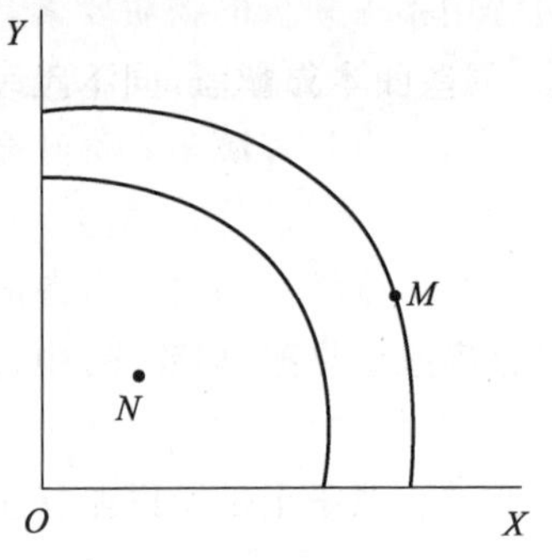

图 0-3 生产可能性边缘

2. 对自然资源的认识与文化有关

在工业革命以前，基于朴素的认识，通常人们是善待自然资源的，同时，由于知识和力量的局限也无力改变自然资源。中国古代有“里革断罟”的故事：鲁宣公夏天在泗水撒网捕鱼，大臣里革听说后跑过去撕破了他的渔网，并说根据祖先规定的制度，在每年夏天鱼类生长季节，不能到河里捕鱼，鲁宣公的做法违反了古训，即夏朝时代的规定：“春三月，山林不登斧斤，以成草木之长；夏三月，川泽不入网略，以成鱼鳖之长。”②可见，“古训”有着更为深厚的文化内涵，它是中国传统文化中“天人合一”观念的表现，而且在一定程度上会转化为行动。如孔子主张，“子钓而不网，弋而不射宿”③，其基本道理即在于不能把鱼和鸟捕光。孟子对梁惠王说，“不违农时，谷不可胜食也；数罟不入夸池，鱼鳖不可胜食也；斧斤以时入山林，材木不可胜用也”。“焚薮而田，岂不获得？而明年无兽。”④

但是，到了 18 世纪中叶以后，便出现了工业革命，它是由一系列技术革命引起的从手工劳动向动力机器生产转变的重大飞跃，是世界近代史上的一次世界性的革命，是人类生产物质技术方式全面的根本性变革。工业革命对后世产生了重要的影响。1764 年，詹姆士·哈格里夫斯发明珍妮纺纱机；1778 年，约瑟夫·勃拉姆发明抽水马桶；1796 年，塞尼菲尔德发明平版印刷术；1797 年，亨利·莫兹莱发明螺丝切削机床；1781 年，瓦特发明蒸汽机；1815 年，汉·戴维发明矿工灯；1833 年，电磁电报发明；1866 年，发电机制成；1878 年，电动机发明，导致了电气化时代的出现；1883 年，汽轮机制成；1894 年，卡尔·本茨开始系列生产第一代“费洛”牌汽车，为人类交通运输开辟了新阶段；1942 年，第一座原子核反应堆在芝加哥建成；1945 年，原子弹爆炸；1947 年，第一台商业电子计算机制成……工业文明在 100 年之内，把世界进行了翻天覆地的改变。但在物质不断进步的同

① 朱迪·丽丝. 自然资源：分配、经济学与政策. 北京：商务印书馆，2002：12。

② 《国语·鲁语》。

③ 《论语·述尔》。

④ 《孟子·梁惠王上》。

时，生态环境也被破坏了。工业革命初期，厂商在信笺下加盖“蒸汽企业”的字样，甚至印上烟窗在冒着蜿蜒如蛇的黑烟的厂房印记，而这在西方国家工业化时代开始时曾是一种享有盛誉的标志。[①]

据世界自然基金会的报告称，如今生物物种消亡的速度比以往任何时候都快，在当今世界上有 12 250 种动物濒临灭绝，其主要原因是人类对森林的乱砍滥伐以及对动物的大肆捕杀，导致森林资源的匮乏和湿地的逐渐干涸，使大量物种以惊人的速度灭绝。自工业革命以来，野生动物遭到了有史以来最大的劫难。特别是 20 世纪，两次世界大战使许多物种死于非命。即使在和平时代，人类也从野生动物身上获取利益，向往捕杀动物的快感。因趋利而肆意捕杀野生动物，SARS 病毒、艾滋病病毒(HIV)、禽流感、埃博拉出血热便袭击人类。所以，“潘多拉的盒子”，皆由人类自己打开(在希腊神话中，“潘多拉的盒子”是人类与灾难为伍的罪魁祸首)。

(二) 自然资源的分类

对于自然资源，可以有多种分类。

1. 按照自然资源存在的层位划分

按其在地球上存在的层位，可划分为地表资源和地下资源。前者指分布于地球表面及空间的土地、地表水、生物和气候等资源，后者指埋藏在地下的矿产、地热和地下水等资源(表 0-2)。

表 0-2 按自然资源存在的层位划分表

<table>
<tr><td rowspan="10">自然资源</td><td rowspan="6">地表资源</td><td>土地资源</td></tr>
<tr><td>地表水资源</td></tr>
<tr><td>生物资源(动物资源、植物资源)、基因资源</td></tr>
<tr><td>气候资源</td></tr>
<tr><td>海洋资源</td></tr>
<tr><td>……</td></tr>
<tr><td rowspan="4">地下资源</td><td>矿产资源</td></tr>
<tr><td>地热资源</td></tr>
<tr><td>地下水资源</td></tr>
<tr><td>……</td></tr>
</table>

① 参见 R. 吕贝尔特．工业化史．上海：上海译文出版社，1983。

2. 按照自然资源的利用程度和能否再生划分

按自然资源的利用程度，可分为可再生资源和不可再生资源。可再生资源亦称为“非耗竭性资源”，指可以在一定程度上循环利用且可以更新的水体、气候、生物等资源；不可再生资源亦称为“耗竭性资源”，是指储量有限且在人类时间尺度上不可更新的矿产等资源（表 0-3）。

表 0-3　按照利用程度和能否再生划分的自然资源表

自然资源	非再生资源	化石燃料（煤、天然气、石油）
		金属矿产资源（可循环利用）
		……
	再生资源	太阳辐射能
		风能
		水能
		潮汐能
		地热资源
		气候资源
		生物质能资源（木材、秸秆等）
		森林资源
		渔业资源
		……

许多资源是介于可再生资源与不可再生资源中间，如土壤。就总量而言，土壤的供给是一次性的，土地面积的多少是一个常量，因而它属于非再生资源；但另一方面，土壤只要使用合理，可以年复一年地使用和耕种，从这个意义上说，土壤也是可更新资源。

可再生资源和不可再生资源的划分，主要是基于一个“注入流”，它可以增加该资源的总量。设一个自然资源系统为 A，“注入流”为 X，“漏出流”为 Y，如图 0-4 所示。如果存在“注入流”，则为可再生资源；若 $X=0$，则为不可再生资源。值得注意的是，可再生资源中的生物资源、基因资源的生存、发展和衰亡，主要取决于其群体总数的规模。如果

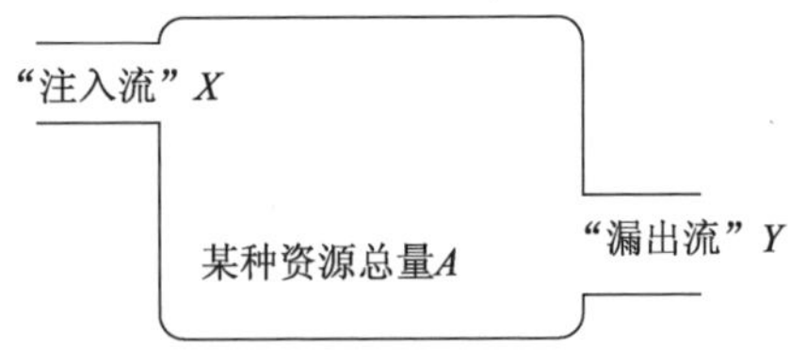

图 0-4　资源数量变化示意图

其规模低于某一个临界点，该物种就将灭绝，从而该种资源就由可再生资源转化为不可再生资源。除了生物种群的生物学因素外，人类的行为是影响物种生存、发展和灭绝的重要因素。此外，作为可年复一年耕种和使用的属于可再生资源的土壤，若使用不当，也会变成不可再生资源，如荒漠化等。

3. 按照自然资源数量和质量的稳定程度来划分

按自然资源数量及质量的稳定程度，可分为恒定资源和亚恒定资源。恒定资源是指数量和质量在较长时期内基本稳定的资源，如太阳能、潮汐能、原子能等；亚恒定资源是指数量和质量经常变化的资源，如风能、降水等。

（三）自然资源的特征

1. 稀缺性

作为资源经济学，要研究资源的稀缺性。经济学把人们用以消费的物品分为“自由取用”的物品和“稀缺”资源（亦称经济资源）。图 0-5 显示了现代经济学的核心问题，它表明，相对于人类的需要，资源总是稀缺的；同时，这种稀缺又绝对地存在于人类的各个时代。

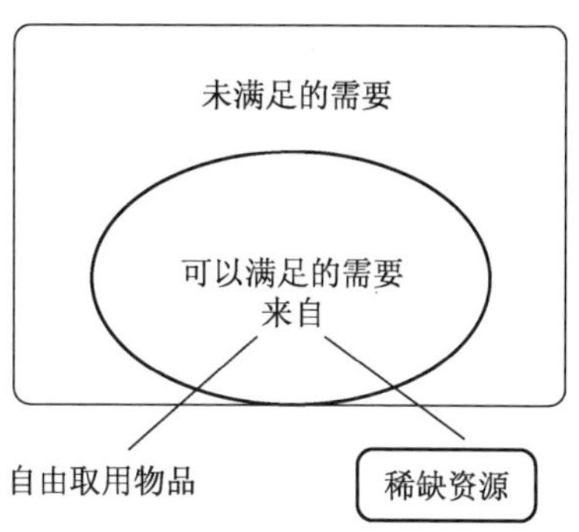

图 0-5　经济学研究的基本问题

资源稀缺是根据经济发展需要来判定的，它不是纯粹以人口所占据的空间来判定的。有人计算过：若按每人 1.83 m 身高乘以 0.46 m 身宽乘以 0.31 m 身厚的体积计算，包括全部死人和活人，都可放置在长、宽、高都是 1 km 的大箱子内[①]。

问题在于，首先，对于不可再生资源，由于人类的不断开采和使用，使其数量越来越少。设：地球上的不可再生资源总量为 R，人类繁衍的世代数为 m，则每一代人所消耗的资源原则上为 R/m。因 $m \to \infty$，则必然有

$$\lim_{m \to \infty} \frac{R}{m} = 0$$

其次，随着科学技术的发展，人类活动的半径不断扩大，消耗的资源越来越多，因此，每一代人所消耗的资源以加速度推进。以日本为例，若把 1960 年的国民总支出作为 100，则 1970 年为 473，1980 年为 1550，1990 年为 2768。[②]

① 蔡运龙．自然资源学原理．北京：科学出版社，2001：44。

② 堤清二．消费社会批判．北京：经济科学出版社，1998：22。

2. 资源的可替代性

资源是稀缺的，但是，各种资源之间又存在着可替代关系。这表明，当一种资源在使用中，因稀缺而使经济上无法利用时，人们就会致力于替代资源的开发。通常情况下，技术起了至关重要的作用。技术进步不仅可以提高原有资源的利用程度，也可以使原有无法在经济上利用的资源纳入到经济活动中，同时，还可以发现新的替代资源。

经济活动主体选择替代资源，主要依价格的变化以及相对价格(两种商品价格之比较，即：P_x/P_y)的变化。当某种资源价格或者相对价格较高时，经济活动主体就会节约使用该种资源；反之，则较多地使用这种资源，从而会出现“诱致性技术变迁”。譬如，在日本，农业中生产要素禀赋特点是土地资源稀缺而劳动力资源丰富，这在要素市场上就会表现为土地的价格昂贵而劳动力的价格相对低廉，如果在生产过程中少用土地而多用劳动力，便可以节约成本，增加收入，因此，日本的农业发展走了一条以生物技术进步、节约土地资源为主要方向的农业现代化道路；而在美国，农业中生产要素禀赋特点是劳动力资源稀缺而土地资源丰富，这在要素市场上表现为劳动力价格昂贵而土地价格低廉，同样，如果在生产过程中少用劳动力而多用土地，便可以节约成本，增加收入，因此，美国的农业发展走了一条以机械技术进步、节约劳动力为主要方向的农业现代化道路。[①]

资源之间的替代表明资源之间的供给是“联合”的。图 0-6 显示了煤和石油在市场上价格与供求是如何变化的。

在图 0-6 中，假定煤市场在初始状态下，均衡于 E 点，由此决定了均衡价格。假定这时因外部的因素如煤资源的枯竭而使煤的供给曲线从 S 移动到 S'，由此引起价格的升高，但由于石油与煤为“联合”供给的商品，这时，就有一部分需求转向石油市场，导致石油需求曲线向右上方移动，即图中的 D 移动到 D'，由此，也引起石油价格的升高。

但是，对于资源的替代又是在一定范围之内的。技术虽然可以在一定条件下替代资源，但它必须是加诸于自然资源之上，它可用其他的替代物譬如多使用劳动或资本来达到目的，而劳动或者资本本身又不是自然资源的“理想替代物”，否则的话，全世界的粮食就可以在一个小园子里生产出来，仅仅增加人力就可以增加产量，额外的土地资源就不需要了。

不仅如此，许多自然资源(非再生资源)枯竭以后，人类将永远失去。人们或许会认为，科技的发展可以利用太空的资源，甚至在遥远的未来人类可以离开地

---

① 参见拉坦．农业发展：国际前景．北京：商务印书馆，1993；速水佑次郎．日本农业保护政策探．北京：中国物价出版社，1993。

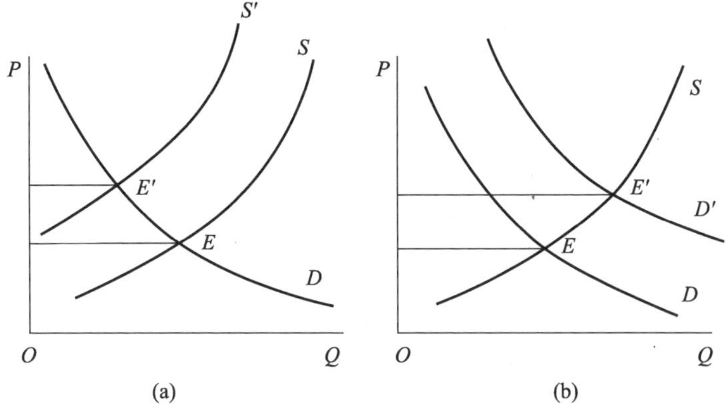

图 0-6　煤和石油“联合”供给

(a) 煤市场；(b) 石油市场

球。但需要记住的是，人类是在地球上进化来的，地球才是我们应该生存的地方。地球上的大气、养分、自然循环与人类的生态系统一起进行着演化，地球才是人类的理想家园。①

3. 地域性

自然资源的地域性特征，主要是指一个国家或区域的资源禀赋，是“先天”给定的资源要素，是“与生俱来”的。

自然资源在空间分布上极不均衡。有些国家资源丰富，可以以此增加国民所得；有些国家资源匮乏，需要通过获得性优势增加国民所得。自然资源的优势还需要扩大到地理优势上，可通航的河流或湖泊、平坦的土地都有助于发展交通，从而实现自然资源的价值。当一个国家的经济以农业为主时，气候资源变得异常重要。

就石油、天然气资源分布而言，中东波斯湾附近地区，是世界上储量和输出最多的地区之一，包括伊朗、伊拉克、科威特、巴林、卡塔尔、阿曼、阿拉伯联合酋长国等。在前苏联地区有高加索、里海、巴库、第二巴库、秋明油田、远东萨哈林岛等。欧美的分布主要是：在西欧有北海油田（英国和挪威）、在东欧有罗马尼亚，在北美洲有美国、加拿大，在拉丁美洲有墨西哥和委内瑞拉等国分布。亚洲国家和非洲国家主要是：撒哈拉地区、几内亚湾沿岸、印度尼西亚等。

正是由于自然资源的分布在地区之间极不均衡，使其在各个国家、各个地区的稀缺程度呈现出极大的差异。

---

① 麦克唐纳，布朗嘉特．从摇篮到摇篮——循环经济设计之探索．上海：同济大学出版社，2005：79。

二、自然资源的社会属性

(一) 自然资源的所有权

对于自然资源的使用,存在所有权的问题。就全球而言,一部分自然资源是有国别的,但另一部分却是各国的公共资源,如公海里的海洋资源等,还有一部分是在国别之间存在争议的自然资源。

1. 国别所有的自然资源

自然资源分布于不同的民族国家,使其具有国别的属性。由于自然资源的分布具有规律性和不均衡性,一些国家资源丰裕,而另一些国家则资源匮乏。国家之间资源的交流主要是通过贸易的形式,从资源丰裕的国家流向资源匮乏的国家。但是,在国家之间也存在资源的掠夺,一些国家通过战争的方式,攫取别国的自然资源。

2. 各国的公共自然资源

对于各国的公共资源,受着国际公法的制约。国际公法也称国际法,是指在国际交往中形成的,用以调整国际关系(主要是国家间关系)的,有法律约束力的原则、规则和制度的总称。

国际法的具体表现形式主要是国际条约和国际惯例。

国际条约是国家之间的协议,一般说来,条约只对缔约国有拘束力,而对非缔约国并无拘束力,这是公认的国际法准则。国际条约可分为双边条约和多边条约,作为国际法渊源的主要是指由多数国家缔结的对他们有普遍约束力的多边条约。

国际惯例是各国不断重复类似的行为而具有法律拘束力的结果。国际惯例是不成文的,但为了便于寻找,在现代产生了以公约的形式将国际惯例编纂起来的需要和实践。

除了国际条约和国际惯例外,还有国际司法判例、国际公法学家的学说、国际组织的决议和为各国所承认的一般法律原则。

国际法的主体主要是国家,同时在一定条件下和一定范围内还包括类似国家的政治实体和国家组成的国际组织,个人不能成为国际法的主体;国际法是国家之间的法律,不是国家之上的法律,不存在超越国家之上的立法机关来制定法律,然后强加于各国,国际法中对国家具有拘束力的原则、规则和制度是由国家通过协议制定的;国际法不存在超越国家的强制实施法律的机关,国际法的实施主要依靠国际法主体本身的行为,当国际法遭到破坏、国际法主体的权利遭受破坏时,国际法主体通过自助或集体制裁,以捍卫国际法主体的合法权益,保障国际法的实施。

但是，国际法的准则经常会遭到破坏。一方面，一些国家没有加入国际条约，因而条约本身对其无约束力；另一方面，一些国家则曲解条约甚至有意破坏条约，使国际法的准则形同虚设。

3. 国别之间存在争议的自然资源

由于自然资源中，可再生资源受地表各种水热条件的影响而形成明显的地带性，矿产资源的形成受地质作用其形成也有一定规律，而国家的形成则是历史的产物。因此，一个国家可能含有一个完整的地带，从而完全掌握该种或几种资源；也可能是几个国家分布在一个地带上，都有该种或几种自然资源。通常情况下，陆地上的自然资源，因国家边界明确而所有权明晰，但由于各国活动半径的延伸，使许多海上资源出现争议。

（二）我国自然资源的所有权和使用

就我国而言，新中国成立以来，我国一直很重视对自然资源进行利用和保护，并很早就着手从事该领域的立法规范工作，在共同纲领和1954年《中华人民共和国宪法》中都有自然资源保护的专条规定。1982年《中华人民共和国宪法》明确规范我国土地和其他自然资源的归属和保护，确定了矿藏、水流归国家所有，森林、山岭、草原、荒地、滩涂等除了法律规定属于集体所有的以外，也归国家所有。1986年《中华人民共和国民法通则》对资源和资源性土地归属、利用和保护做出了更为详尽的规范。

随后，一些重要的关于自然资源单行法规也相继出台，如《中华人民共和国森林法》(1984年9月通过，1998年4月修订)、《中华人民共和国草原法》(1985年6月通过)、《中华人民共和国渔业法》(1986年1月通过)、《中华人民共和国矿产资源法》(1986年3月通过，1996年8月修订)、《中华人民共和国土地管理法》(1986年6月通过，1988年12月、1998年8月两次修订)和《中华人民共和国水法》(1988年1月通过)。

中国政府保障自然资源的合理利用，保护珍贵的动物和植物。禁止任何组织或者个人用任何手段侵占或者破坏自然资源。国家所有的矿藏，可以依法由全民所有制单位和集体所有制单位开采，也可以依法由公民采挖，国家保护合法的采矿权。公民、集体依法对集体所有的或者国家所有由集体使用的森林、山岭、草原、荒地、滩涂、水面的承包经营权，受法律保护，承包双方的权利和义务，依照法律由承包合同规定。国家所有的矿藏、水流，国家所有的和法律规定属于集体所有的林地、山岭、草原、荒地、滩涂不得买卖、出租、抵押或者以其他形式非法转让。

国家所有的土地，可以依法由全民所有制单位使用，也可以依法确定由集体所有制单位使用，国家保护它的使用、收益的权利；使用单位有管理、保护、合理利用的义务。公民、集体依法获取的对集体所有的或者国家所有由集体使用的土地的承包经营权，受法律保护。

然而，在自然资源的所有制上仍然存在着许多问题：

1. 国家所有的自然资源"产权虚置"

矿产资源国家所有权仅仅停留在简单的法律规定和对国家所有的抽象强调和理解上，由此导致了国家产权的"虚置"。自然资源属于"国家"，但实际上这个"国家"与通常意义上的包括"军队、警察、监狱、法庭"等在内的"国家"具有完全不同的内涵。事实上，这里的"国家"是指政府，但究竟属于哪一级政府，政府的哪个部门、哪个机构代表"国家"去占有、支配、处置自然资源，并同自然资源发生直接的经济利益关系，却没有得到落实和明确规定，因而由自然资源开发引发的矛盾越来越尖锐。

2. 分配上的不平等

从自然资源尤其是非再生资源的供给上来看，其供给量是一个常量，是自然一次给予的，为此，法国重农主义者曾把地租（土地等自然资源的报酬）看做是"上天"慷慨恩赐的结果。与此不同，李嘉图却认为地租是"上天"吝啬的结果，"大自然的劳动所以有报酬，不是因为它作得多而是因为它作得少。它的赠与愈是吝啬它为它的工作索取的报酬愈大。"[①]所以，从自然资源的供给总量来看，它的供给是一定的。

由于自然资源是一种天然存在的生产资料，与机器设备等不同，不能由一定的投资创造出来，因此，当某些经营者获得了它的经营权，就会排斥其他经营者的进入，从而能够经常地、稳定地获取超额利润，这时，"自然力"成为经营者获取超额利润的自然基础。[②]

我国的自然资源开发中，在行政无偿划拨或者缴纳少量费用的方式下，自然资源使用权没有取得商品化的资产形态，所有者不能凭借所有权取得一定的经济利益，结果形成了分配上的巨大差异，引发多重矛盾。

一是贫富矛盾。一方面是因自然资源而暴富起来的腰缠万贯的富豪，他们追求奢华，疯狂地畸形消费；另一方面却是仅靠体力过活的工资劳动者，不仅如此，资源开采还给他们留下了恶劣的生活空间。在资源开发过程中，由于资源的所有权不明确，所有权不能通过获取收益体现出来，致使资源开发形成的收益绝大部分为开发商所攫取。

二是大垄断公司与地方的矛盾。一方面是大垄断公司，它们打着"国有"旗

---

① 李嘉图．政治经济学及赋税原理．北京：商务印书馆，1962：62。

② 马克思．资本论：第3卷．北京：人民出版社，1975：729。

号，排斥竞争者的介入，“合法”地开采着“国有资源”；另一方面是资源所在地政府，仅得到很少利益。由此，大垄断企业与地方利益分配不均，矛盾尖锐。就能源开采而言，按目前的管理体制，由大企业进行垄断性开发后，地方政府只能得到其中的小部分利益，即大垄断企业交纳所得税的 25%才是留给地方省、地、县三级政府的。地方政府为了扩大和稳定财政收入，通常也紧紧盯住自己管辖范围内的民营企业，同时对取缔小煤窑、小油井、小化工等“五小”企业有所松懈，这也是“五小”企业屡禁不止的一个重要原因。近年来，资源开发的市场化进程不但没有受到重视，反而资源开发的集中度进一步被强化，以前下放地方的部分开采经营权又被上收，地方计划投资的资源后续开发利用项目被封停。随着国家能源供需“缺口”的加大，能源勘探开发步伐的加快，由此引发的利益冲突会日益突出。

3. 资源浪费

由于自然资源国家所有权的“虚置”、利益分配不均等，造成了资源浪费和无序开采的状态。

一方面，资源回采率低，资源浪费严重成为普遍存在的问题。不仅在地方小企业，就连全部实行机械化综采的大垄断企业也是如此。由于对生产过程中资源补偿费的收取是按资源的采出量或是销售量为标准的，这样，就从客观上助长了企业为追求利润而牺牲资源的采收率。因为在资源量相同的条件下，采收率越高缴纳的资源补偿费越多；反过来，不论造成多大浪费，企业都可以不承担经济补偿和其他责任。

另一方面，资源税税率过低，如煤炭资源税每吨 1.5 元，天然气资源税每千立方米 10 元，石油资源税每吨 8 元，远远不足以补偿开发企业对资源消耗所造成的补偿。其结果是，企业遍地开花，虽然大的国有垄断企业一再阻挠中小企业经营，但却屡禁不止，地方政府因利益分割方面的原因对此也熟视无睹。恶性竞争的结果是生态环境的破坏和资源的严重浪费。

4. 生态环境破坏严重

由于自然资源国家所有权的“虚置”，使资源开发过程中没有留下足够的补偿资金，致使我国凡是资源开发的地区都是环境恶劣的地区。现在许多区域资源枯竭，尤其是许多资源型城市面临着产业转型和接续产业的发展，但因缺乏资本而陷于困境。

由于资源是“国有资源”，开发资源的企业是“国有企业”，这就使这些企业可以低成本地开采资源，为此，许多企业往往忽视技术进步，忽视资源开发中的环境管理。这在我国资源型城市表现尤为突出。

资源型城市是因自然资源（主要是矿产资源）的开发而兴起或发展的城市，

我国有因资源开发而形成的城市(镇)118 个。[①] 从实际情况看,资源型城市的发展是以大量消耗资源以及生态环境的破坏为代价的,是一种粗放型、发展层次低的增长。2001 年资源型城市万元 GDP 耗水、耗电分别相当于全国城市平均水平的 127%~286%和 120%~180%。所有类型矿业城市 SO_2 排放量都超过全国城市平均水平,其中钢铁城市 SO_2 排放量是全国城市平均水平的 4.14 倍。[②]

不仅如此,资源枯竭以后,留下一片废墟。还有开采过程中,许多被称作尾矿的矿石无法回收。据估计,全国尾矿堆放量达 60 多亿吨,且仍在增加中。尾矿占地 5 万多公顷,污染面积则达十多万公顷,因堆放尾矿征地及维护治理费用,高达几十亿元。

第 3 节 资源经济学的基本问题

一、资源经济学的研究对象和研究方法

(一) 资源经济学的研究对象

任何一门学科都有其研究对象。资源经济学研究的对象就是“资源”,但由于资源有多种形式,如人力资源、信息资源、社会资源、自然资源等,甚至泛化,把许多与资源无关的东西也都冠以“资源”的称谓,因此,资源经济学研究的对象,我们把它限定为“自然资源”。从而,这里的“资源经济学”便是“自然资源经济学”。

资源经济学的研究对象是自然资源,它是人们如何利用有限的自然资源来满足自身发展需要的科学。

对于资源经济学而言:

1. 资源经济学是一门“选择”的科学

由于既定的自然资源不能满足人们无限的需要(资源的稀缺性),使人们必须进行选择,而要选择,就会有“牺牲”(成本):有了“这个”,就意味着失去“那个”;“这个”多一些,“那个”就会少一些。设既定的资源可以生产“大炮”(军需品)和“黄油”(民用品)两种商品(如图 0-7 所示),A 点是全部资源可以生产出的黄油的总量,C 点是可以生产的大炮的总量。面对这种形势,人们会做出完全

---

① 参见王青云. 资源型城市经济转型研究. 北京:中国经济出版社,2003。

② 参见贾敬敦,黄黔,徐铭. 中国资源(矿业)枯竭型城市经济转型科技战略研究. 北京:中国农业科学技术出版社,2004。

不同的选择：阿道夫·希特勒的选择是“要大炮，不要黄油”，他选择的是 C 点；美国前总统克林顿的选择是“大炮少一些，黄油多一些”，他的选择就靠近 A 点，如 B 点。

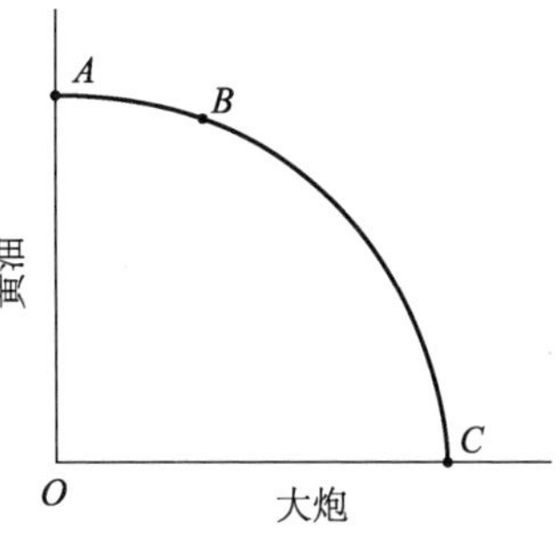

图 0-7　经济学的“选择”问题

由于资源经济学要“选择”，就会出现“机会成本”，与“会计成本”不同，它是以失去的可供选择的东西计量成本。如图 0-7 中，黄油和大炮就互为机会成本。

事实上，资源的用途不止两个，它有多种用途，而当选择了某种用途时，其他的选择就都放弃了，为此，其他所有选择中可能带来的最大效益，就是这种选择的机会成本。

2. 资源经济学是一门社会科学

资源经济学虽然研究的是自然资源，但它本身并不属于自然科学的范畴。现代自然科学和社会科学的分野就在于，自然科学研究的是人类活动的环境以及人自身的自然属性，社会科学研究的是人类的行为。由于资源经济学研究的是人们的行为，所以它属于社会科学的范畴。

当然，人的行为是多种多样的，从而形成了多个社会科学学科。资源经济学研究的是人们针对于自然资源的选择问题，从而使它与其他的社会科学严格区分开来。

3. 资源经济学属于应用科学

资源经济学属于经济学的一个分支学科，而经济学本质上是“致用之学”。资源经济学以自然资源为研究对象，研究自然资源的优化配置问题，即如何使自然资源在不同用途之间、在同一用途不同使用者之间、现在和未来之间配置最优；研究采用何种经济机制来缓解资源的有限性问题，实现自然资源与社会经济发展的协调；研究何种自然资源政策能够不损害后代人的利益，实现可持续发展；研究对自然资源及其利用进行评价和宏观管理的方法，为相关部门改进既有的资源政策、制定新的资源政策提供理论依据和方法。

可见，资源经济学的研究直接服务于经济发展的实践，属于应用科学，是应用经济学。

（二）资源经济学的发展历程

朴素的资源开发和利用政策古已有之，但作为一门学科，资源经济学却是萌芽于工业革命时期，而随着可持续发展思想的提出而逐渐走向成熟。

1. 萌芽时期

工业革命以后，由于生产力的迅猛发展，导致对自然资源需求的大幅增长，工业化、电气化开辟了人类历史的新纪元，使大规模地开发利用偏远地区的自然资源尤其是地下矿产资源成为现实，从而大大促进了资源产业的形成和发展。但是，工业化是一个“双刃剑”，它在促进资源开发和资源产业形成的同时，也使资源短缺、环境污染和生态破坏等问题进一步加剧。

基于此，人们开始关注资源的开发和利用问题。古典经济学的研究开始涉猎资源问题，马尔萨斯的“土地肥力递减规律”、李嘉图提出由马克思完善的“级差地租”学说，都是对资源经济问题的最早探讨。新古典经济学在“边际革命”的基础上，从新的角度研究了自然资源的经济问题，如马歇尔运用现代经济学的手段对于土地资源问题进行了一些研究，杰文斯研究了煤炭资源问题，但是，这时对于资源经济问题的研究还没有从经济学中独立出来，还没有形成一门独立的资源经济学。

2. 发展时期

20 世纪 30 年代以后，随着经济发展中资源问题日益突出，人们开始把注意力放在资源的经济问题上，从而资源经济学作为一门独立的学科逐渐从经济学中分离出来。最早是人们开始研究“土地经济学”和“可耗竭资源经济学”，1924 年美国经济学家伊力和莫尔豪斯合著的《土地经济学原理》著作，1931 年哈罗德·霍特林发表的《可耗尽资源的经济学》论文，被认为是资源经济学产生的标志。在中国，第一本土地经济学研究专著——《土地经济学》(章植著)于 1930 年问世。

到了 20 世纪 60 年代以后，由于资源问题日益突出，特别是 70 年代两次石油危机以后，人们更加关注资源环境问题，这个时候，国际上出版了许多关于资源与环境问题的专著和论文，它们针对土壤破坏、气候变化和能源浪费、生物多样性降低、森林面积减少、淡水资源受到威胁、化学污染、混乱的城市化、海洋过度开发和沿海地带被污染、空气污染、极地臭氧层空洞，对盲目追求经济增长的发展观进行反思和批判。但因没有新的科学的发展观，使这时的研究或者是停留在哲学层面上，或者是基于新马克思主义的观点(“中心－外围”理论、“依附”理论等)，或者是基于新古典经济学的基本思路，各种观点和主张常常相互攻击。

但无论怎样，在这一阶段，资源经济学作为一门独立的经济学已经产生并获得了快速发展。

3. 成熟时期

到了 20 世纪 80 年代以后，随着可持续发展观的提出，资源经济学的发展进入了一个崭新阶段。这时，经济学家和资源环境专家意识到，孤立地进行自然资源经济问题的研究是不能得出科学结论的，必须在可持续发展观的指导下，把资源问题放在“经济－社会－人口－资源－环境－发展”的大系统中进行研究，不仅要考虑现在，还要考虑到未来的发展，才能得出科学的结论。

正是基于这样的认识，资源经济学开始更加系统地从资源本身、环境生态、技术手段、经济发展、社会进步等方面，去认识和解决资源开发利用中的经济问题和社会经济发展中的资源问题，以资源可持续利用为主要研究目的。在可持续发展思想下，从事资源经济问题研究的机构在世界各国像雨后春笋般地涌现出来，以"资源经济学"或"自然资源经济学"命名的专著也不断涌现出来，使资源经济学这门学科得以完善和成熟。

（三）资源经济学的研究方法

由于资源经济学属于经济科学，这就决定了经济学研究的方法都适用于资源经济学。资源经济学研究的方法主要是：

1. 实证分析

资源经济学运用实证的方法，就是要对资源经济活动作出客观地描述，研究"是什么"。由于在资源开发和利用过程中形成的关系非常复杂，所以，在揭示客观规律的过程中，抓住主要因素，抽象掉次要因素，通过推理，形成理论和模型，以概括复杂的资源经济过程。

推理的方法主要是演绎法和归纳法。

演绎法是从基本假定或者从已经建立的法则推论出结论的一种研究方法。它的基本步骤是：

① 根据所要分析的事实作出相关假设前提；

② 从假设的前提推演出结论；

③ 对结论进行验证。

演绎法推演出的结论，只是在假定范围内才是有效的。由于情况复杂多变，推演出来的结论大多也只是陈述性的。演绎法有两种形式：一种是非数学式的，一种是数学式的。

归纳法是从许多个别的事实中，推论出普遍性原则的方法。它的基本步骤是：

① 观察；

② 形成假设；

③ 得出结论；

④ 验证结论。

演绎法和归纳法是互相补充的，在实际中二者是补充使用的。

2. 规范分析

资源经济学运用规范分析方法，就是在研究资源经济问题时，作出价值评判，研究判别事件优劣的标准，研究"应该是什么"。

在规范分析中，标准一经确定，就比照事件：若事件满足标准，则事件便被认为是“优”的；若事件不满足标准，则被认为是“劣”的。

资源经济学运用规范分析方法，就是要考察何种资源开发和利用方式是符合可持续发展原则的，从而是“优”的；何种资源开发方式不符合可持续发展的原则，从而是“劣”的；对既有的资源政策作出“优”“劣”评判，指出应该出台什么样的资源政策等。

由于规范分析取决于研究者的价值评判，所以，不同的研究者分析问题的出发点、所站的角度、分析方法、知识结构、价值标准等的不同，就会得出不同甚至完全相反的结论，即所谓“横看成岭侧成峰，远近高低各不同”。

二、资源经济学的学科基础

(一) 现代经济学

现代经济学是 18 世纪以来，世界各国众多经济学家艰苦探索的集成，经过古典经济学、新古典经济学，现代经济学已经形成一个完整的、庞杂的体系，成为经济学家观察和解释经济世界的重要工具，也是他们相互对话的共同基础。资源经济学脱胎于现代经济学，它的学科基础理所当然就是现代经济学。

现代经济学的基本内容包括微观经济学和宏观经济学，它概述了现代经济学的基本理论和政策主张。

微观经济学研究个体(居民户、厂商以及单个市场)的经济行为，它以价格为核心，研究居民户、厂商在商品市场、生产要素市场上针对于不同价格的选择行为。

宏观经济学研究整体的经济活动，研究总需求、总产量、总就业量、国民收入、物价水平、经济增长等经济总量，它以收入为核心，研究调节经济总量的宏观经济政策。

由此，资源经济学研究资源的市场配置问题、资源价值的计量和资源核算问题、资源的效率和最优化问题、市场失灵和公共政策问题、最佳资源(包括水资源、能源资源、森林资源等各种资源)利用问题等。

由于可持续发展思想的提出，使现代经济学的一些观念和思想受到挑战。所以，虽然资源经济学脱胎于现代经济学，但它作为一门成熟的科学体系，必须以可持续发展观作为指导，体现可持续发展的思想。

(二) 自然资源学

由于资源经济学研究的对象是自然资源，这就决定了这门科学必须以自然资源学为其学科基础。

自然资源学研究自然资源的自然属性，研究自然资源的极限和质量、自然资源对人类发展的制约、自然资源开采对于环境的影响、自然资源的退化问题、可再生资源的种群问题、自然资源的综合研究和调查问题、单项资源（水资源、森林资源、矿产资源、石油资源等）的勘探与调查问题等。

自然资源学为资源经济学的研究提供了基础，使人们更清楚地了解到各种自然资源的特性和存量。但是，资源经济学研究的不是自然资源的自然属性，而是研究它的社会属性，由于自然资源的自然属性是其社会属性的物质承担者，使研究自然资源社会属性的资源经济学研究必须联系自然资源学，以自然资源学为其学科基础。

（三）资源经济学与相关学科的关系

1. 环境经济学

环境经济学是运用现代经济学原理研究环境问题的一个经济学分支。环境经济学在指出价格机制导致私人产品供给过剩、公共产品供给不足问题的基础上，把环境与自然资源问题内生于经济活动中，从而使新古典主义的思想侵入到自然科学的世袭领地。在环境经济学看来，一般的生产函数是

$$Q=f(L,K)$$

式中：L 为劳动；K 为资本；Q 为产出。导入环境因素以后，生产函数演变为

$$Q=f(L,K,M)$$

式中：M 为生产活动所产生的废物流。把废物流置于生产中的投入，是因为在环境经济学中，对给定的其他投入而言，减少废物意味着产出的减少。

环境经济学以现代经济学为立论基础，试图在现代经济学的框架内解决环境与自然资源问题，它所提供的解决环境问题的办法如命令控制、排污税、排放削减补贴、可交易许可证等都是使经济主体支付额外的成本，以期促使其减少产量，进而减少所产生的污染。

在政策层面上，环境经济学所倡导的“污染者付费”的治污模式，使治理污染变成一个巨大的产业，进而形成“恶性经济效益”。有污染，就必须要采取措施治理，治理污染形成了市场；同时，污染在国民经济账户中成为GDP的增加值，换句话说，污染等于增加了国民财富。当污染本身演化成一个巨大的市场的时候，治理污染的压力集团会努力扼杀一切真正实施预防污染战略的试图。[①]

在现代经济学中，常常把资源经济学与环境经济学放置在一起，形成“自然

① 参见苏伦·埃尔克曼．工业生态学——怎样实施超工业化社会的可持续发展．北京：经济日报出版社，1999。

资源与环境经济学”学科，基本的思路仍然是以新古典主义的思路来解决自然资源和环境问题，但事实上，这种分析思路在可持续发展的框架下受到挑战。

2. 生态经济学和工业生态学

生态经济学是一门研究由社会经济系统和自然生态系统复合而成的“生态－经济－社会系统”运动规律的科学，它研究自然生态和人类社会经济活动的相互作用，从中探索“生态－经济－社会”复合系统的协调和可持续发展的规律性，寻求人类经济发展和自然生态发展相互适应、保持平衡的对策和途径。更重要的是，生态经济学的研究结果还应当成为解决环境资源问题、制定正确的发展战略和经济政策的科学依据。总之，生态经济学研究与现代经济学研究的不同之处就在于，前者将生态和经济作为一个不可分割的有机整体，改变了经济学的研究思路，促进了社会经济发展新观念的产生。

严格地说，生态经济学虽然被认为是介于经济学和生态学之间的一门边缘学科，虽然研究经济问题（与生态环境作为一个整体），但它的视野、它的思维方式和分析方法、它的理论体系和政策主张都超出了现代经济学之外。生态经济学作为以新的观念、新的思想方法来研究经济问题的经济学，它更侧重于理论上的探索，并为可持续发展思想指导下的资源经济学的建立奠定了重要理论基础，这就使资源经济学循着生态经济学的思路而发展。

在生态学中，发展出了一个重要学科，即工业生态学（或产业生态学），生态学研究生物及环境间的相互关系，研究生态系统，而生态系统本身存在着循环再生的过程。模拟生物的新陈代谢和生态系统的循环再生过程，工业（或产业）也存在着共生和代谢关系。工业生态学（或产业生态学）就是研究这个过程本身，它为资源经济学的研究提供了新的思路。

3. 可持续发展经济学

可持续发展经济学以可持续发展为研究对象，试图在人与自然相和谐，经济社会、人口、资源、环境诸方面相协调的基础上，研究全球和区域的经济发展问题。可持续发展是对传统发展观的深刻革命，它绝不是单纯以 GDP 为核心的经济增长（“有增长而无发展”）、己国协调发展而损害他国（通过贸易使经济发达国家获得巨大福利的同时而把环境保护薄弱的国家变成为“垃圾箱”）为目标，它强调公平性（代际公平和代内公平）、持续性（发展适应资源和环境的承载能力）、共同性（地球的整体性和相互依存性所决定的全球共同的配合行动）。可持续发展经济学要求在全新的视角下、运用全新的观念来重新审视世界和区域的经济发展问题。

可见，可持续发展经济学更侧重于宏观的理论思维，它站在了世界观和认识论的高度，为未来经济发展理清了思路。由于可持续发展在世界的范围内还有相当长的路要走，对可持续发展的认识也还在不断深化之中，因此，对可持续发展经济学的研究还是很不充分的，还处在探索的初期，远没有达到完善的地步。

资源经济学是可持续发展经济学的应用和具体化，它以可持续发展为目标，在可持续发展的思想和理念下，探索自然资源的可持续利用问题。因此，可持续发展经济学属于理论经济学，而资源经济学则是在这个理论经济学指导下的应用经济学。

思考题

1. 什么是可持续发展？为什么说可持续发展观是一种全新的发展观？
2. 什么是自然资源？自然资源有哪些特征？阐述自然资源的分类。
3. 阐述资源经济学的研究对象和研究方法。
4. 概述资源经济学、环境经济学、生态经济学、可持续发展经济学相互之间的关系。

第1章　自然资源市场

自然资源的需求规律和供给规律，既有一般市场规律所展示的共性内容，也有自身运动的特殊性。本章主要阐述自然资源需求和供给，以及资源的价值和价格问题。

第1节　自然资源需求

引致需求和直接需求

(一) 引致需求

现代经济学把对自然资源的需求首先理解为引致需求，厂商所以需要自然资源，是因为运用该种自然资源可以生产出消费者需要的产品，能够满足消费者的偏好。如果消费者不需要某种产品，厂商就不会生产该种产品，从而也就不需要作为投入物的自然资源。显然，对于自然资源的需求是由对产品的需求派生出来的需求，即引致需求，从而对于自然资源的研究显示在现代微观经济学的“下半环”，如图1-1所示。

在经济活动中，对于自然资源的需求主要取决于以下因素：

1. 该种资源价格的高低

通常情况下，价格越高，对于该种资源的需求量就越小；反之，价格越低，需求量就越大。

2. 替代资源价格的高低

当两种资源 X 和 Y 高度相关，成为互相替代的资源时，一种资源价格的变化会影响另一种资源的需求量。X 价格升高，会引起 X 需求量的减少，从而会增加 Y 的需求量。当两种资源 X 和 Y 成为共同的、相互依赖的需求时，X 价格的变化，也会引起 X 与 Y 之间数量的替代。

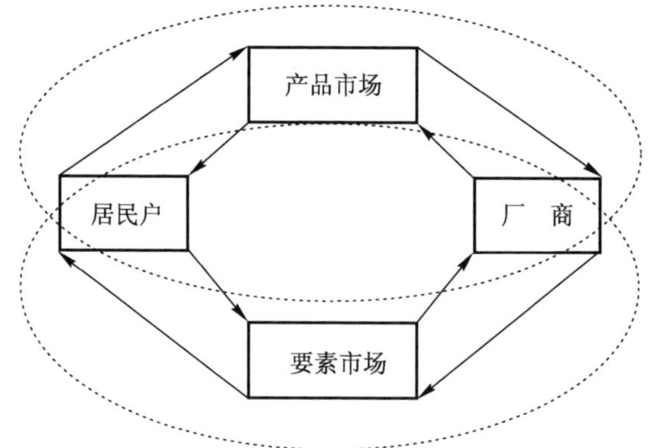

图 1-1　对于自然资源的引致需求

外圈为货币流动，内圈为实物流动；上半环为直接需求，下半环为引致需求

3. 资源的价格预期

人们通常根据过去的行为来形成价格预期，这种预期可以是幼稚预期、外推预期、适应性预期，抑或就是理性预期。预期未来价格的变化会影响现在对资源的需求量。

4. 政府政策

政府资源政策的变化会影响对自然资源的需求量，譬如，通过提价使资源使用者支付加在资源上的税收，就会减少需求；反之，如果给予资源使用者以补贴，就会鼓励对于资源的使用，从而增加需求。

如果把影响自然资源需求量的因素区分为自身的价格影响和其他因素的影响（包括其他资源的价格、价格预期等），则前者的变化是点在曲线上的移动，即需求量的变动，如从 A 点到 B 点（图 1-2(a)），而后者是曲线自身的移动，即需求的变动，如从 D 到 D'（图 1-2(b)）。

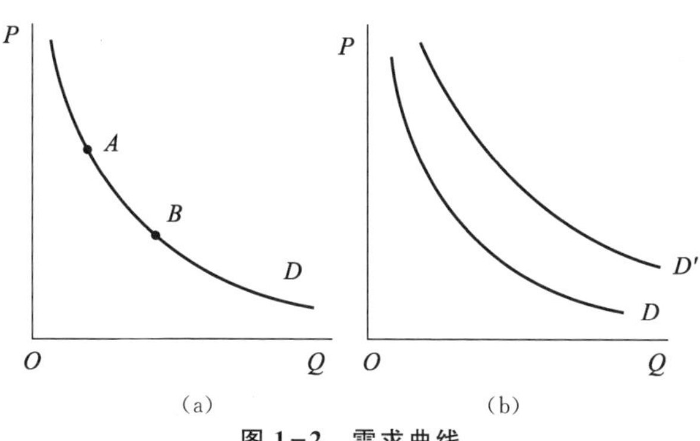

图 1-2　需求曲线

(a) 需求量的变动；(b) 需求的变动

对于引致需求的解释,还可以用边际生产力概念来解释。边际生产力指的是在其他条件不变的前提下,每增加一个单位要素投入所增加的产量。在其他要素不变的情况下,随着一种自然资源的投入不断增加,其边际生产力最初上升,超过某一点后,开始下降,由此边际生产力开始呈现递减的变化趋势,进而决定了向右下方倾斜的需求曲线。

(二) 直接需求

然而,当把环境也作为一种自然资源时[①],它也构成人们直接的消费需求。洁净的水、清新的空气、绿树成荫等都是重要的自然资源,生态环境的破坏,无疑就是资源的损失。事实上,"当我们逐步认识到自然资源提供服务的多样性以及各种外部性的重要性时,自然资源和环境之间的区别就显得画蛇添足了"。[②]

如果把环境作为自然资源,其需求曲线就会发生重大的变化。

普通物品在消费上具有排他性,也就是说,消费者在消费该种物品时,排斥其他人对它的消费,这种情况在市场关系中表现为,市场需求曲线是单个消费者需求曲线的水平加总,而环境资源的市场需求曲线不是单个人需求曲线的水平加总,而是它们的垂直相加。所以会出现这种情况,原因就在于环境资源在消费上具有可分享性或不排他性的特点,环境资源同时可供无穷多的人使用,而其他物质产品在同一时刻只能供有限的人使用。在这种情况下,每个消费者消费的都是同一个环境资源总量,因而每一个消费者的消费量都与总消费量相等。与此同时,对这个总消费量所支付的全部价格,却是所有消费者支付的价格的总和。

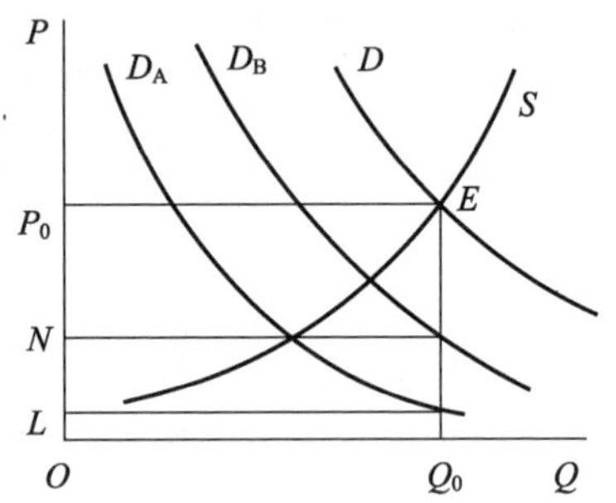

图1-3 环境资源的需求曲线

设消费者A和B的需求曲线分别为 D_A 和 D_B,对环境资源产品的市场需求曲线为 D,市场供给曲线为 S,D 与 S 均衡于 E 点,这时,环境资源产品的总数量为 Q_0(图1-3)。于是,消费者A和B的消费量就都为 Q_0,而他们所愿意支付的价格按各自的需求曲线分别为 L 和 N。因此,当环境资源产品消费量为 Q_0 时,消费者A和B所愿意支付的费用之和就为 P_0,$P_0=OL+ON$。

---

① 刘成武,杨志荣,方中权,等.自然资源概论.北京:科学出版社,2000:132。

② A. 迈里克·弗里曼.环境与资源价值评估:理论与方法.北京:中国人民大学出版社,2002:4。

二、“联合”需求

(一)“联合”需求的含义

对于自然资源的需求，不仅是引致需求，它还是“联合”需求，也就是说，自然资源作为一种生产要素，在生产过程中不能单独发挥作用，它必须与其他生产要素“联合”起来，才能发挥作用。各种生产要素相互依赖，在产品和服务的生产中共同发挥作用。即使是最简单的生产形式，也至少需要两种生产要素。

对于各种生产要素的“联合”需求，是由技术原因引起的。

设生产的产品数量为 Q，所使用的生产要素中，劳动为 L，资本为 K，土地等自然资源为 N，企业家才能为 E，则构建的生产函数为

$$Q=f(L,K,N,E)$$

对于生产要素的这种“联合”需求，还产生了一个重要的后果：对于某种生产要素的需求量，不仅取决于自身的价格，也取决于其他生产要素的价格。

对于经济主体而言，在制订生产计划时，必须决定每种生产要素的使用量，因为其目标是使这些生产要素组合起来，以便在这些生产要素支出固定时，获得最大产量或最大收益。

(二) 技术规律

1. 收益递减规律

设厂商使用两种生产要素：劳动 L 和土地(自然资源)N。

如果假定：可变生产要素各个单位效率相同；在技术和组织方面没有变化。古典经济学发现存在这样一个规律，即边际收益递减规律。它被表述为：如果一种生产要素(如土地 N)不变，若连续地在其上追加可变生产要素(如劳动 L)，则由此引起的收益增量(边际产品)会越来越小。

对于这个规律需要作进一步的解释：

第一，可变生产要素的各个单位是同质的。收益递减的原因在于，在固定的土地上使用了更多的劳动，而从自然性质上看，劳动不是土地的理想替代物。否则，仅仅依靠劳动的增加就可以增加产量，额外的土地、更多的自然资源就多余了。

第二，收益递减规律仅仅适用于一种生产要素不变时，当所有的生产要素都发生变动时，这个规律就不适用了。尽管如此，在生产规模不变时，这个规律仍然具有普遍的适用性。

第三，如果各个生产要素只能按照固定的比例组合，则为列昂惕夫技术。固定投入生产函数是指，在每一产量水平上，任何一对要素投入的比例都是固定的。设在生产中只使用劳动 L 和土地 N 两种生产要素，则固定投入比例生产函数的通常形式为

$$Q = Minimun\left(\frac{L}{U}, \frac{N}{V}\right)$$

式中：U、V 分别为固定的 L 和 N 的技术系数。该函数表明，产量 Q 取决于 L/U 和 N/V 这两个比值中较小的那一个，即使另一个生产要素投入多，也不会增加产量。图 1-4 直观地显示了这个关系。Q、Q'、Q''为三条等产量线，生产只能按照 OR 线来扩展，任何偏离 OR 线如 B 点和 C 点，都是不经济的。

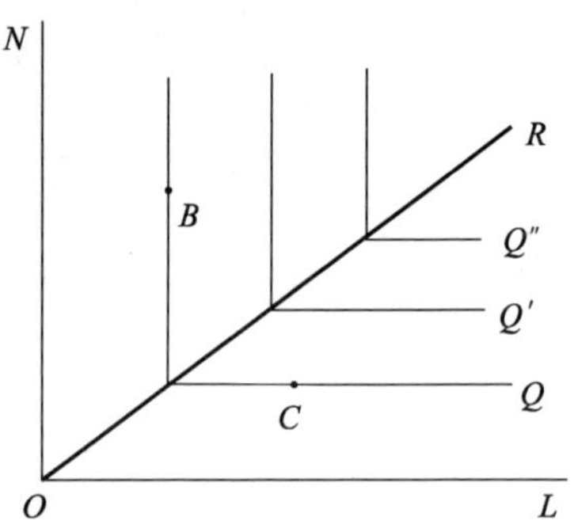

图 1-4 固定投入比例生产函数

第四，这个规律只是阐明了一种技术规律。经济活动当事人决定使用生产要素时，这个技术规律是其在经济分析中必须考虑的。经济规律和技术规律对于他来说是同等重要的。

第五，这个技术规律的前提条件是在技术上没有变化。如果出现了重大的技术突破，这个规律就会发生变化。

2. 可变生产要素的最适组合

如果所有生产要素都是可变的，则意味着各种生产要素之间存在着一定的替代关系。

设有两种生产要素劳动 L 和土地 N，则它们之间的技术关系可以由图 1-5 来说明。

图中，Q、Q'、Q''为三条等产量线（平面上可以有无数条等产量线，各条等产量线不能相交，否则，与等产量线的定义相悖），每一条等产量线都存在斜率为负、为正两个部分：斜率为负，意味着两种生产要素之间存在着替代关系；斜率为正，意味着，为了维持相同的产量，两种生产要素必须同时增加，如 A 点和 B 点，因为这时候出现了“拥挤效应”。如果把所有的斜率为负和斜率为正的过渡点连接起来，就会形成两条分界线 OF 和 OF'，它们被称为“脊线”。两条脊线夹着的区域为生产的“经济合理区域”，意味着，两种生产要素可以根据成本最低的原则，在技术上存在可替代性；而在两条脊线以外的区域为生产的“不合理区域”。

同样，在图中有三条等成本线 C、C'、C''。在这里，等成本线是直线，是因为成本函数具有直线形式：$C = wL + rN$。每一条等成本线都与一条等产量线相

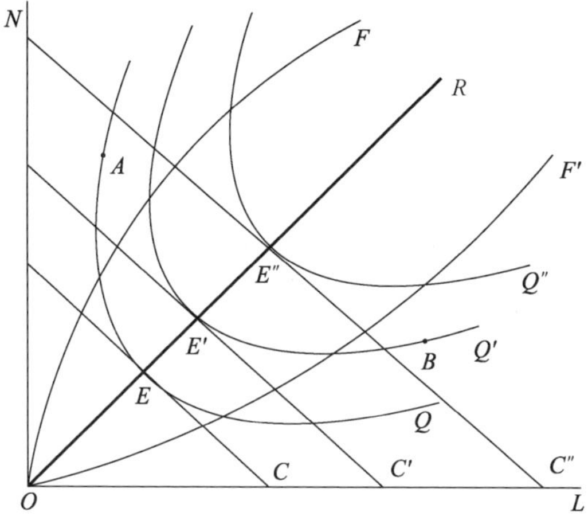

图 1-5　生产要素的最适组合

切，如切点 E、E'、E''，这个切点的集合，就形成生产扩展线 OR，表明，生产规模的扩大，按照生产扩展线的路径是经济合理的。可以看出，图 1-4 所表现的生产要素固定投入比例是图 1-5 的特殊形式，因为在那里，生产扩展线 OR 和两条脊线 OF、OF'重合了。

由此，生产要素最适组合的原则是：

① 针对于既定的成本，如 C、C'、C''，经济主体选择离原点最远的、与它们相切的等产量线，如 Q、Q'、Q''。

② 针对于既定的等产量线，如 Q、Q'、Q''，经济主体选择离原点最近的、与它们相切的成本曲线，如 C、C'、C''。

第 2 节　自然资源供给

自然资源的供给总量

(一) 供给和资源供给

供给是指生产者在一定时期内、在各种可能的价格下愿意而且能够提供出售的该商品的数量。供给的产生需要两个条件：有出售意愿；有出售能力。

作为自然资源的供给是指所有者或经营者愿意而且能够提供到市场上的自然资源数量。

从自然资源尤其是不可再生资源的供给上来看，其供给量是一个常量。不管人们怎样看它，是上帝“慷慨”（重农主义者）还是上帝“吝啬”（李嘉图学派），它都是自然一次给予的，是在人类的时间尺度上不能增加的。

自然资源不同于其他的生产要素，它与劳动和资本不同。当资本的价格利率上升时，就会促使人们推迟目前的消费，从而资本的供给就会扩大；同样，当劳动的价格工资上升时，就会鼓励人们增加劳动，训练更多的劳动力。反之，如果利率和工资下降，资本和劳动的供给就会收缩。如果完全没有价格，也就完全没有供给。

与此完全不同的是，不管什么样的价格，同样数量的自然资源仍然存在。价格上升并不能引起供给的扩大；如果价格下降到零，同样数量的自然资源仍然存在。所以，自然资源作为一个整体，不存在供给价格。如图1-6所示，自然资源的总供给曲线是一条垂线。

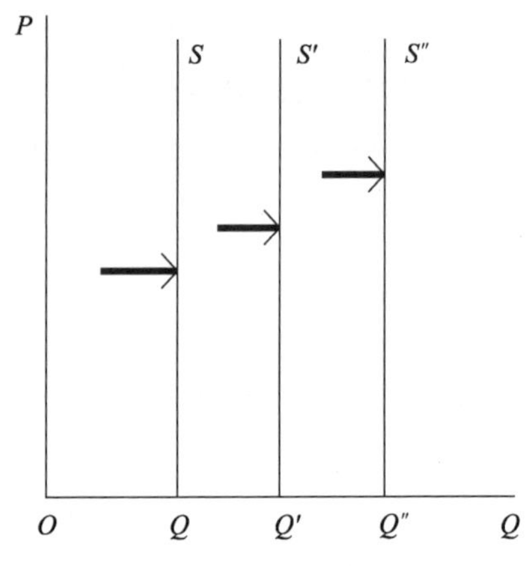

图1-6 自然资源供给总量的变化

但另一方面，人们对于自然资源总供给量存在一个认识的深化过程，从而表现出自然资源是“增加”的：过去没有发现的资源，现在发现并被利用；过去不被纳入资源范畴的东西，现在也纳入自然资源的范畴，从而在图1-6中表现为供给曲线的不断右移，从 S 移动到 S'，再移动到 S''，从而供给总量也从 Q 移动到 Q'，再移动至 Q''。但这绝不表明，自然资源的总量在增加。

事实上，每一种资源储备都有一个极限，虽然我们不能确切地知道这个极限在哪里，也不能确切地知道何时能够接近这个极限，但这个极限确实存在。① 不同的储量估算虽然能够改变资源耗竭的日期，但不能改变资源耗竭的事实。

（二）资源供给的特殊形式

对于可再生资源来说，由于它通常与动植物的生命相关联，供给主要取决于其群体总数的规模。如果群体总数低于某一临界点，该物种将会灭绝；当然，如果超出自然均衡水平或自然承载力，死亡率也会上升，从而使该物种的数量又回到承载力的范围内。

图1-7显示了渔业资源种群数量与增长率之间的关系。横轴 Q 表示种群数量，纵轴 G 表示增长率，从 Q_0 到 Q^* 表现为种群数量增加引起增长率的增加，

① 朱迪·丽丝. 自然资源：分配、经济学与政策. 北京：商务印书馆，2002：53。

从 Q^* 到 Q_0' 表现为种群数量增加引起增长率的减少。Q_0 和 Q_0' 两个点对于物种是非常重要的。Q_0 被称为最小可变种群数量，低于这一点，种群增长率就会成为负数，致使种群数量减少直至灭绝，这时，任何力量都不能帮助种群恢复到可变水平。种群数量大于 Q_0，就可以实现正增长。Q_0' 被称为自然均衡点，这时物种处于种群的稳定状态。如果这时种群数量在继续增加，就会超出自然承载力，从而引起死亡率的增加，使种群数量又回到自然承载力的范围之内。从生物学意义上看，Q^* 是最大可持续捕获种群数量。此时，最大可持续捕获量等于最大增长量。如果捕获量等于增长量，种群的规模就会保持不变。

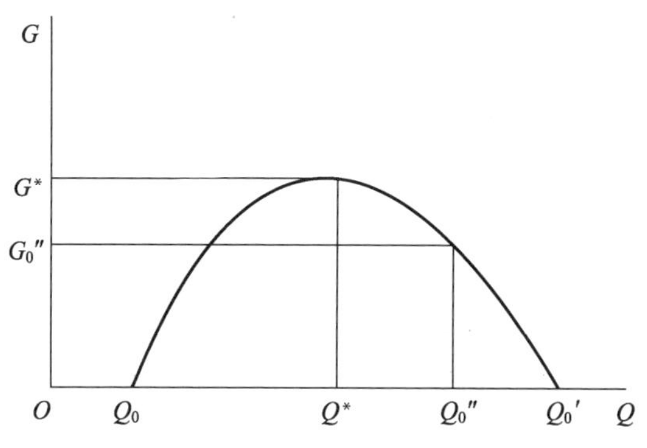

图 1-7 种群数量与增长率之间的关系

正是由于这种生物学特性，使其在经济上表现为，随着价格的升高，供给数量可以增加，但供给量超过一个种群生物学上的临界点以后，供给会随着价格升高而减少。事实上，过度捕获，在短期内可以增加市场供给，但却是不可持续的，这将会造成种群数量的减少。如果种群数量小于图 1-7中的 Q_0，物种就会灭绝，市场供给就会彻底中断。

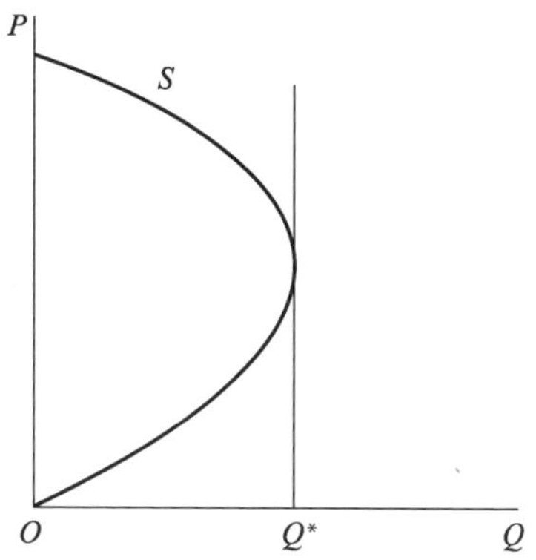

图 1-8 可再生资源的供给曲线

如图 1-8 所示，随着价格的升高，市场供给数量在增加，但超过极限 Q^* 以后，该种资源数量就会随着价格升高而减少，最后，供给被迫中断，从而形成了可再生资源的向后弓的供给曲线，它是生物学规律在经济活动中的反映。

(三) 自然资源某种用途上的供给

作为自然资源来说，它与其他生产要素一样，也存在各种可供选择的用途。把它用于一种用途的机会成本，是如果它被用于另一种用途时可能得到的收益。在市场经济下，为了某种用途而获得自然资源，经济活动主体就必须付出足够大代价，把它从其最佳的其他用途中吸引过来。由此可见，由于自然资源在不同用途之间可以进行分配，它的供给量可以随着价格的提高而增加，从而自然资源的供给曲线就是一条向右上方升起的供给曲线，如图 1-9 中所示的供给曲线 S_e。

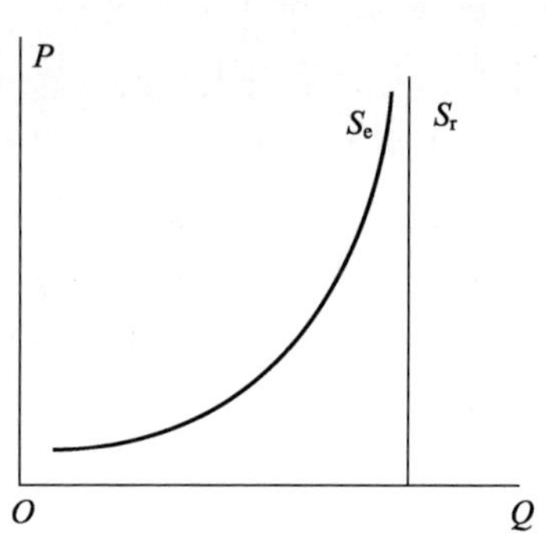

图 1-9 自然资源的供给曲线

但是，吸引别的用途上的资源不可能是无限的，因为存在一个自然资源总量的约束，如图 1-9 中的垂线 S_r（完全缺乏供给价格弹性总供给曲线），这个垂线 S_r 成为资源在不同用途之间转移的“临界点”。正是由于 S_r 曲线的存在，使人类的经济活动存在一个无法超越的极限。

另一方面，S_e 形状也有重要意义。因为在初始状态下，自然资源的供给比较大，因而价格的变化会引起供给量的较大增加；但随着开采成本的增加，会越来越接近于自然资源的总供给曲线，从而 S_e 会变得越来越缺乏弹性，这时，供给量对价格的变化越来越不敏感了。

二、自然资源的供给条件

(一) 影响自然资源供给的因素

除了自身价格变化会引起资源供给量的增减以外，资源的市场供给量还受着其他因素的影响，它们被称为“供给条件”。自身价格变化对供给的影响表现为点在供给曲线上的移动，而供给条件对供给的影响表现为供给曲线自身的移动。除了价格，影响资源供给的因素还有：

1. 其他用途的竞争

由于资源有多种用途，对于既定的资源量，A 用途数量增加，就意味着 B 用途数量的减少。资源在各种用途之间的转换，会导致机会成本的产生。经济活动主体基于最大利润和最小成本而在不同用途之间进行选择。

2. 科学技术的发展

科学技术的重要性就在于，它可以外推生产可能性边缘。科学技术的变化，一方面，可以提高原有资源的利用程度，进而降低资源利用的成本；另一方面，它把原来废弃的东西也纳入资源的范畴。

科学技术的重要性还在于，随着人们认识水平的提高、科学知识的增进，不断地揭示出自然规律，不断地改写资源储量，从而使垂直的资源供给曲线不断向右移动。

3. 大自然的变化

自然灾害可能引起某种资源的减少，例如，气候、洪水、干旱、虫灾等会对某种资源的供给产生影响。

4. 交通条件

交通条件改善，扩大了经济活动的半径，降低了运输成本，把原来不具有经济意义的自然资源也纳入资源供给的范畴。

5. 政府政策

政府政策的作用表现在，通过增税而使资源开发者负担更高的成本，从而造成资源供给的减少；或者，通过补贴使资源开发者获得更多利益，鼓励其增加资源供给的积极性，导致资源供给增加。

6. 资源发现或资源枯竭

新的资源的发现会增加资源未来的市场供给，同样，某种资源的枯竭也会导致供给的减少，甚至中断。

(二) 不完全市场对资源供给的影响

1. 卡特尔(Cartel)

卡特尔是某一行业中为瓜分市场、规定产量和价格的企业联盟，它也可以发展为国际卡特尔，如石油输出国组织(OPEC)，它已经演变为国家之间为协调市场、规定产量和价格的国家联盟。

卡特尔获得成功，必须具备几个条件：

一是卡特尔必须能够控制整个实际产量和潜在产量的很大份额，同时，它还不能面对来自“局外人”的实质性竞争，这个“局外人”就是没有加入到卡特尔的企业。

二是消费者能够获得的替代物必须是有限的，对其产品的需求价格弹性必须是相当低的，必须有相对(但并不完全地)的无弹性需求。也就是说，当价格发生变化如升高，那么，消费者没有选择替代品的余地，仍然一如既往地“忠实地”消费该种产品。

三是不管市场条件如何，对卡特尔产品的需求必须是相对稳定的。否则，在任何给定价位上所出售的数量，在经济增长期内会比在衰退期内更大，并且卡特尔将会发现难以长久地维持任何给定价格与产量的结合。

四是加入卡特尔的厂商必须愿意和能够保留足够数量的产品以影响市场。同时，每个成员必须抵制欺骗或作弊的诱惑，而消费者则一定不能够拥有该种产品大批量可抽调出的存货。

从理论上来说，在存在卡特尔的市场上，市场发生一些变化：首先，卡特尔的所谓“中央机构”估计出一条边际成本曲线，它可能是各个成员边际成本曲线的叠加。其次，根据相关统计资料和对近来市场供求的预测，由此决定在每一可能价格水平上对该行业的需求量，从而确定需求曲线，计算边际收益曲线，而卡特尔的边际成本曲线就是其供给曲线。最后，根据利润最大化原则（$MR=MC$）来确定总产量和销售价格（图1-10）。图中，市场均衡点在 E^*，决定的市场供给量为 Q^*，但是，在卡特尔的操纵下，市场供给量仅仅是 Q_0。显然，在卡特尔的操纵下，市场价格高于均衡价格，市场供给量低于均衡数量。由此，卡特尔因控制市场而获得利益。

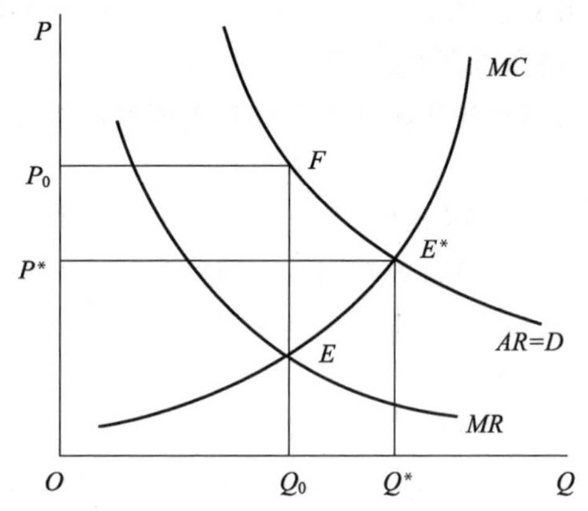

图1-10 卡特尔对市场供给的影响

然而，问题在于，卡特尔确定了总产量，进而影响了价格水平，获得超额利润后，就应该按照协议把产量份额分给成员单位。如果该卡特尔是以共同的利润最大化作为目标，就应该按照分配产量限额后，使各个成员单位按照边际成本相等的原则分配超额利润。但是，各个成员单位的边际成本各不相同，边际成本低的厂商就可以试图降低价格，扩大销售量，从而分享成本高的成员的利益。

因此，卡特尔不稳定性的一个重要原因是欺骗或作弊。当一个卡特尔协议中有许多厂家或国家时，总有一些作弊者，它们想以索取比由卡特尔所规定的价格略低一点价格的方式获取利益。当一个卡特尔中有足够数目的厂家试图作弊，这个卡特尔就会崩溃。所以，现实中卡特尔的生存不断受到威胁，即使像 OPEC 这样的卡特尔也时常受到来自内部的威胁，从而使其策略目标不能实现。

2. 资源共有

在资源共有的情况下，资源供给也会发生变异。

经济学家用“公地悲剧”来说明。

设有一个对于所有人都开放的牧场，每个牧民都尽可能多地利用这个公共福利去放牧。这是因为，对于单个牧民来说，放牧获得的收益悉数归己，而负担的成本仅仅为社区的 $1/n$，这里的 n 是牧场共同所有者的数量。对于牧民来说，理性的选择就是增加牧养数量从而增加自己的收益。但是，结果却是由于牧场的超载而给所有人带来损害，按照哈丁的说法，“公地的自由使用权给所有人带来的只有毁灭。”[①]

资源共有导致的资源市场上的资源供给曲线变成一条水平线，如图 1－11 所示。这时，对于既定的价格 P_0，资源的供给是无穷无尽的，当达到其最大供给量 Q_0 时，供给停止。它意味着，在极低的价格下，资源使用者面对的资源供给具有无穷弹性，从而一直到这种资源用尽，即到这种自然资源经济上可利用的最大值为止。

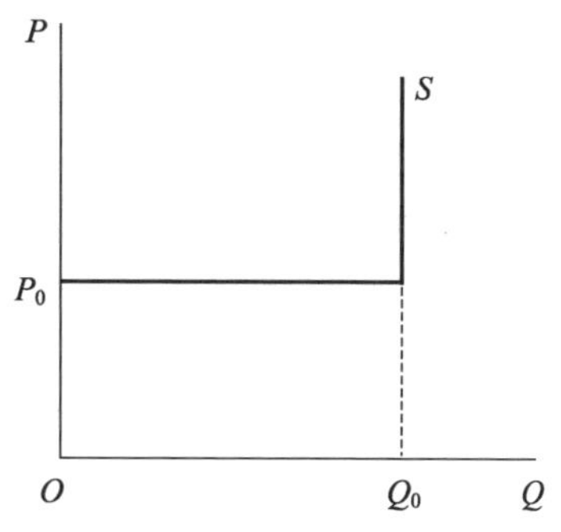

图 1－11　资源共有下供给曲线变异

第 3 节　自然资源价格

一、自然资源价值

(一) 劳动价值论

在古典经济学中，如英国经济学家威廉·配第、李嘉图等已经提出劳动创造价值的理论。到了 19 世纪中叶，马克思批判地继承了劳动创造价值的理论，从而形成了马克思主义的劳动价值学说。其基本内容是：

1. 价值实体和价值量

商品的价值是凝结在商品中的一般的无差别的人类劳动。生产各种商品的劳动，可以抽象掉它们的具体形式，还原为无差别的一般人类劳动力的耗费，抽象劳动形成商品价值。换言之，离开人类劳动，就不可能有价值。

由于劳动创造价值，而劳动的天然衡量尺度是劳动时间，因而劳动时间决定商品的价值量。具体来说，决定商品价值量的是“社会必要劳动时间”，它是：在现有的社会正常生产条件下，在社会平均劳动熟练程度和劳动强度下，制造某种商品所需要的劳动时间。

---

① 参见加勒特·哈丁. 公地的悲剧. 赫尔曼·E·戴利，肯尼思·N·汤森. 珍惜地球——经济学、生态学、伦理学. 北京：商务印书馆，2001：152。

2. 价值形式

价值需要表现出来，价值的表现就是交换价值，它是一种商品同另一种商品相交换的量的关系或比例。价值形式的发展经历了四个阶段：简单价值形式、扩大价值形式、一般价值形式和货币形式。

货币是价值形式发展的结果，它是从商品中分离出来的固定地充当一般等价物的特殊商品。

3. 价值规律

价值规律是商品经济的基本规律，它要求：在生产上，商品的价值由生产商品的社会必要劳动时间决定；在交换上，要以价值量为基础，按照等价交换的原则进行。

商品价值的货币表现就是价格。由于价格还受着市场供求关系的影响，所以，价格围绕价值上下波动，这是价值规律的表现形式。

4. 价值转型

随着商品生产中的耗费（包括生产资料和劳动力工资的耗费）转化为生产成本，劳动力生产过程中的剩余物“剩余价值”以利润的形式表现出来，这时，商品的价值就以“生产价格”的形式表现出来，发生了价值转型，从而价值规律变成了生产价格规律。

这时，商品的价格不再是围绕价值上下波动，而是市场价格围绕生产价格上下波动。

5. 自然资源价值和价格

按照劳动创造价值的学说，自然资源不是劳动产品，因而是“没有价值”的。但是，在商品关系普遍化的情况下，一切都商品化了，自然资源也可以买卖。由于资源的所有者可以凭借所有权获得收入，因而当产权变动时，就会索要相应的代价，这就是自然资源价格。

自然资源价格并不是自然资源价值的货币表现（因为自然资源“无价值”），而是一种“资本化的租金”。

譬如土地资源，原始土地是自然物，不是劳动产品，因而没有价值。土地价格不是土地价值的货币表现，而是地租的资本化。具体地说，土地价格相当于这样一笔资本的价值，如果把它存入银行，每年的利息收入相当于这块土地地租的收入。因此，土地价格取决于地租和利息率两个因素，它与地租的多少成正比，与利息率的高低成反比。

（二）边际生产力理论

边际生产力理论是在19世纪70年代随着“边际革命”而产生的一种生产要素价值理论，它是由美国经济学家约翰·贝兹·克拉克提出的。

边际生产力理论的基本内容包括：

1. 两类生产要素

对于生产要素，可以分为两类：

一些生产要素是一次使用的，如原料、能源等，它们一次进入生产过程，从而一次性提供服务，这里要考量的是它们自身的价值或价格。

另一些生产要素是长久使用的，如土地资源等，它们在相当长的一段时期内起作用，长期提供着服务，因而考量的是它的服务价值或价格。

2. 边际生产力递减规律

在完全竞争下，生产要素的价值取决于它在生产过程中所作的贡献。假定其他生产要素不变，连续地追加可变生产要素，边际收益将是递减的。因此，生产要素的市场价值或价格，就取决于这个边际收益。

3. 生产要素价值或价格的决定

在市场上，生产者对于生产要素的需求，是基于利润最大化考虑的。利润最大化的一般原则是边际收益等于边际成本（$MR=MC$）。在生产要素市场上，边际收益表现为“边际收益产量”（MRP），它一开始可能上升，但最终会出现下降的趋势，因为存在着边际生产力递减规律；对于边际成本来说，由于面对一个完全竞争市场，对于该生产要素的需求，并不影响整个市场，因此，边际成本曲线是一条水平线，且与平均成本曲线重合，如图 1－12 所示。

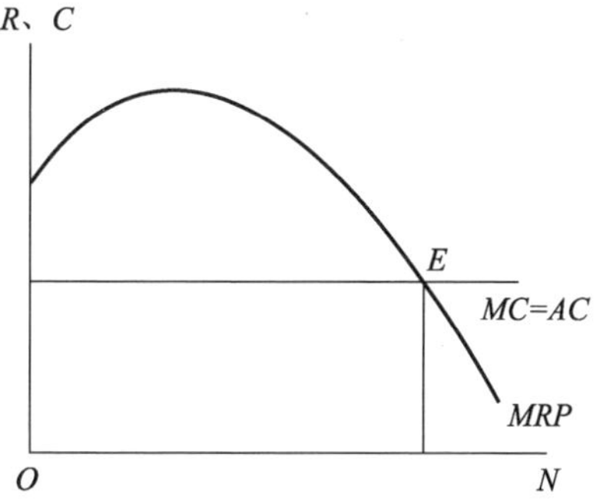

图 1－12　边际生产力决定的价值

图 1－12 中，边际收益产品曲线与边际成本曲线相交于 E 点，由此决定了生产要素的市场价值或价格，这个价值或价格是生产要素使用者付给生产要素所有者的报酬。在 E 点左侧，边际收益大于边际成本，将扩大使用该生产要素；在 E 点右侧，边际成本大于边际收益，将减少使用该生产要素。

（三）地租理论

地租理论比较完善的形态是由英国古典经济学家李嘉图提出的。李嘉图关心的是，土地由于是一次供给的，作为一个整体不随价格变化而变化，没有供给价格；他提出了“级差地租”的理论，后经马克思进一步完善和发展。

1. 级差地租

由于土地是分等级的，假定把土地分为优、中、劣三个等级，那么，由于优等地的有限性，随着生产的扩展，使得不得不经营中等地，从而优等地产生了差额产品，这就是级差地租；进而，生产进一步发展，人们被迫经营劣等地，从而中等地也会出现超额产品，也出现级差地租。

即使是同类土地，譬如优等地，由于离市场的远近不同，运输成本的差异，也造成级差地租。

级差地租形成的原因是土地经营权的垄断。

2. 绝对地租

绝对地租是不论何种土地，即不管是土地是优、中、劣等地，还是土地离市场的远近，都要支付地租。

绝对地租的存在，是由于土地所有权造成的，绝对地租就是土地所有权在经济上的实现。

3. 垄断地租

垄断地租是由于垄断价格所带来的地租。由于某种土地的特殊优越性和该种土地的稀缺性，经营这种土地可以获得独特的产品，而垄断了这种土地的经营，就会产生垄断地租。

4. 建筑地段地租

建筑地段地租是为了从事经营活动（如工商业等）向土地所有者交付的地租。建筑地段地租中，级差地租、绝对地租、垄断地租三种形式都存在。

在建筑业中，土地的位置起着决定性的作用，越是接近城市中心地带，建筑地段地租就越高。

建筑地段地租不断增加的原因主要是：快速的城市化，城市人口不断增长，加大了住宅需求，也加大了对于各种服务设施的需求。

5. 矿山地租

在采掘业中，矿山是物质财富的储藏所，交纳矿山地租是为了获得挖掘地下财富的权利。为此，经营者租用矿山而向土地所有者交纳的地租，就是矿山地租。

经营矿山需要交纳级差地租，因为各个矿山的蕴藏丰度不同，开采条件不同，距离消费地点不同，从而各个矿山的生产率不同，这种经营上的垄断，使得经营者必须交纳矿山级差地租。

经营矿山也需要交纳绝对地租，由于矿山所有权的存在，矿山绝对地租是这种所有权在经济上的实现。

经营者利用某些蕴藏稀有矿物的矿山，还需要提交垄断地租。

二、自然资源价格

(一) 资源的均衡价格

1. 总资源价格的决定

总资源价格的决定是指,针对于资源的总的供给曲线而言,供给与需求结合所决定的价格。

如果把对于资源的需求和资源的总供给曲线放在同一个坐标下(图1-13),可以看出价格的决定。

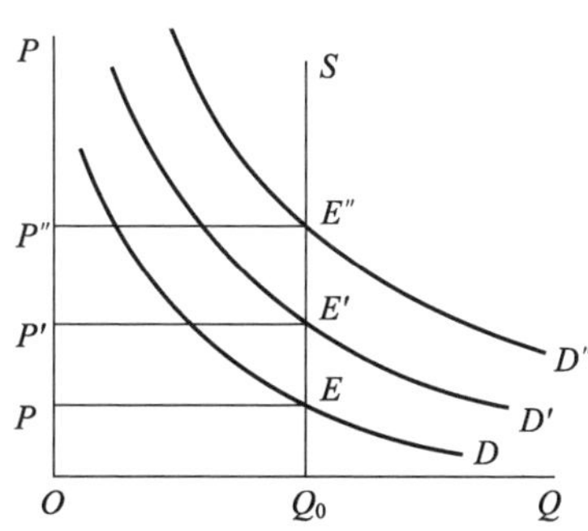

图1-13 总资源价格的决定

在图中,S是一条垂直的供给曲线,它表明,自然资源的总量是一个常量,不随价格的变化而变化,无供给价格弹性。D为一条向右下方倾斜的资源需求曲线,它的理论解释是由于资源使用时,边际生产力递减。在资源市场上,供给和需求相交于E点,由此决定了资源的市场价格P。

对于既定的市场均衡,若有一个比较高的价格,会导致需求小于供给,这时,价格就会降低;反之,若有一个比较低的价格,会导致需求大于供给,这时,价格就会升高。可见,如果市场偏离均衡点,竞争就迫使它回复到均衡点上。这一过程是市场上无数分散的决策行为完成的。

随着经济的发展,社会对资源的需求会持续增加,由于它不是由自身资源价格变化引起的结果,所以,它表现为需求曲线自身的移动,如图1-13中,需求曲线由D移动至D',再移动至D'',但是,经济发展本身并不改变资源的供给数量,从而,供给与需求的交点从E移动至D',再移动至D'',价格也升高至P'和P'',而总的供给量却没有变化,仍然是Q_0。

2. 单个市场上资源价格的决定

对于单个市场上资源价格的决定更具有经济意义。自然资源的总供给虽然在短期内是固定不变的,是一个常量,但从长远来看,科学技术的发展、交通运输的改善,不断增加着经济上可以利用的自然资源的数量。从这个意义上看,自然资源与其他生产要素并没有实质区别,只是可能这种供给缺乏价格弹性,即价格变化的幅度大,而引起的供给变动幅度小。

不仅如此,自然资源也有各种可供选择的用途,可以在不同用途之间进行分配,而这才是真正具有经济意义的分析。

图 1-14 所示。S_r 可以视为资源的长期供给曲线，它是一条垂线，S_e 是一条向右上方升起的供给曲线，它表明，随着价格的上升，某个市场上、某种用途的资源供给数量是可以增加的，但垂直的长期供给曲线是它增加的极限，从而决定了资源市场上的经济活动都是在 S_r 的左侧进行的。

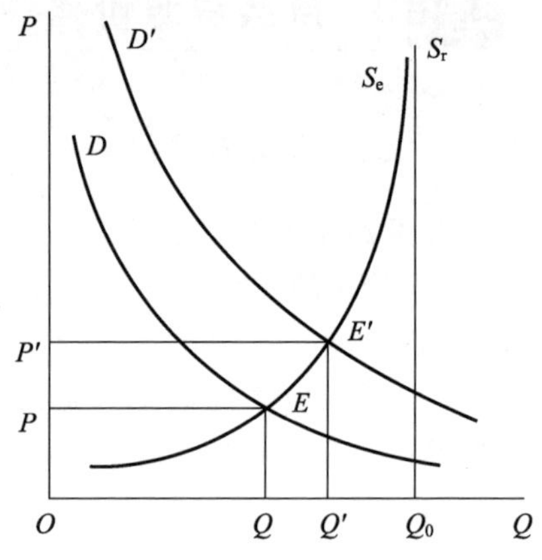

图 1-14 单个市场上资源价格的决定

这样，供给曲线和需求曲线相交于 E 点，由此决定了资源的均衡数量 Q 和均衡价格 P。随着经济的发展，对于资源的需求量增加，会导致需求曲线向右移动，如从 D 右移至 D'，新的均衡点为 E'，形成新的均衡数量 Q' 和均衡价格 P'。这时，由于价格的升高，使投入到某个特定市场的资源量增加了，$Q'>Q$。

(二) 外部性对于资源市场均衡的影响

市场价格机制有效运作的条件之一是经济活动当事人的成本与收益相符，而不对第三者发生影响。但是在自然资源市场上却经常影响到交易双方以外的第三者，即存在着外部性，尤其是对于环境资源更是这样。由于市场主体在进行决策时，只计算对自身利益产生直接影响的成本和收益，而往往忽视与自身利益没有直接关系的成本和收益。外部性的存在导致资源配置中边际私人成本与边际社会成本、边际私人收益与边际社会收益出现差异。

外部性可以分为两类，即正的外部性和负的外部性。①

负的或者消极的外部性的一个普通例子是工厂所施放的污染，工厂由此获利，而作为一个整体的社会却为此而承担外部成本。负的外部性被戴利称为“看不见的脚”，它“使私人的自利不自觉地把公共利益踢成碎片”。②

正的或者积极的外部性的普通例子是研究和发明(R&D)，当某人完成了一项新的发现并由此产生更大的经济生产力时，整个社会则获得利益，发明人虽然通过收费获得一定的收益，但这仅仅是社会总收益的一部分。

当外部性出现时，市场对于资源配置的效率就会降低，而在自然资源开发中存在广泛的外部性，而环境资源本身就涉及外部性问题。只有把外部性内部化，

---

① 斯蒂格利茨．经济学．北京：中国人民大学出版社，1997：146。

② 赫尔曼·E·戴利.《走向稳态经济》论文集绪论．赫尔曼·E·戴利，肯尼思·N·汤森．珍惜地球：经济学、生态学、伦理学．北京：商务印书馆，2001：41。

在资源开发中计入外部成本(社会成本)才能解决这种外部性问题。

图 1-15 显示了由于负的外部性所导致的资源配置低效率。由于存在负的外部性,边际社会成本(MSC)大于边际私人成本(MPC),而决定经济主体经济行为的是 MPC,由此决定了资源的过度开采,同时也决定了价格没有反映市场的真实水平。图中,MPC 为边际私人成本,MSC 为边际社会成本,MB 为具有递减倾向的边际收益,合理的开采量为 Q_s,而由于经济活动主体没有负担外部成本,使开采量达到 Q_p,$Q_p > Q_s$,同时,由于 $P_s > P_p$,市场价格 P_p 没有反映真实价格水平。

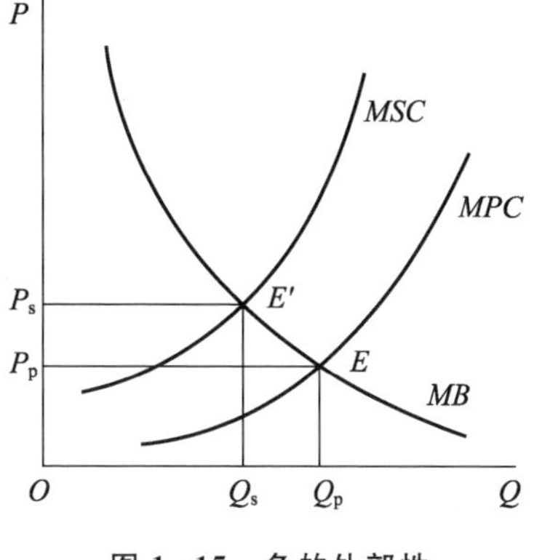

图 1-15　负的外部性

(三) 资源价格不断攀升的经济学解释

1. 总资源价格的上升

如果考虑到时间因素,从长期来看,资源价格具有不断攀升的趋势。

对于图 1-13 而言,它显示了随着经济发展,需求曲线向右移动,从而与垂直的供给曲线相交于 E'、E'',形成新的价格 P' 和 P'',$P'' > P' > P$。如果把这种关系放置在一个由时间和价格组成的二维坐标上,则如图 1-16 所示,它不过是图 1-13 的另一种表现形式。

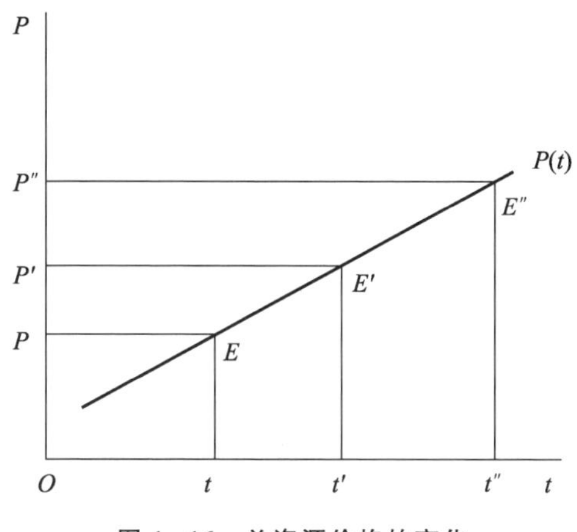

图 1-16　总资源价格的变化

在图中,t 为时间变量,可以看出,价格随着时间变化而不断攀升。尽管按照新古典主义,市场均衡点是非历史的、非时间的均衡,它是市场中相反力量形成的一种暂时均势，均衡的变化是旧均衡的打破和新均衡的形成过程，但毕竟还是可以加进历史的因素。

所以，尽管工业革命以后，随着科学技术知识的增进，人们对于资源存量的认识和发现，使垂直的资源供给曲线不断外推，但经济发展需要更多的自然资源，需求的增加快于资源的供给，从而使价格呈现出攀升的趋势。从历史上看，资源价格也是不断上升的。这显示了逻辑过程与历史过程的统一。

2. 单个资源市场价格的上升

就单个资源市场而言，也显示出资源价格上升的趋势。图1-17和图1-18显示了这种趋势。

图1-17中，S_r是资源市场的长期供给曲线，它是一个常量，不管价格如何变化，其供给的价格弹性为零。尽管随着科学知识的增进和技术水平的提高，可能会发现更多的能源储量，能够提高能源的开采数量，但这只是在认识层面上把这条垂线向右移动，并不能改变它是一条垂线的事实，它实际成为资源市场供给的理论上的极限。

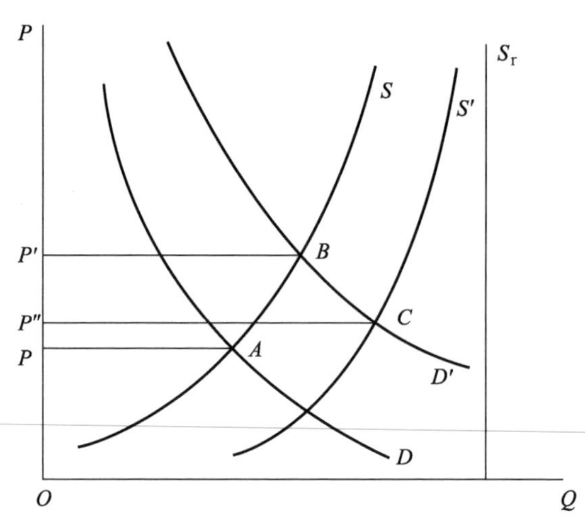

图1-17 资源市场的均衡

在短期，资源市场的供给曲线 S 仍然是向右上方升起的，它与向右下方倾斜的需求曲线 D 相交于 A 点，由此决定了均衡的市场价格。按照一般的市场规律，供过于求，价格下跌；供不应求，价格上涨，结果是均衡到 A 点。若有一个外在的力量使得这种均衡被打破，如经济快速增长，扩大了对于自然资源的需求，这时，需求曲线就会向右移动，如从 D 移动到 D'，新的需求曲线与供给曲线相交于 B 点，由此形成了新的均衡价格。由于需求扩大，导致在更高的位置与供给曲线相交，因此，新的价格必然高于原有的价格。由于价格的升高，会刺激生产者提供更多的产量以赚取更多的利润，因而会扩大资源市场上的供给量，譬如把供给曲线也向右移动，从而新的供给曲线 S' 与新的需求曲线 D' 在 C 点相交，形成了新的均衡价格。

从理论上来说，C 点的高低，取决于该行业成本的变化。如果某行业边际成本递增，则 C 点就偏高；如果某行业边际成本递减，随着规模的扩大获得了规模收益，则 C 点就偏低；如果行业成本不变，则 C 点就与 A 点处于同样的高度。在自然资源的开采中，成本通常具有递增的特点，边际生产力是下降的，边际成本具有不断提高的趋势，因而 C 点往往高于 A 点。至于高出的量却因实际情况的不同而有区别。

因此，动态地考察资源市场均衡价格的变化，就是一个从 A 到 B 再到 C 的变化过程，图 1－18 显示了其变化的趋势，在这里，图 1－18 只是图 1－17 的另一种表现形式。图中可以看出，资源均衡价格的变化趋势，它表明，随着经济的发展和经济规模的扩大，均衡价格本身也具有升高的趋势。

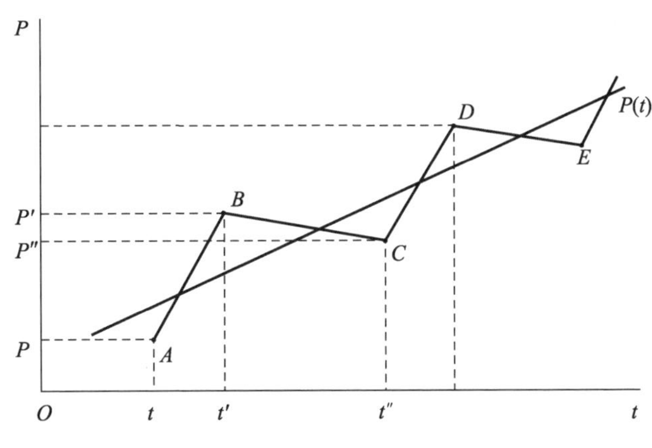

图 1－18　资源均衡价格变化趋势

三、中国的自然资源价格改革

（一）自然资源价格体制的弊端

新中国成立以后，我国在经济上实行集“国家所有制”、“计划经济”于一体的经济制度。在这种制度下，自然资源归国家所有，由国有企业进行经营和管理，国家实行指令性计划。除了国有大中型企业和国家基本建设实施指令性计划外，对于其他的经济成分也实行指导性计划。随着时间的推移和对于商品货币关系的限制(甚至一度试图取消商品货币关系)，使整个经济形成两个基本部分：国家所有制和集体所有制。即使是集体所有制经济(包括农村集体经济)，也受着国家计划一定程度的调节。国家通过计划采购和统购包销，控制着其他的经济成分。①

由于自然资源国家所有，奉行“资源无价，原料低价，产品高价”的政策，使同样属于国家的国有(国营)企业可以依靠行政手段无偿取得矿山，无偿取得自然资源的开采权，致使目前绝大多数矿山企业特别是国有企业仍然是无偿占有矿业权(探矿权、采矿权统称为矿业权，它是在自然资源所有权约束下的经营权)。据不完全统计，我国迄今15万个矿山企业中仅有2万个矿山企业是通过市场机制取得矿业权。由于可以通过无偿的方式获得矿业权，资源“无价”，使企业和社会缺乏珍惜资源的压力，造成了许多恶果。

1. 自然资源的破坏和浪费

由于可以无偿或者只支付很小的代价就可以获得资源，所以就造成了大量的浪费和低效率现象，也鼓励了高耗能产业的快速发展。图1-19显示的是，企业对于支付固定价格(价格通常很低)的自然资源，具有多占资源的内在冲动。由于价格没有反应市场供求关系，导致需求增加，在成本(以极小的代价可以获取资源)固定的情况下，就会扩大利润空间。

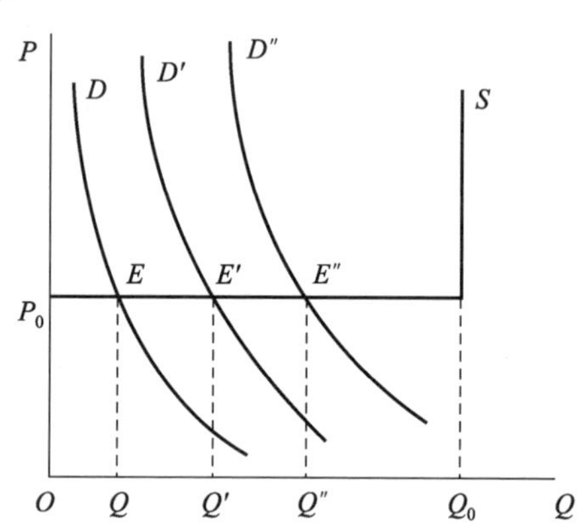

图1-19 资源供给完全弹性下的均衡

图1-19中，水平段的供给曲线 S 与既定的需求曲线 D 相交于 E 点，这时的资源使用量为 Q。现在，假定由于外部的原因引起需求的扩大，如 D'、D''，这时，价格不变，使用量增加至 Q' 和 Q''。如果这时价格升高，就能起到抑制需求的作用。由于价格固定且极低，鼓励了资源的更多使用，资源使用者没有节约使用资源的内在压力，价格不能起到调节市场的作用，造成资源浪费。据测算，我国目前煤炭资源回采率平均仅为30%，乡镇煤矿仅为10%，共生、伴生矿的利用率只有20%左右，矿产总回收率只有30%，而国外先进水平都在50%以上。我国铜、铅、锌伴生金属冶炼回收率仅为50%左右，而发达国家的平均水平在80%以上。我国每年平均约有 $200\times10^4\sim300\times10^4$ t废钢铁、$10\times10^4\sim15\times10^4$ t废杂有色金属等未被合理回收。此外，我国的能源利用率比西方国家低10%，仅

① 参见武力．中华人民共和国经济史．北京：中国经济出版社，1999。

为33%。

2. 财富分配的不公平和竞争的不平等

由于资源的供给存在优、中、劣的等级，地理区位也不同，而资源所有权、占有权的获取又不是通过市场，而是通过权利的分配，由此造成了分配上的不公平和竞争上的不平等。

本来，由于优质资源经营权的垄断需要交纳级差地租，通过级差地租使自然资源不同丰度、不同区位的经营者可以在同一个起跑线上公平竞争，现在却是由于优质资源经营权的垄断而使这些经营者处于更加有利的地位，资源占有上的不公平造成了竞争上的不平等。不仅如此，那些经营者还凭借这种有利地位，掩饰经营中的各种问题。

3. 收入的损失

由于自然资源可以无偿或付出很小的代价就可以获得，资源的所有权在经济上就无法体现出来。资源所有权在自然资源开发中所体现出来的，首先是无论何种丰度的自然资源，都要交费，这就是“绝对地租”；其次，不同丰度的自然资源蕴藏量要交付不同的费用，条件好的要多付费，这就是“级差地租”；最后，特别优越的特殊资源使用，要交付“垄断地租”。可以看出，由于在我国，资源归“国家所有”，从而国家损失了作为所有者应该获得的绝对地租、级差地租和垄断地租。

4. 阻碍了生物质能源等新能源的广泛使用

生物质能源一直是人类赖以生存的重要能源，它是仅次于煤炭、石油和天然气而居于世界能源消费总量第四位的能源。目前，生物质能技术的研究与开发已成为世界重大热门课题之一，受到世界各国政府与科学家的关注，国外的生物质能技术和装置多已达到商业化应用程度，实现了规模化产业经营。我国农村生物质能资源丰富，主要包括农作物秸秆和农业加工残余物、森林和树木合理采伐和林业加工剩余物、人畜粪便和工业有机废水，据测算，我国理论生物质能资源 50×10^{8} t左右。但是，由于化石能源价格偏低，各种能源比价（不同能源之间的相对价格）不合理使过多地依赖化石能源，抑制了生物质能的开发和利用，致使一方面是能源资源的供给紧张，另一方面却是大量生物质能源的浪费。

（二）自然资源价格改革

关于自然资源的价格，我国经历了一个曲折的历程。

改革开放以后，我国首先进行了消费品价格改革，进而扩展到生产资料价格改革。由于生产资料被认为涉及面广，且因意识形态的障碍（“生产资料不是商品”的“社会主义理论”），使生产资料价格改革走了一条颇为曲折的道路，这就是“双轨制”（同样一种生产资料，在同一时期同一市场上，存在着计划价格和市场价格两种价格形式，而且市场价格远远高于计划价格）。

实行生产资料价格“双轨制”，使计划外部分能得到适当激励，从而使一个严重扭曲的价格体系过渡到一个能较准确地反映资源稀缺程度的价格体系，被称为是中国问题的“天才的解决办法”①。生产资料“双轨制”价格是中国生产资料价格改革的必然选择。进入20世纪90年代以后，由于“双轨制”的各种弊端逐渐显现，也由于条件逐渐成熟，生产资料的计划价格和市场价格逐渐并于市场一轨。

然而，中国的价格改革又是“未完成的”。表现在：

1. 资源的廉价甚至无偿使用仍然普遍存在

由于资源国有，而又常常被“虚置”，再加之一些地方为了自身发展，出台了招商引资的优惠政策，如某县规定，“允许国内外客商、经济组织及本县各部门、事企业单位利用我县丰富的石油资源，进行各种开发性或生产性石油投资，投资可采取独资、合资、入股联营等多种形式”；“合作开发期限一般为10～15年，发展前景较好的油区联营开发可开采到无油为止”，由此造成资源廉价或无偿使用。据估计，我国矿产资源补偿费平均费率为1.18%，而国外与我国矿产资源补偿费性质基本相似的权利金费率一般为2%～8%。相比之下，我国石油、天然气、黄金等矿种的矿产资源补偿费费率（油气为1%，黄金为2%）远远低于国外水平（美国12.5%，澳大利亚10%）。不仅如此，费用减免和欠缴等问题十分严重。2002年国家财政部委托有关机构对24个省（自治区、直辖市）1999—2002年上半年的矿产资源补偿费的征收、入库及使用管理情况进行了专项核查，经抽查发现1 601户重点采矿企业累计欠缴矿产资源补偿费31亿元。2003年我国矿产资源补偿费实际征收只占应收数的48.3%。②

2. 资源市场仍然混乱

由于资源低价且所有权“虚置”，地方和国家、集体与国有矿山争夺资源，因片面追求利润不顾环境的严重破坏或毁灭，造成许多矿山有重大价值的伴生矿、深层矿和难采矿无法再开采，某些生态环境出现不可修复的严重后果。一方面，价格机制无法按照市场规律来调节资源的生产和市场需求；另一方面，破坏式开采和非法开采十分猖獗。

3. 资源补偿机制仍然没有建立起来

目前，国家在资源资产收益方面出现的收益项目为：探矿权采矿权使用费、探矿权采矿权价款、矿产资源补偿费、矿区使用费、资源税。

（1）矿产资源补偿费：1994年2月27日，国务院第150号令公布的《矿产资源补偿费征收管理规定》（简称《规定》）指出，为了保障和促进矿产资源的勘查、

---

① 斯蒂格利茨．中国第二步改革战略．人民日报，1998-11-13(2)。

② 朱志刚．稳步实施资源价格改革，推动增长方式转变．四川新闻网[2005-11-15]。

保护与合理开发，维护国家对矿产资源的财产权益，凡在本国领域开采矿产资源的，都应当依照该《规定》缴纳矿产资源补偿费。资源补偿费采用从价征收，计算公式为

征收矿产资源补偿费金额＝矿产品销售收入×补偿费率×开采回采率系数

式中：补偿费率因不同矿种而有所不同，从 0.5%到 4%不等，平均费率 1.18%；开采回采率系数为核定开采回采率与实际开采回采率之比，体现政策调节因素。矿产资源补偿费由地质主管部门会同财政部门征收，中央与地方按比例分成（中央与省、直辖市的分成比例为 5∶5，中央与自治区的分成比例为 4∶6）。

(2) 资源税：现行的资源税是在 1994 年全国财税体制改革中，对 1984 年第一代资源税制度作了重大修改，形成了第二代资源税制度。其核心要点是：不再按超额利润征税，而是按从量、普遍原则征收，计算公式为

应纳税额＝课税数量×单位税额

式中：单位税额的幅度因不同的矿种而有所不同。资源税由税务机关征收。

(3) 探矿权使用费：《矿产资源勘查区块登记管理办法》规定："国家实行探矿权有偿取得的制度。探矿权使用费以勘查年度计算，逐年缴纳。"其标准为：第一勘查年度至第三勘查年度，每平方千米每年缴纳 100 元，从第四勘查年度起，每平方千米每年增加 100 元，但最高不超过每年每平方千米 500 元。探矿权使用费由探矿权人在领取勘查许可证时，向探矿权登记管理机关按勘查区块面积逐年缴纳。

(4) 采矿权使用费：《矿产资源开采登记管理办法》规定："国家实行采矿权有偿取得的制度。采矿权使用费，按照矿区范围的面积逐年缴纳，标准为每平方千米每年 1 000 元。"

(5) 矿业权价款探矿权价款：《矿产资源勘查区块登记管理办法》规定："申请国家出资勘查并已经探明矿产地的区块的探矿权的，探矿权申请人除依照本办法第十二条的规定缴纳探矿权使用费外，还应当缴纳经评估确认的国家出资勘察形成的探矿权价款。"征收探矿权价款的主要目的是避免国家的前期地质勘查投入及其收益被私营、外资等各企业无偿使用。

(6) 采矿权价款：《矿产资源开采登记管理办法》规定："申请国家出资勘查并已经探明矿产地采矿权的，采矿权申请人除依照本办法第九条的规定缴纳采矿权使用费外，还应当缴纳经评估确认的国家出资勘察形成的采矿权价款。"主要目的是避免国家地质勘查费所形成的国有资产的流失。

但是，由于资源税及其他费用过低，再加上一些企业长期欠费，不足以支撑矿区环境治理和生态恢复责任机制的形成。在长期的国有国营下，许多矿山企

业没有必要的积累,当企业经营不善,或者企业转制,或者资源枯竭时,留下一片废墟。据有关专家估计,如果将煤炭开采过程中造成的资源、环境成本纳入煤炭生产成本,吨煤平均增加成本约50元;其他部分矿种成本增加可能更多。综合估算,目前被湮没的矿产品单位成本约在50～100元,总成本达到$3\,000\times10^{8}$～$6\,000\times10^{8}$元。显然,按照这种估算,矿产品成本增加会使矿产品价格发生较大变化,进而会影响到资源产业和整个国民经济的运行。

(三) 深化自然资源价格改革的思路

由此看来,必须进一步对自然资源价格进行改革,而应该基于建设循环经济和循环型社会来设计未来的改革思路。

1. 确立能够足以补偿生态环境的自然资源价格结构

通常情况下,某产品的市场价格包含生产该产品时的固定成本、可变成本、正常利润、超额利润等组成部分。作为自然资源价格,它还包括生态成本,尽管我国存在资源补偿费,但它远远不能满足生态补偿的需要。因此,需要大幅增加生态补偿的费用,使资源开采和生态修复能够同步进行。

2. 从源头上理顺价格体系

自然资源价格处于整个产业体系的最上端,它的变化会引起像链条一样下游产业产品价格的变化,会导致"多米诺骨牌"效应,更重要的是会引起产业结构的调整和变化。生态补偿费用增加,将会引起自然资源价格的猛涨,这在短时期内会影响到下游产业的发展,形成一次产业结构的大调整。然而,经过一个适应时期以后,就会通过自然资源价格的改革,促成一个资源节约和环境友好的产业体系。

3. 偿还生态损坏的"旧账"

自然生态系统的还原是未来发展的重要任务,包括时空错位资源的还原、破损生态系统的修复、产品消费以后最终废物的还原。我国在改革后尽管对自然资源价格体制进行了改革,但因资源补偿费用长期偏低,致使"旧账"尚未偿还,又有"新账"出现,新账和旧账的叠加,使我国必须在今后一段时期内偿还,在不欠新账的前提下逐步偿还过去累积的生态债务。按照"多还旧账,不欠新账"的原则,"十五"期间我国对环保投入已达$7\,000\times10^{8}$元,据初步测算,"十一五"期间,预计将达到$13\,000\times10^{8}$元,约占同期GDP的1.4%～1.5%。

4. 价格改革必须与所有制相结合

自然资源价格不合理与自然资源的所有制有一定关系,由价格不合理所引发的问题在一定程度上也与自然资源的所有制有一定关系,这就必须同时进行所有制改革。如果仅仅在价格层面改革而不直面所有制问题,就只能是治标不治本,不能达到建设资源节约型、环境友好型的循环经济和循环型社会的目标,而所有制问题最深层的问题在于所有权的“虚置”。因此，自然资源价格改革必须与影响或决定它的所有制改革结合起来，才能收到预期的效果。

思考题

1. 如何理解对于自然资源的需求是一种“引致需求”？
2. 概述自然资源市场的需求条件和供给条件。
3. 外部性如何影响资源市场？
4. 为什么长期来看资源价格总是不断上升的？
5. 简述资源价格改革的方向。

第2章　自然资源经济评价

对于自然资源的经济评价充满了不确定性和风险，这既表现在技术上，也表现在市场需求上。本章在对不确定性和风险进行分析的基础上，阐述自然资源经济评价的基本内容和方法。

第1节　不确定性和风险

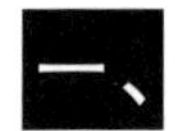

一、资源评价中的复杂性和不确定性

自然资源是自然地理环境的重要组成部分，是一个具有整体性与层次性的复杂物质体系。一方面，自然资源具有多用性，大部分自然资源都具有多种功能。例如一条河流，可以修筑成水库为能源部门提供电力，可以为农业部门提供自流灌溉，可以为渔业提供水产养殖，也可以为交通提供经济水运，还可以为居住提供良好的环境，而同一种资源在某一时点只能有一种用途。另一方面，人类对于自然资源的需求也是多样复杂的。自然资源本身的特性和社会需求的复杂性决定了自然资源评价的复杂性。

自然资源评价本身存有很大的不确定性，具体表现为技术的不确定性和需求的不确定性。

(一) 技术的不确定性

首先，人们对新技术的负面影响缺乏了解，从而可能会鼓励过早地应用这些技术。

其次，人们没有能力预见未来可能会发展出来的新技术。对新技术的发展如果持过分乐观的态度，将使可耗尽资源的开采率过高、并过早地耗尽该资源，最后使得后代人付出很高的代价。相反，如果对未来技术的发展过分悲观，将会使可耗尽资源的开采率太低。

最后，技术的不确定性还涉及资源利用技术的发展。一些目前可能没有任何使用价值的动植物，随着技术水平的提高，若干年后可能会被发现有价值的用途（如药用价值等）。如果这些目前似乎没有价值的生物物种灭绝，那些目前尚未发现的用途（如药物用途等）将永远消失。

(二) 需求的不确定性

人类对资源的需求有着很大的不确定性。人们目前对某一种资源的需求不大，但是过几年后可能会变得对该资源有很大的需求；另外，后代人的兴趣和偏好可能和当代人大不相同。

基于这些理由，未来需求模式的变化，将如何影响未来的稀缺格局，同样存在不确定性。当然，稀缺受到需求和供给两方面的影响，而技术既影响供给，也影响需求。技术可能会引入一些新的商品和满足，对这些新的商品和满足的实际需求在这些商品和满足出现之前是不会产生的。

二、贴现和贴现率

(一) 贴现和贴现率的含义

自然资源开发利用的成本和产生的效益可能不是发生在同一个时点上的。一个产生资源破坏的开发项目，往往其经济效益发生在近期，而开发项目产生的环境成本可能延长到远期。发生在不同时间点上的成本和效益是不能够直接比较的，因为同样数额的资金在不同的时间其价值是不同的。

贴现就是将不同年份的总成本和收益转换为同一测度，使得相互之间的比较可以适当进行。最常用于贴现计算的测度是现值（present value，PV）。贴现率（discount rate）就是将未来的资金贴现为现在资金的比率。

贴现率的实质，是以当代人的观点看待发生于未来的资金。贴现率是表明资金在不同时间的价值权重的指标，贴现率越高，表明发生于未来的资金的价值越小，人们对于当前的收益和成本的偏好越大。对任何大于零的贴现率，贴现率越高，则现值越低，并且随着时间的延伸，现值的下降越快。例如，当贴现率为12%时，一个项目在未来第5年产生的效益的价值，只相当于当前等量效益价值的56.7%；在未来第10年产生的效益的价值，只相当于当前等量效益价值的32.2%。

(二) 贴现率的确定

贴现率的大小取决于人们的时间偏好率和资本的边际生产率。人们对资金存有时间偏好，总是希望早拥有一定数额的效益而不是晚拥有，总希望晚承担费用而不是早承担；另一方面，资金具有生产力，今年100元的资金，到明年可能就变成了110元。这时，明年的110元与现在的100元是等价的。

1. 社会贴现率

社会贴现率是用于评估公共投资项目的贴现率。社会贴现率是由资金的边际社会生产率和社会时间偏好率决定的，是资金的边际社会生产率和社会时间偏好率的加权平均值。由于资金的边际社会生产率是从生产方面决定社会贴现率，社会时间偏好率是从消费方面决定社会贴现率。因此，加权平均的权重取决于两个因素：

第一，建设项目资金来源于生产领域和消费领域的比例。来源于生产领域的资金比例，形成资金的边际社会生产率的权重；来源于消费领域的资金比例，形成社会时间偏好率的权重。

第二，建设项目收益用于生产领域和消费领域的比例。用于生产领域的收益比例，形成资金的边际社会生产率的权重；用于消费领域的收益比例，形成社会时间偏好率的权重。

上述两方面的综合作用决定社会贴现率的两个权重，即资金的边际社会生产率的权重和社会时间偏好率的权重。

从理论上看，根据上述两方面可以确定出一个恰当的社会贴现率，但实际上由于不可能分析每个建设项目的资金详细来源与收益去向，因此，实际上根据资金的边际社会生产率的权重和社会时间偏好率的权重计算社会贴现率是不太可行的。

在实际工作中，社会贴现率通常是由社会统一制定，用于所有项目的经济评价。社会贴现率一般在4%～7%之间，但也有许多国家（尤其是发展中国家）对它进行了许多调整，一般会上调到10%左右。

在我国，社会贴现率是国民经济评价中用以计算评价指标的一项重要参数。选择适当的社会贴现率，有助于合理分配有限的建设资金，引导有关部门向全社会总福利达到最大的方向投资。按照原国家计划委员会（现中华人民共和国国家发展和改革委员会）1990年调整发布的建设项目经济评价参数，根据我国在一定时期内的投资收益水平、资金供求状况，规定所有建设项目的社会贴现率统一采用$r_s=12\%$。《水利建设项目经济评价规范》(1992)，建议除水力发电和城镇供水工程外，其他属社会公益性质的项目，可同时取用$r_s=12\%$和$r_s=7\%$两种折现率进行评价。采用较低的折现率，是因为如防洪等公益性质的水利项目，其社会效益很多难于定量计入。

2. 市场贴现率

市场贴现率是由资金的边际私人生产率和个人时间偏好率决定的，也称个人贴现率(individual discount rate)。在均衡的市场中,资金的边际生产率等于个人时间偏好率,二者都等于市场贴现率;在非均衡的市场中,资金的边际私人生产率可能大于或小于个人时间偏好率,这时贴现率应等于二者的加权平均值,权重取决于资金来自于生产或储蓄的比例与来自于消费领域的比例。

(三)贴现率的局限性

给出一个确切的、适用于各个项目经济分析的贴现率是很困难的。目前,经济学家并没有达成共识,完全认可一个"正确"的贴现率。因而,在项目的收益与成本计算中,使用多大的贴现率合适,常有激烈的争论。

有人认为人们的时间偏好和资金具有生产力的特性决定了贴现率是个正值。贴现率是资金在不同时间的价值权重的指标,是以当代人的观点看待发生于未来的资金,认为发生于未来的效益不如发生于当前的效益价值大,而发生于未来的费用不如发生于当前的费用损失大。贴现率的这些特性引起了关于代际不公平的争论。

例如,假设一个工程项目能带来很快、很大的经济效益,但其产生的环境危害是滞后的,并且是长期的(如一些掠夺性资源开发项目),这样,效益发生在近期,被当代人获得;而环境成本发生在远期,主要由后代人承担。按照贴现的原则,发生在近期的效益的价值权重大,而发生在远期的环境成本的价值权重小,更远期的环境成本在当前可以忽略不计。这样的项目在进行费用效益分析时,很可能会被认为是效益现值明显大于费用现值,而被认为是经济合理的。其结果是当代人获得效益,后代人承担费用的项目被认为是经济可行的,这对后代人是不公平的。而且选择的贴现率越高,这样的项目就越容易通过费用效益分析,对后代人就越不公平。

再如,一些对环境有利的项目(如植树造林等)的费用大多发生在近期,而产生的效益相对滞后,并且可以延续到远期。贴现时,近期的费用被赋予很高的价值权重,而远期的效益被赋予很低的价值权重。这样产生的后果很可能是这些项目的费用现值大于效益现值,因而无法通过费用效益分析,从而被认为是经济不可行的。而且贴现率越高,就越不容易通过费用效益分析。

面对贴现率可能引发的代际不公平的争论,一些学者提出应尽量采用低的贴现率,给未来的效益或费用以更大的价值权重。有的人推荐使用零贴现率,尤其是在项目的影响波及子孙后代或产生不可逆结果时,零贴现率使得资金在任何时间都是等值的,后代人的利益与当代人的利益同样重要。但是,采用低的贴现率会使更多的项目通过费用效益分析。因为项目总是投资在先,效益在后的。因此,低的贴现率将鼓励更多的投资项目,这样会消耗更多的自然资源,这对后代人也是不利的。

基于上述问题,一些学者建议:

① 宜采用一个具体的贴现率进行项目经济分析,并将其作为一种基准情况。

② 在使用贴现率选择开发方案时,需要通过改变贴现率进行敏感性分析,分析贴现率变化是否对净效益的现值产生明显的影响。作为敏感性分析的一部分,对于长期的、潜在不可逆的,或有关人类健康的项目评价,宜采用零贴现率。

第2节 自然资源经济评价的基础

一、自然资源开发利用的经济合理性

自然资源是人类活动必不可少的基本条件。人类的生命活动时刻离不开阳光、空气、土地、水、生物等自然资源。这些资源如果一旦出现不足,就会给人们的食、衣、住、行,甚至人类的生存和发展带来威胁。人类的生产活动同样也离不开自然资源,倘若资源退化,乃至枯竭,就要影响经济的发展。所以,自然资源是人类生存和社会生产发展的物质基础。无论哪一项生产发展和生产布局工作,都是以自然资源为主要劳动对象,都是对自然资源进行开发利用。人类对自然资源的开发利用首先要有一定的经济合理性。

自然资源开发利用的经济合理性,是指在保护或不破坏自然资源与生态环境的前提下,开发利用自然资源所能产生的价值与价值最满意的程度。自然资源评价如果仅仅是对于资源的数量、质量等进行利用可能性的论证,而不对其经济合理性做出评价,评定出的资源开发利用即使是必要的、合理的,如果没有经济合理性,资源的开发利用虽有可能但却是不可行的,资源评价的实践价值就得不到实现。

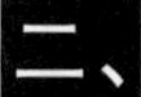

二、自然资源经济评价的原则

(一) 自然资源评价的含义

自然资源经济评价是从经济发展和生产布局的角度出发,在现代科学技术基础上,研究自然资源在一定时空范围内的组合状态,评估其经济开发价值以及同经济、环境的相互关系。即通过自然资源的数量、质量、特性及其空间结构的分析,评价其开发利用的可行性及其预期收益状况,为因地制宜、发挥地区优势和实现生产力的合理布局提供依据。

自然资源对社会劳动地域分工以及地区经济发展特点、方向和劳动生产率的影响很大，人类社会选择经济发展方向时，必然考虑利用自然资源的特点，以期获得最多的产品。充分而正确地评价自然资源，可探明自然资源与生产分布之间的联系，以及自然资源与地区经济发展特点之间的关系，可为因地制宜、发挥地区优势进行合理生产布局提供科学依据。自然资源的多样性，社会需求的复杂性，决定了自然资源经济评价需要坚持经济的、综合的和动态的观点。

（二）自然资源经济评价应遵循的具体原则

1. 有的放矢，避免一般化

自然资源经济评价要从经济发展方向和具体生产部门布局的实际要求出发，做到有的放矢，避免一般化。开发利用自然资源是为了满足社会经济发展的需要。不同的生产部门和生产布局对自然资源的要求不同，而不同的自然资源对生产的意义和作用也有所不同。因此，自然资源经济评价需要从经济发展方向和生产布局的要求出发，做到有的放矢、最优化地开发和利用自然资源，避免一般化。

2. 全面综合分析，突出主导因素

自然资源系统是个复杂的综合体，各种自然资源之间相互作用、相互协调，构成了一个有机整体。当一种资源遭到破坏时，会影响到其他资源。如人类对森林资源的过度砍伐，不仅带来了森林资源数量的短缺，同时也破坏了与此相关的生态系统，导致水土流失加剧、生物多样性减少等。因此，自然资源经济评价必须综合分析各种条件、各种因素之间相互联系和相互制约的作用。

综合评价既表现在单项自然资源上，更体现于区域自然资源的总体评价。影响资源开发利用的自然和社会经济因素很多，而且有多种表现形式，评价时要对影响一定生产部门或地区经济发展方向和布局的主导因素进行重点评价，深入分析。不同的生产部门、范围大小不等的不同地区，其主导因素均不相同，而经济技术条件的变化也会使主导因素发生转变。如在半干旱和干旱地区，水是发展农业的主导因素，一旦灌溉用水使用不当，土壤盐渍化问题常常成为发展农业的关键问题。

3. 在技术可能性的基础上论证经济合理性

技术可能性是指在技术上能否支撑将自然资源转化为现实可用，属于自然技术范畴；经济合理性是指在保护或不破坏自然资源与生态环境的前提下，开发利用资源所能产生的价值与价值最满意的程度。

同一种自然资源在开发利用中有多种可能性，各种可能性的经济合理性又是不同的。自然资源经济评价必须在技术可能性的基础上论证其经济合理性，需要对各种利用方案认真考虑、详细比较，选择一种经济效益最满意的开发方案。例如，一块土地可用于种植粮食或经济作物，也可用以修建楼房或工厂等，但是同一块土地只能有一种用途。因此，需要对各种利用方案进行比较分析，选择经济合理性最佳的利用方案。确定经济合理与否，可运用经济指标进行比较计算，选定最佳方案。社会生产力发展水平，自然资源本身的数量、质量和经济地理条件，国家政策等，往往是影响开发利用可能性和经济合理性的因素。

4. 合理开发利用和保护环境相结合

当前，人口的急剧增长，经济的高速发展，自然资源的过度开发利用，已经造成了环境资源的破坏甚至恶化的问题。为了保护人类生存的环境，实现可持续发展，自然资源经济评价必须树立长远和保护的观点，不能只着眼于眼前的短期利益，在经济评价中，必须坚持对环境的保护和改善，以及对自然资源的节约利用、综合利用和永续利用。

5. 区内评价与区际评价相结合

一个地区自然资源数量、质量和开发利用条件等，是决定区域经济发展的最基本因素。一方面，在整个区内资源体系中，有些资源数量可能不大，质量不一定是优质的，开发利用条件也不是很好。但是在资源配套，组合成系统资源时，却是不可或缺的资源。通过它们与优势资源结合，可能可以发挥出系统的综合效应，获得最佳效益。另一方面，某个地区的资源在本地区内可能是条件最优越的，但是和其他区域比起来，却可能是条件较差的。因此，资源评价必须注意区内和区际评价相结合，没有同区际比较联系，可能会产生片面估计和认识，降低了资源转换效率。同时，资源评价也需要注意与相邻地域资源的组合关系，发挥出自然资源地域组合的综合效益。

三、自然资源经济评价的内容

自然资源种类繁多，评价内容复杂。在自然资源评价的具体操作中，由于不同的生产要求（如工业和农业），不同的自然资源类型（如矿产资源和土地资源），不同的区域范围（如全国和全省）评价的要求不同，故其评价的内容、重点和精度等也有所不同。但是，作为自然资源经济评价，无论是哪一种资源或是哪一种方式的评价，它们都必须遵循自然资源经济评价的基本原则，这也就决定了自然资源经济评价内容上有一定的共性。

自然资源经济评价属于综合性分析，其过程一般包含自然资源的基本信息量、开发利用的技术可行性、开发利用方向及其保证程度、开发价值的高低，以及开发利用的基本战略目标与步骤。其中，前两项有客观实际性，后几项主观因素居多，取决于评价者的素质水平。

具体来说，自然资源经济评价的基本内容主要包括：

1. 自然资源的数量和质量

不同的数量和质量对生产部门的适合程度和保证程度不同。自然资源数量评价是计算自然资源的绝对量,也可用平均每平方千米资源的拥有量来表示。以矿产资源为例,数量评价包括探明储量、可采储量和远景储量等;质量评价则包括矿物的品位,所含有害杂质及有益伴生矿等。至于矿层厚度、矿床埋藏深度、可否露天开采、矿物开采的采剥比、水文地质状况等,也属矿产资源质量评价的内容。自然资源数量评价,还应包括自然资源绝对量与社会需要量对比的相对量。相对量可用每人平均的资源拥有量来表示。它可说明一定地区范围内资源的富裕程度。如有些国家土地面积大,资源的绝对量是丰富的,但人口众多,平均每人资源拥有量则是不富裕的。资源富裕程度对确定地区经济部门结构的比例、生产规模和合理布局有非常重要的参考价值。根据生产的具体情况和科学技术的水平,又可将数量和质量划分成系列指标。

2. 自然资源的地理分布特点及其相互结合状况和季节分配变率

自然资源的经济价值不仅取决于数量和质量,还取决于资源的分布、地域组合状况和变化情况。例如对农业生产来说不仅要考虑水分、热量、土地资源等单项资源的数量和质量,还要考虑它们在地域和季节的配合状况。

3. 自然资源开发利用的可能方式与方向及其技术经济前提

由于自然资源具有多用性,在很多情况下,自然资源的可能利用方式和方向有多种,这就需要从技术可能性和经济合理性方面比较不同方案,使自然资源得到合理的开发利用,获取最大的经济效益,以满足人类生产和生活发展的需要。

4. 自然资源开发利用的经济效益、社会效益和生态效益预测

自然资源开发利用的预期经济效益是评价其经济合理性的具体化,它对于适当的开发利用方式的选择往往起着决定性的作用。经济效益包括最佳效益和最差效益。例如,筑坝开发水资源,就应预期在正常水位、最高水位、最低水位时,发电、灌溉、航运等的最佳效益和最差效益。同时,自然资源经济评价还应估计开发利用自然资源可能会引起的社会效益和自然界的生态变化。自然资源评价一定要兼顾经济效益、社会效益和生态效益,不能光追求经济效益而对生态环境造成破坏或对社会发展带来不良的影响。

第 3 节 自然资源经济评价的方法

自然资源经济评价方法以往是突出定性分析,结合传统的计算方法;近代则是以定性分析为主,辅以定量分析;现代则是定性与定量分析并重,二者兼顾,提高定性分析科学化水平。

一、资源经济评价的传统方法

(一) 自然资源调查

自然资源的调查工作是自然资源经济评价的第一步,是自然资源经济评价的信息来源和保证。自然资源调查一般包括资料收集、整理和野外考察。资料收集可以从有关书刊报章、统计年鉴,以及有关历史文献和科技文献中收集所需资源的信息。应用遥感技术,则可大大提高调查工作效率。野外考察一般分为室内准备、野外实地考察和总结三个阶段。室内准备主要是明确考察的目的和任务、组织野外考察队伍和分工、制订野外考察计划等。野外实地考察是野外考察的中心阶段,要注意实事求是,通常是直接观察与座谈访问相结合,并做好调查记录。最后需要将调查得到的情况汇总,写成调查报告供资源评价使用。

自然资源的调查内容一般包括:

1. 土地资源调查

土地资源调查,包括调查各类土地资源的数量和时空分布、分析其地区差异和地域分异规律、土地生产力、现有土地利用状况和土地利用结构。

2. 气候资源调查

气候资源调查主要是调查区域各气候要素(气温、降水、风、光照、温度等)的时空变化、气候生产潜力、气候灾害与气候资源利用状况。

3. 水资源调查

水资源调查主要是调查区域当地降水、地表水与地下水的时空分布特点、数量和质量、区域生产生活用水特点与规律、需水量与保证程度、水利水害及利用状况等。

4. 生物资源调查

生物资源调查主要是调查各种野生和人工培育的动植物的种类、分布和生物学特性等。

5. 矿产资源调查

矿产资源调查主要是调查各种矿产资源的分布、储量和可利用量、能源结构和开发利用情况、近远期耗能需要、开发能力、矿产资源发展趋势等。

(二) 评价参数与体系

评价参数是指反映社会经济现象的指标及其可比标准;参数体系是指一系列相关、联系密切的参数所组成的系统结构。建立评价参数及其体系的功能在于:可以作为评价某种自然资源优劣的直接尺度;作为建立评价数学模型的基础和依据;用于区际横向比较;作为开发项目方案选择的比较标准。

评价参数可以分为绝对量参数和相对量参数。

1. 绝对量参数

绝对量参数是指经过调查分析而确定的自然资源不同等级的实物或价值数量,如矿产资源的探明保有储量、区域降水资源总量等。在绝对量参数中也包含着质量参数,如我国铁矿资源以贫矿为主。

2. 相对量参数

相对量参数是指自然资源绝对量参数与某类参数相比较的量,反映的是自然资源在一定地域空间的丰饶程度、开发项目布局的保证程度等。

经常使用的有:

(1) 自然资源密度:单位面积上所拥有的自然资源数量。

(2) 需求参数:自然资源绝对量与社会需求量的比较,单位为年,可分为现实需求参数和未来需求参数。

(3) 分布参数:区域内某种自然资源占全国的比重与该区域面积或人口、产值占全国比重相比较的量,反映的是自然资源在空间上集中的程度或分布特点,一般有分布集中指数和价值分布指数等。

(4) 丰度参数:区域各自然资源绝对量占全国同种资源总量的比重及人均拥有量占全国的比值。丰度参数关系到区域自然资源的开发潜力和对经济发展的保证程度。

(三) 自然资源综合定量评价

确定一个国家或地区自然资源的比较优势,需要对该国家或地区的自然资源进行综合定量评价。对于性质相近的自然资源,可以通过一定的折算系数进行综合定量分析评价;而对于性质差别较大的自然资源进行综合定量分析,则可以用自然资源总体评价参数进行评价。

1. 对同类自然资源进行评价的折算系数

比较常用的有:

(1) 草场载畜量折算系数:草场载畜量是一个综合剂量的重要参数,由于不同牲畜食草量差别较大,可以以某种牲畜的食草量定为1个单位,将其他种类牲畜食草量以前者为单位折算成相当于前者牲畜数量,以便掌握草场质量和载畜能力,便于区间比较。

(2) 能源折算系数:能源种类多样,在评价一个国家或地区不同能源资源的总量时,可以根据不同能源资源的燃烧值进行折算。

(3) 农产品折算系数:为了衡量耕地资源生产能力差异和收益高低,通常以小麦为1,将其他种农产品折算成小麦数量,进行实物形态的比较(表2-1)。

表 2-1 以小麦为尺度部分农产品折算系数

产　品	折算系数	产　品	折算系数	产　品	折算系数
小麦	1.00	玉米	0.65	淡水鱼	4.50
甘蔗	0.15	稻谷	0.75	猪肉	6.50
甜菜	0.16	柑	1.00	鸡蛋	7.00
薯类	0.20	大豆	1.25	肉鸭	7.50
梨	0.45	橘子	1.25	蚕茧	8.25
棉花	0.50	牛奶	1.30	肉鸡	10.00
鸭蛋	0.50	花生	2.15	茶叶	11.00
苹果	0.60	油菜	2.30		

注：摘自王德鼎．中国自然资源经济评价．北京：中国农业科技出版社，1994。

(4) 经济价值折算系数：在同类自然资源之间，可以用某种自然资源的经济价值为单位，将不同种自然资源加以折算后汇总。

2. 对不同类自然资源进行评价的折算系数

对不同类自然资源的优势比较及其差异分析，可以运用区域自然资源总体评价参数进行评价：

(1) 综合参数：它是指区域各单项自然资源人均拥有量与全国同种自然资源人均拥有量比值之和的平均值，即区域单项自然资源人均参数之和的平均值，其表达式为

$$综合参数 = \sum 单项自然资源人均参数/n$$

式中：n 为单项自然资源总项数。

综合参数越大，说明区域人均资源拥有量越多，反映区域自然资源总体丰度较大，利于区间对比。

(2) 综合优势度参数：以区域单项自然资源占全国同种资源的比重为绝对丰度 A，以人均拥有量占全国的比重或人均资源指数为相对丰度 C，综合优势度参数 F 的表达式为

$$F = f(A, C) = A^2 C^{1-n}$$

其中，绝对丰度或相对丰度的计算公式为

$$A(\text{或 } C) = m \cdot n - \sum_{n}^{m} d_{ij} / (m \cdot n - m)$$

式中:n 为对比的区域数;m 是自然资源种类数;$\sum_{n}^{m} d_{ij}$ 为第 i 区域第 m 种自然资源占全国位次之和。

通过综合优势度参数 F 可判断区域综合优势度的高低。

(3) 区域组合参数:区域组合参数主要用于评价和比较各区域自然资源匹配的协调程度,它以各区域各项自然资源占全国比重的均方差来表示。区域组合参数值越大,说明各项自然资源占全国比重高低悬殊,自然资源组合配套能力低下;组合参数值越低,反映区内各项自然资源在全国都占有一定的比重,相互间差别不大,组合配套能力较强,利于区域经济的综合发展。

二、计算技术和经济数学方法

自然资源经济评价的数学方法有多种,如进行资源与生产的关系评价,常用的方法有多元统计法,包括多元线性回归、逐步回归、主成分分析、因子分析等;探讨自然资源空间体系结构和地域类型组合与空间关系时,常用的有聚类分析、判别分析法;分析其空间特性时,常用趋势面分析方法;此外,还可以用计量方法如马尔科夫链的应用。运用多元线性方程组、微分方程等可以模拟资源系统状态的转变规律。自然资源的综合评价也可以用模糊数学方法和灰色系统理论模型等。随着数学应用研究的深入和计算机技术的发展,越来越多的数学方法和计算技术被应用于自然资源的经济评价中,为自然资源的开发利用提供客观、准确、科学的评价。

目前,经常见到的有关自然资源经济评价的数学模型,有简单的李嘉图模型、随时间变化的自然资源最优化利用模型、菲舍尔模型、耗竭性与非耗竭性自然资源模型、层次分析法等。区域自然资源经济评价及其优势自然资源的确定,是一个涉及多因子、多层次、多目标的决策问题,其开发利用受自然资源基础、开发条件、市场因素、产业结构、经济社会效益等多因子的制约。在此,我们介绍依据评价所涉及的因子及其相互关联程度的层次分析法。

层次分析法(analytical hierarchy process,简称 AHP 法)亦称多层次权重分析决策方法。它是美国运筹学家 A. L. Saaty 于 20 世纪 70 年代提出的一种定性与定量相结合的决策分析方法。这种方法将决策者对复杂系统的决策思维过程模型化、数量化,通过将复杂问题分解为若干层次和若干因素(或指标),由专家和决策者对所列指标通过两两比较重要程度而逐层进行判断评分,再根据判断矩阵的特征向量确定各指标的权重,为决策分析提供依据。AHP 法的主要步骤如下:

1. 建立层次结构图

应用层次分析法首先要从复杂众多的因素中筛选出最重要的关键性的评判指标，并根据它们之间的制约关系构成多层次指标体系，按层次划分作出层次结构图。

2. 构造判断矩阵

判断矩阵是表示同一层次中各个因素对于上一层次某个因素的重要程度。判断矩阵的构造是层次分析法的一个关键。假设上一层次的某因素在下一个层次有 n 个因素，则构成判断矩阵

$$B=[b_{ij}]_{n\times n}$$

式中：b_{ij} 表示 B_i 相对于 B_j 的重要程度。b_{ij} 一般取 1～9 间的数值，其具体含义：若 B_i 与 B_j 同等重要、稍微重要、明显重要、强烈重要、极其重要，则 b_{ij} 分别取 1、3、5、7、9。而 $b_{ij}=2$、4、6、8 则表示上述判断的中间情况。

判断矩阵有以下性质：

① $b_{ii}=1$；

② $b_{ij}=1/b_{ji}\begin{pmatrix}i=1,2,\cdots,n\\j=1,2,\cdots,n\end{pmatrix}$；

③ $b_{ij}=\dfrac{b_{ik}}{b_{jk}}(i,j,k=1,2,\cdots,n)$。

3. 层次单排序

层次单排序就是对于上一层次中的每个元素，确定本层次与之有联系的元素重要性次序的权重值，计算判断矩阵的最大特征根和特征向量，W 的分量 W_i 就是对应元素单排序的权重值。判断矩阵的最大特征根的求法通常有和积法和方根法。对判断矩阵需要进行一致性检验。我们用 CR 来表征其大小

$$CR=\frac{CI}{RI}$$

当 $CR<0.10$ 时，就认为判断矩阵具有令人满意的一致性；否则就需要调整判断矩阵，直至其满足 $CR<0.10$。

4. 计算最低层对目标层的合成权重

假设已求出上层因素 $B_1,B_2,\cdots,B_m$ 总排序权数为 $b_1,b_2,\cdots,b_m$，又求出了相对上层因素 B_k 的下层因素 $D_1,D_2,\cdots,D_n$ 的单权重为 $d_1^k,d_2^k,\cdots,d_n^k,k=1,2,\cdots,m$ 其中 $d_i^k=0$ 表示 D_i 与 B_k 无联系。可通过 $d_i=\sum\limits_{k=1}^{m}b_kd_i^k\quad(i=1,2,\cdots,n)$ 确定下层因素 $D_1,D_2,\cdots,D_n$ 相对于总分区目标的权重 $d_1,d_2,\cdots,d_n$。

思考题

1. 简要分析贴现率及其局限性。
2. 简述自然资源经济评价的原则和内容。
3. 为什么评价自然资源必须定性与定量方法相结合?
4. 简述层次分析法。

第3章　自然资源经济开发

资源供给是资源开发的结果，因资源开发而形成供给。本章主要阐述资源开发的动机和经济主体的长期决策，阐述资源开发所引起的成本与收益之间的关系，以及政府在其中的作用。

第1节　自然资源的开发和再开发

一、自然资源开发的长期决策

（一）资源开发的动机

开发自然资源，主要是由于自然资源的开发能够提供产品，满足人们生产和生活需要。

人类社会生产发展的历史，首先是一部对于自然资源开发和利用的历史。人类的活动首先是生产活动，而物质资料的生产是人类社会存在和发展的基础，因为生存所需要的基本生活资料和经济福利来自于生产过程，这个过程一刻也不能没有天然存在的劳动对象，这就是自然资源，它是天然存在的、不依人的意志为转移的自然生成物。因此，可以说，考虑自然资源对经济福利的作用在经济学的建立中处于中心地位。①

由于对自然资源的需求是一种引致需求，所以，资源开发的动机主要取决于人们对于运用自然资源生产的产品的需要。最终需要包括生存需要、享受需要和发展需要，或如马斯洛的需要五层次论，即生存需要、安全需要、社会需要、爱的需要和归属感的需要、自我实现的需要。

---

① 安东尼·C·费希尔. 自然资源. 伊特韦尔，等. 新帕尔格雷夫经济学大辞典：第3卷. 北京：经济科学出版社，1996：658。

设效用函数为

$$U=U(Q) \tag{3-1}$$

生产函数为

$$Q=Q(L,K,N,E) \tag{3-2}$$

式中:U 为效用;Q 为产量;L 为劳动;K 为资本;N 为土地(自然资源);E 为企业家才能。

假定其他条件不变,生产中只有自然资源为可变生产要素,则生产函数可以简化为

$$Q=Q(N) \tag{3-3}$$

则效用函数为一复合函数

$$U=U[Q(N)] \tag{3-4}$$

从而,

$$\frac{\mathrm{d}U}{\mathrm{d}N}=\frac{\mathrm{d}U}{\mathrm{d}Q}\cdot\frac{\mathrm{d}Q}{\mathrm{d}N} \tag{3-5}$$

所以,$\frac{\mathrm{d}U}{\mathrm{d}N}$是自然资源的边际效用,$\frac{\mathrm{d}U}{\mathrm{d}Q}$是消费产品得到的边际效用,$\frac{\mathrm{d}Q}{\mathrm{d}N}$是资源的边际生产力。

(二) 自然资源开发的长期决策

1. 关注长期经济生产力

在经济学的意义上,经济主体关注的是投资的成本和收益问题,考察长期收益与长期成本之间的比较。

开采的自然资源产品的价格及其走向,将是经济主体最为关注的问题。资源产品价格高,意味着投资者收益的增加,将会引起资本对于该行业的进入;反之,资本将流出该行业。不仅如此,经济主体还关注着资源产品的潜在需求,即未来经济发展过程中,该产品需求的长期走向。由于自然资源开发通常周期比较长,不确定因素很多,投资的风险也大。所以,对未来收益的估计需要考虑风险性。

由于投资周期长,不仅要自然资源领域的投资要耗费机会成本和大量沉淀成本,还要考虑到货币的时间价值,考虑到投资的即时性与收益的长期性之间的时间差。货币的时间价值又称资金时间价值,是指在不考虑通货膨胀和风险性因素的情况下,资金在其周转使用过程中随着时间因素的变化而变化的

价值，其实质是资金周转使用后带来的利润或实现的增值。所以，资金在不同的时点上，其价值是不同的，今天的100元和一年后的100元是不等值的。货币的时间价值是企业财务管理的一个重要概念，在企业筹资、投资、利润分配中都要考虑它。企业的筹资、投资和利润分配等一系列财务活动，都是在特定的时间进行的，因而货币的时间价值是一个影响财务活动的基本因素。如果不考虑时间价值，就无法正确衡量、计算不同时期的财务收入与支出，也无法准确地评价企业是处于赢利状态还是亏损状态。货币的时间价值旨在于揭示不同时点上一定数量的资金之间的换算关系，它是投资决策的基础依据。

在资源开发中，决策者要把其资本、劳动和资源投入持续的时间周期，将资源冻结用于某种经济用途，由此，决策者要支付机会成本。因为，决策者可以有多种选择，而由于选择了资源开发，使其资本和使用的各种资源"牺牲"了其他选择的收入，而且一旦选择了资源开发，就会长期把资本和各种资源沉淀于该领域，使在一个比较长的时期内，放弃不同时点上的其他选择。如果说前者是放弃一次选择的机会，后者则是放弃了多次选择的机会，由此，决策者要支付更大的机会成本。

再就是沉淀成本，它是在经营活动中，一旦付出就只能用于该特定用途而不能再做他用。在资源开发中，需要把资本投放到各种特殊用途的生产手段上，一旦资本转移，这些特殊的生产手段就只能废弃。通常，在资源开发行业中，沉淀成本大于其他行业。

正因为如此，决策者更看重未来的收益，更看重长期的经济生产力，更加看重不同部门获得的平均利润。如果资源开发行业获得的长期收益低于其他行业，就会发生产业转移，或者，减少资源开发行业的投资；反之，如果资源开发行业长期收益高于其他行业，就会增加资源开发行业的投资。

尽管由于存在经营权的垄断，使产业转移尤其是转移到资源行业出现障碍，但实际生活中仍然发生着产业转移。

2. 关注风险

经济活动当事人事先不能准确地知道自己的某种决策的结果，亦即经济活动当事人决策的结果可能不止一个，就会产生不确定性和风险。在资源开发中，主要发生的风险是自然风险和市场风险。

自然风险主要是指，在资源开发时经济活动主体对于资源蕴藏数量、质量的认识和估计，这时，科学技术知识起着至关重要的作用。随着科技知识的增进，可以降低资源开发的自然风险。

市场风险主要来自于资源产品未来市场销售和价格的不确定性。因此，经济活动当事人更加关注资源产品的市场价格、替代品价格和潜在的市场需求。

由于随着经济的扩张，对于自然资源的需求具有扩大的趋势，因而从长期来看，价格也有上涨的趋势。

二、资源开发模型

在市场经济下，对于自然资源开发利用的经济决策，取决于成本与收益的关系。经济主体在决策时，要把其资本、劳动和其他资源投入持续的时间周期，直到甚至超过该自然资源开发的期望经济寿命，就必须关注资源的长期经济生产力和为此所耗费的长期全部成本。经济学家就自然资源开发提出了一系列模型，试图推出，一种自然资源怎样随时间推移而达到最优配置，以及市场在其中如何起作用。由于预期到未来有利润收入，且自然资源开发延续时间长，多为 1 年以上，投资者就在一个预定目标下，选择和决定投资行为。

经济学家提供了一个资源开采的模型。对于不可再生资源的开采可以设想为一个初始量给定的只能流出而不能流进的水池。因此，资源的开发问题，实际上就是怎样放水才能使总的利益最大化，即怎样合理地把给定的“存量”分配到各个时点上成为“流量”的问题。

目标函数

$$\max_{\{T, y(t)\}} \int_0^T [P(y(t), x(t)) - c(y(t))] y(t) \mathrm{e}^{-rt} \mathrm{d}t \tag{3-6}$$

给定时间偏好和对资源的需求函数，使各个时期的收益的总和最大化。

约束条件：

① 资源存量随开采过程而减少$\{\dot{X} = -y(t)\}$；

② 资源初始存量给定$\{X(0) = X_0\}$；

③ 开采成本随着资源存量的下降而上升$\{\mathrm{d}c(x)/\mathrm{d}x < 0\}$；

④ 资源价格不能超过由替代品价格决定的一个上限$\{P(y(t), x(t)) \leqslant P', t \in (0, T)\}$。

其中，$x(t)$、$y(t)$为在时间 t 的资源存量和开采量，P、c 为价格和成本。其中有两个可以控制的变量：一是终止开采时间 T，二是开采量 $y(t)$，$t \in (0, T)$。

对于可再生资源的开采，只要设想水池有出流，也有进流就可以了。当流入为 0 时，可再生资源就变成了不可再生资源了(后者是前者的特例)。

该模型是一个不存在外部性的自然资源市场开发模型。

三、自然资源再开发

(一) 自然资源再开发的缘由

历史发展到现在,完全未开发的“处女地”已经为数不多了,除了新发现的油田、煤田、矿山等,多数自然资源的开发,都是针对已开发资源进行追加开发或者替代开发。譬如,土地用途的改变,可以在业已开发的土地资源上进行,但其演变过程一般指在不动产基础上的某种再开发(如森林改变为农田、农场改变为建筑区等)。

自然资源再开发的决策仍然是基于经济活动当事人对于成本和收益的考虑。当再开发收益减去成本以后还有一个剩余时,且这个剩余远远超出再开发之前的净收入时,资源再开发的情形就会发生。这可以用图 3-1 得以解释。

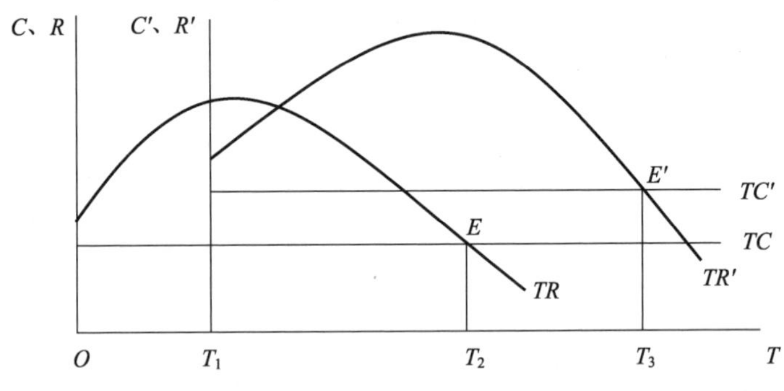

图 3-1 自然资源开发与再开发

图 3-1 中,设纵轴为成本 C 和收益 R,横轴为时间 T,资源开发决策作出以后,经济活动当事人依据总收益(TR)等于总成本(TC)的原则(获得经济利润)进行资源开发,一直到时间 T_2,但是,开发期尚未结束,如在 T_1 期,就发现了新的利润点,而且未来的收益要高于现期收益很多,于是,经营者开始进行重新决策,由此形成资源再开发。当新的决策作出时,便发生了沉淀成本和机会成本。可以看出,资源再开发的缘由就在于经营者成本与收益的比较。

(二) 资源再开发中的风险问题

与资源开发一样,资源的再开发也会发生风险。因为把各种生产要素调集起来,生产将来某个时候才能够出售的产品,利润可能是一个负值。在任何一项决策中,都包含着风险,而这些风险通常是无法估计的,它不能归纳得出一个平均数的规律,因而是无法保险的。譬如,人们虽然不能确切地知道哪一幢大楼会着火,但可以算出每年一幢大楼着火的概率,从而根据平均数,比方说,每一万幢大楼每年有一幢大楼着火,就可以对这些风险进行保险。保险费用是一种正常支付的成本。

但是,由于资源再开发所引起的风险是同无把握的市场结合起来,是不能进行保险的。对于这种市场风险而言,经营者的态度通常有三种,即:风险爱好、风险规避、风险中性。图 3-2 显示的是经营者对于风险的不同态度。

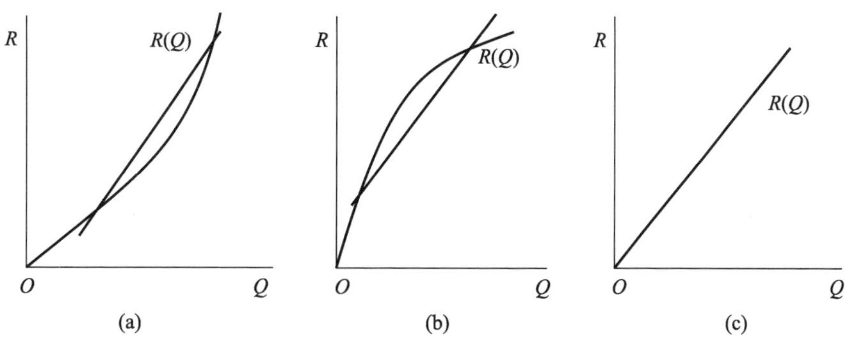

图 3-2 经营者对风险的不同态度

(a) 风险爱好;(b) 风险规避;(c) 风险中性

在图 3-2 中,纵轴 R 表示风险,横轴 Q 表示经营的数量。可以看出:(1) 为风险爱好,因为经营者受着未来高回报的诱惑,喜好高风险高回报;(2) 为风险规避,经营者更加偏好于当期的收益,以便稳妥地获取既得利益;(3) 为风险中性,即对于经营中的风险采取了一种"无所谓"的态度。经营者的不同态度,影响着资源再开发的决策。

第 2 节 自然资源开发中的成本与收益

 资源开发中的成本

(一) 直接成本

自然资源开发中的直接成本是指由于资源开发而发生的实际支出。要进行资源开发,经营者首先要明确开发的内容。是森林采伐,还是未开发地区的拓荒?是开采煤炭资源、石油抑或天然气,还是远航捕捞海洋渔业资源?为此,经

营者要为劳动对象付费，即所谓的“租金”。这种租金包括绝对地租、级差地租和垄断地租。

根据生产函数理论，在资源开发中要投入资本，它包括两个部分：自有资本和借入资本。借入资本的成本是利息，它根据利率而确定；自有资本虽然不用付费，但它失去了其他盈利的机会，即机会成本，其经营者自己所应得的利息收入通常也不会在会计科目中体现出来。

资源开发中要投入劳动这种生产要素，工资构成必要的生产成本。随着社会的进步，人们生活水平从长期来看是不断提高的，而且技术进步使培训费用变得高昂，从而工资呈现出上涨的趋势。

直接成本的变化趋势如图 3-3 所示。

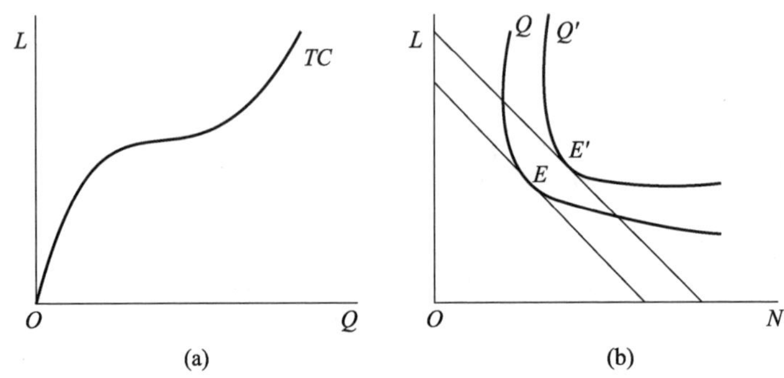

图 3-3 直接成本的变化趋势

(a) 一种可变生产要素的成本变化；(b) 两种可变生产要素的成本变化

假设有一种生产要素不变，譬如所租用的资源不变，连续地追加另一种生产要素如劳动，就会出现图 3-3(a)中的成本变化情形。初始状态下，追加的劳动多而产量增加少，当劳动增加到一定程度时，达到劳动和自然资源结合的最佳点，这时，可变生产要素的平均成本最低。如果继续追加可变生产要素，边际收益递减规律就会发生作用。

假设所有生产要素都是可变的，譬如使用劳动 L 和自然资源 N 两种生产要素，设它们的生产价格分别是 w 和 r，则成本方程为

$$TC = w \cdot L + r \cdot N$$

图3-3(b)中的两条向右下方倾斜的直线就是成本曲线，Q 和 Q' 是两条等产量线，E 和 E' 是等产量线与成本曲线的切点，意味着既定产量下的最小成本和既定成本下的最大产量，是生产要素的最适组合，从 E 点到 E' 是最优的生产扩展路径。

(二) 时间成本

时间成本表现为，在资源开发中从投入到产出这一时间段所引起的成本。具体的时间成本就是促熟成本，它是指在将资源从较低用途向较高用途转化过程中，比照较高用途而多付的费用，这些费用主要是由于资源价值升高而课以较高的税收。譬如，在城市扩张中，原来郊区乡村的耕地要转为城市建设用地，使耕地升值，从而增加所有者的账面收入，使财产税增加，这种税收增量就是一种促熟成本。可见，促熟成本与租金、土地价值的上涨是紧密联系在一起的，它反映在资源开发的动态经济过程中。

在资源开发中，这种经营者以税收形式付出的促熟成本并不是最终的税收归宿，因为它可以转嫁。税负转嫁的基本形式是前转（顺转）和后转（逆转）。前转是纳税人以提高价格的形式把税收转嫁到最终消费者身上；后转是纳税人以压低价格的方式把税收转嫁到生产要素提供者的身上。在多大程度上转嫁却取决于这种资源的供给价格弹性$\left(e_{\mathrm{s}}=\frac{\mathrm{d}Q_{\mathrm{s}}}{\mathrm{d}P}\cdot\frac{P}{Q_{\mathrm{s}}}\right)$和需求价格弹性$\left(e_{\mathrm{d}}=-\frac{\mathrm{d}Q_{\mathrm{d}}}{\mathrm{d}P}\cdot\frac{P}{Q_{\mathrm{d}}}\right)$之比较。

(三) 机会成本

机会成本是以失去的可供选择的东西计量的成本。在资源开发中，资源有各种不同的用途。有了“这个”，就意味着放弃“那个”；“这个”多一点，“那个”就少一点。如果只有两种可能的选择，那么，“这个”和“那个”就互为机会成本。

在资源开发中，当发现一种新的高收益机会的时候，经营者必然面临着两种选择：

一种是放弃现有的收入，选择资源的再开发，因为他要注销现在的投资，虽然有一部分可以收回，但业已投资后会出现沉淀成本，这是永远也无法收回的支出，此外，还要放弃原有投资的预期回报。譬如，面对某人已有价值 1 000 万元房地产，月收入 10 万元租金的情况，现有更加有利的投资机会：若进行再开发，在原有土地的基础上，发展写字楼，则可以拥有更多的资产和获得更丰厚的收益。由于这种资源再开发不是在空闲土地上进行，所以，经营者必须放弃现在的收入，使其成为再开发的机会成本。

另一种情况是面对新的机会不为所动，为此，经营者放弃了获得高回报的机会，这种预期的高回报，便构成了现有资源开发的机会成本。

因此，机会成本问题使经营者必须进行决策。通常情况下，经营者进行成本和收益比较，如果再开发预期的收益在扣除各种费用后还有一个足够的剩余，经营者就会选择再开发；反之，就会使原有的资源开发持续下去。

(四) 社会成本

在资源开发和再开发中往往还会产生社会成本。这种社会成本主要是由于负的外部性所引起的,就是说,资源开发不仅对经济主体产生影响,也对其他主体和社会造成影响,譬如污染等,从而产生社会成本。

资源开发造成社会成本是一种普遍存在的现象,如土地的清理、矿产资源的开采,可能会破坏自然生态,殃及自然风光和其他有价值的东西,使社会蒙受损失。

为此,经济学家提出了一些化解社会成本的办法:

1. 使用税收

对于造成社会成本的企业,要实行政府控制,通常的方法有两种:其一是直接管理,其二是课以税收,即征收排污费。

直接管理是政府将资源开发所造成的行业污染量规定和限制在一个“最适度排污量”上。它是根据“造成社会成本和为控制污染而产生的成本之和为最小”为原则确定的。通常情况下,当一个行业产量固定不变,排放的污染物越多,社会为此而付出的成本也就越大。反过来,治理污染必须付出费用,把污染物减少得越多(控制得越好),为此而付出的成本也越大,如图 3-4 所示。总成本 TC 是一定排污量(社会成本)与把污染量控制在这个水平上所耗费的成本之和,“最适污染量”在 OR 水平上。因为当行业排放的污染少于 OR,污染程度增加一单位,会使控制污染所产生成本的减少量,大于因污染增加所造成成本的增加量,从而 TC 处于下降的状态;反之,当行业排放的污染量大于 OR,污染程度增加一单位会使因污染产生成本增加量,大于因治理污染所产生成本的减少量,从而 TC 处于上升的状态。

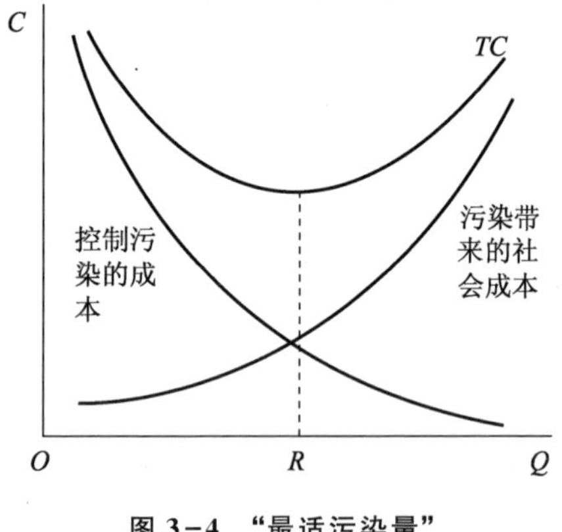

图 3-4 “最适污染量”

排污费是企业为排放污染而向政府缴纳的费用,征税的目的是使企业在排放污染物后私人成本接近于(等于)社会成本。

2. 合并企业

在资源开发中,如果某个企业的生产对于其他人产生了影响,使其负担了社会成本,那么,可以采用合并的方式,把企业与周边的企业合并为一个企业,使这种负的外部性“内部化”,就可以化解由此产生的社会成本,这时,企业的资源开发活动不再影响其他人，合并企业的总收益等于社会总收益，总成本等于社会总成本。

3. 界定产权

许多情况下，外部性的产生是由于财产权不明确。如果产权是明确的并得到保障，则外部影响就会消除。1968 年哈丁教授在《公地的悲剧》①一文中讲述了对所有人开放的公共牧场必然会遭到过度放牧的故事：一个村庄的公共牧场，村里的任何成员都可以自由放牧，免费使用。由于土地数量以及牧草生长速度存在限制，每个牧场每年有个最合适的放牧数量；当超过这个数量的牛羊进入牧场，牧草会变得稀疏，草场受到破坏。如果这个牧场是属于某一个牧民拥有的，多放牧得不偿失，自然不会做这样的蠢事。可是，如果这个牧场属于全体村民共同所有。从每个牧民的角度来看，多放牧一头牛羊的好处属于他自己的，而草场因此稀疏的坏处是由村民平均分摊的，个人的得益大于个人需要付出的成本，因此，每个牧民可能都会多放牧牛羊，最后，过度放牧就把这个公共牧场给毁掉了。

为此，经济学家科斯通过产权界定进行了阐释并被概括为“科斯定理”，其基本含义是：只要产权是明确的，并且其交易成本为 0，则无论初始状态下产权归谁所有，市场均衡的结果都是有效率的。

二、成本－收益评价准则

(一) 成本－收益评价的一般原理

对一个经济决策估计其短期和长期的成本与收益并加以比较，即为成本－收益分析。

在一个投资中，投资者进行投资所考虑的是成本和收益。具体而言，考虑的是预期利润率（收益）与利率（成本）之间的差额。

按照现代经济学理论，利率决定于货币数量和一般人的流动性偏好。人们在选择其财富的持有形式时，大多数倾向于选择货币，因为货币具有完全的流动性和最小的风险性，而通常情况下，货币供应量是有限的。人们为了取得货币就必须支付代价。所以，利息是在一定时期内放弃货币、牺牲流动性所得的报酬，而利率就是人们对流动性偏好，即不愿将货币贷放出去的程度的衡量。利率是使公众愿意以货币的形式持有的财富量（即货币需求）恰好等于现有货币存量（即货币供给）的价格。当公众的流动性偏好强，愿意持有货币的数量大于货币

① 参见加勒特•哈丁. 公地的悲剧：对《公地的悲剧》一文的再思考. [美]赫尔曼•E•戴利，肯尼思•N•汤森编. 珍惜地球——经济学、生态学、伦理学. 北京：商务印书馆，2001：146-175。

的供给量时，利率就上升；反之，公众的流动性偏好较弱，愿意持有的货币量小于货币供给量时，利率就下降。

投资的预期利润率就是资本的边际效率，它是指一定资本增量预期的收益与其供给价格（重置成本）之间的比率。

投资是为了获得最大纯利润，而这一利润取决于投资的预期利润率（即资本的边际效率）与为了投资贷款所支付利息率。如果预期的利润率越大于利息率，则纯利润越大，投资越多；反之，如果预期的利润率越小于利息率，则纯利润越小，投资越少。

在投资中，投资者的目标是利润最大化，其含义是：

① 成本既定时，收益最大；

② 收益既定时，成本最小；

③ 在成本和收益都不确定时，比较成本和收益的变化速率。

（二）对成本和收益的贴现

资源配置涉及在不同时间和不同世代之间的选择，污染物会随时间而累积，可耗竭资源也会随时间而减少。因此，必须把时间因素考虑进来。

这就需要把发生在未来不同时期的费用和收益转化为现值（PV），以便进行比较，这种计算现值的方式即为贴现。

1. 利率

利率分为单利和复利。

单利是以资本金为基数计算利息的方法，每个计算周期的利息是不变的，在计算利息额时，无论期限长短，永远在初始本金上计算利息，其计算公式为

$$I=P \cdot r \cdot n$$

$$S=P(1+r \cdot n)$$

式中：I 为利息；S 为第 n 年的本利之和；P 为本金现值；n 为计息周期；r 为利率。

复利是按照本金和前期累计的利息之和计算利息的方法，即把上期利息作为下期本金再计息。

$$S=P \cdot (1+r)^n$$

譬如，一笔期限为3年、年利率为6%的100万元的贷款，分别按单利法和复利法计算其利息总额及本利和。

按单利法计算

$I=1\ 000\ 000\times 6\%\times 3=180\ 000$ 元

$S=1\ 000\ 000\times(1+3\times 6\%)=1\ 180\ 000$ 元

按复利法计算

$S=1\,000\,000\times(1+6\%)^3=1\,191\,016$ 元

$I=1\,191\,016-1\,000\,000=191\,016$ 元

2. 现值和终值

用复利的方法计算出的本利和就是终值；通过它的逆运算，知道终值和使用的利率，求出本金，就是现值。因此，对于未来第 n 年获得的收益或成本的现值的计算公式是

$$PV_b=\frac{B_n}{(1+r)^n}$$

$$PV_c=\frac{C_n}{(1+r)^n}$$

式中：PV_b 为收益现值；PV_c 为成本现值；B_n 为发生在第 n 年的收益；C_n 为发生在第 n 年的成本；r 为社会贴现率。

如果从现在开始到未来的第 n 年中会发生一系列收益和成本，则发生在不同年份的收益和成本的贴现公式为

$$PV_b=\frac{\sum_{i=0}^{n}B_i}{(1+r)^i}$$

$$PV_c=\frac{\sum_{i=0}^{n}C_i}{(1+r)^i}$$

式中：B_i 为发生在第 i 年的收益；C_i 为发生在第 i 年的成本，n 为计算期，r 为社会贴现率。

(三) 成本–收益分析评价准则

1. 经济净现值

经济净现值（$ENPV$）是反映开发项目对国民经济所作贡献的绝对指标。其计算公式为

$$ENPV=\frac{\sum_{i=0}^{n}(B_{Ti}-C_{Ti})}{(1+r)^i}$$

式中：B_{Ti} 为发生在第 i 年的总收益；C_{Ti} 为发生在第 i 年的总成本；n 为计算期；r 为社会贴现率。一般来说，经济净现值大于或者等于 0 的项目是可以考虑的项目；反之，则不可行。

由公式可知，经济净现值 $ENPV$ 为项目在计算期内全部效益现值减去全部

费用现值之差。

当 $ENPV=0$ 时，表示建设项目所投入的费用（包括投资和运行费）产出的效益恰好满足社会折现率的要求。

当 $ENPV>0$ 时，表示有关部门为拟建项目付出的费用除得到符合社会折现率的要求外，还可以得到以经济净现值 $ENPV$ 表达的超额社会盈余。在一般情况下，希望在某一投资规模时，可以获得最大的经济净现值。

当 $ENPV<0$，表示拟建项目达不到规定的社会折现率 r_s 的要求，显然在经济上是不可行的。

2. 经济内部收益率

经济内部收益率（$EIRR$）反映项目对国民经济贡献的相对指标，它是使得项目在计算期内经济净现值累计等于 0 时的贴现率。

$$\frac{\sum_{i=0}^{n}(B_{Ti}-C_{Ti})}{(1+EIRR)^{i}}=0$$

一般来说，经济内部收益率大于或者等于社会贴现率的项目是可以考虑的项目。

3. 经济净现值率

经济净现值率（$ENPVR$）项目净现值与全部投资现值的比率，即：单位投资现值的净现值，是反映单位投资对国民经济的净贡献程度的指标。其计算公式为

$$ENPVR=\frac{ENPV}{I_p}$$

式中：$ENPV$ 为经济净现值；I_p 为投资净现值。

4. 经济效益－费用比

经济效益费用比（$EBCR$）是经济效益现值与费用现值之比，它是反映工程项目单位费用为国民经济所作贡献的一项相对指标。其公式为

$$EBCR=\frac{B_t}{C_t}$$

式中：B_t 为第 t 年的效益；C_t 为第 t 年的费用。当经济效益费用比 $EBCR\geqslant1$ 时，工程项目在经济上才是可行的。

在对建设项目进行国民经济评价时，可以采用上述一个或几个评价指标。当采用上述方法进行方案比较时，还应考虑资金来源条件，当资金不受约束时，可采用经济内部收益率法；当资金比较困难，希望单位投资能获得较高收益率时，可采用净现值率法。

第3节　资源开发中的政府控制

一、资源开发中投机行为

(一) 投机行为

投机行为是指对市场上商品价格变动预测的前提条件下进行风险偏好的投资行为，它是为希望获利而冒风险的货币投资，是一个中性概念，不包含任何罪恶的企图。投机行为是持有通常处于非最佳和最高层次利用状态中的资源，其主要经营是通过转手而获得收益，而不在于目前生产利用中的利润。

投资与投机不同。投机者专注于中短期市场趋势，他们建立市场头寸，并持有数天，数星期或数月的时间；投资者主要考虑市场的长期趋势，持有的头寸可长达数月数年之久。

投机者(他们在整个市场中占了绝大多数)经常根据市场的中短期价格趋势，希望通过有效而准确的买卖行为获利。投机者对于市场的贡献是为市场提供了不可或缺的流动性(liquidity)，在大多数情况下，也可以促进金融资产的平滑转移，并通过资产配置发挥其最佳的功能。

(二) 土地投机

土地投机是指购买土地使用权不是为了使用它而是期望其在短期内价格上涨再出售从而获利的行为和现象。

由于土地位置固定，使得土地交易不是物物交换，而是一种契约交易，只要签订了契约并予以履行，交易就实现了，这一点正好被土地投机者所利用。土地投资具有外溢性，某地块投资的增加，会带动周边土地价值的增值。而且，从长远来看，土地价格具有不断上涨的趋势。土地这种生产要素自身的特殊性是土地投机产生的内在因素。

城市土地是投机的主要对象。城市土地不仅是一种资源，而且是一种资产，一种具有保值、增值特性的资产。城市土地是政府财政收入的重要来源。在城市土地国家所有的条件下，城市土地是政府所能掌握的重要资产，城市土地收益自然就成了政府一项稳定的财政收入，为城市建设提供重要的资金来源。因此，在发展本地经济时，招商引资是推动经济发展的重要途径，廉价的土地是吸引外资最有利的条件。当一个国家或地区经济发展处于上升时期，土地资产的增值性就更加明显，一般生产企业和房地产开发公司都会产生土地投机的动机；而当一个国家或地区经济处于衰退时期，他们则会“圈地”待价而沽。因此，土地投机导致城市土地需求量增大。

在经济转型时期，随着我国土地有偿使用制度改革的逐步深化，土地，特别是城市土地的资产性越来越被人们所认识，由此也引发了少数人对土地流转中土地收益的追逐。在我国土地市场体系不完备，各项制度和政策正处在转型期的情况下，土地投机活动大量涌现，这给土地市场造成了很大的冲击，甚至影响到整个国民经济平稳运行。但土地投机是土地市场开放的衍生物，只要存在土地市场，土地投机就无法避免。因此，充分认识土地投机行为的特点、形成及其对地产市场的影响，进而采取有效措施遏制土地过度投机活动，对于规范和发展土地市场和房地产市场，深化土地管理体制改革，具有很重要的现实意义。

(三) 土地投机的化解

土地投机可以进行调节，它可以通过政府的土地储备在一定程度上化解。土地储备在土地尚未需要开发利用之前，预先由公共机构(团体)将其获取并持有，以作为未来开发之用或用以实现某一公共利益。土地储备最早起源于1896年的荷兰阿姆斯特丹，随后欧洲很多国家都实行了土地储备制度，美国的部分地区也推行过类似于土地储备的制度。

土地储备的政策目的是源于城市人口的急剧增加，土地与住宅供给压力大、投机现象严重、地价急剧上涨。储备土地的来源主要是城市周边的土地，大部分为以前的农地，预备用于未来城市扩张的需要，如斯德哥尔摩在城市外围拥有的土地是其城市面积的两倍，该市几十年来的建设都是利用公共土地。城市内部闲置土地或者被规划用于公共设施建设和环境保护的土地，也可能被收购用于储备。

土地储备中土地取得时机因土地储备的目标不同而有差异，可以无目的地收购大量土地以备未来之用，也可以依发展规划提前有方向、有目的地购买土地。各国土地取得的方式，多以协议购买为主。为了保证土地储备取得的土地不受预期因素的影响而增加取得成本，政府的行动一般有必要保持秘密，或者配以相关法令、措施阻止土地投机，有效地抑制地价上涨。例如瑞典和加拿大某些城市，政府购买土地的行动都保持在秘密状态下进行，得以行使征收权和优先购买权；而荷兰在地价方面的成功，则得力于计划程序能有效地抑制土地投机。美国通过交换和设定租赁权的方式取得储备土地。

各国在处置储备的土地之前，都进行土地的整理和改造工作，使土地具备足够的开发条件能满足受让人的开发目的，从而减少开发时间和成本的不确定性。具体到土地处置方式上，多采用出租或出售。一般来说，以采取出租方式为主的国家，其政策目标的成效较为卓越，租金的设置比较灵活，国家也可以相应获得土地价值上涨的部分收益。

多数国家的土地储备活动，都由地方政府来执行，少数则由州政府或区域性机构主动参与，通过影响地方政府而共同执行土地储备政策。具体的购买、开发等事宜一般都由专门成立的公营或者公私合营机构负责。大部分土地储备活动所需资金，是以中央政府补助或贷款以及发行债券而取得的，有小部分是靠地方政府税收来源。可以说，财政金融手段的配合为土地储备制度的实现提供了必不可少的资金保障。

二、个人目标与社会目标的冲突

(一) 社会福利函数

社会福利函数是把社会福利看做所有社会成员的福利或效用的简单加总，任何社会成员的福利都被平等对待，即

$$W=W(U_1,U_2,\cdots,U_n)$$

式中：U_n 表示社会上某人的效用水平。

社会福利函数把社会福利设想为依赖于一些自变量的一种函数形式。目前，有代表性的社会福利函数主要有：

1. 功利主义社会福利函数

功利主义社会福利函数也称为边沁主义社会福利函数，是最为简单和最为直观的社会福利函数形式。其基本形式是将社会中所有个人的效用相加，得到社会的总效用，即社会福利等于社会中所有个人福利之和。

2. 贝尔努利-纳什社会福利函数

贝尔努利-纳什社会福利函数采用连乘法来加总个人效用。与功利主义的社会福利函数相比，更强调了平等的性质，因为收入分配越平均，采用连乘法得到的社会福利越大。因此，贝尔努利-纳什社会福利函数也称为平均主义的社会福利函数。

3. 罗尔斯社会福利函数

罗尔斯社会福利函数仅用境况最差的个人的效用来衡量社会福利，具有更强的平均主义倾向，他认为只要一个社会中效用最低的人福利没有得到改善，那么其他人的福利增加对整个社会福利的增加毫无意义。该社会福利函数精确地表明了社会的选择是：只有最小效用提高，该社会的福利才能提高。因此，罗尔斯社会福利函数又称为最大最小社会福利函数。要注意的是，罗尔斯社会福利函数并不排斥“不平均”。实际上，它也表现出倾向于不太平均的状况，只要这种

状况使境况最差的人受益更多。

4. 阿罗不可能定理

阿罗不可能定理是指，如果众多的社会成员具有不同的偏好，而社会又有多种备选方案，那么在民主的制度下不可能得到令所有的人都满意的结果。定理是由1972年度诺贝尔经济学奖获得者美国经济学家肯尼思·J·阿罗提出。

众所周知，多数原则是现代社会广泛接受的决策方法。英国哲学家洛克认为，根据自然和理性的法则，大多数具有全体的权力，因而大多数的行为被认为是全体的行为，也当然有决定权了。但很多在自然法学家那里是想当然正确的东西在社会选择理论中是需要证明的。

所谓社会选择，在数学上表达为一个建立在所有个人的偏好上的函数（或对应），该函数的性质代表了一定的价值规范，譬如公民主权、全体性、匿名性、目标中性、帕累托最优性、无独裁性等。社会选择最重要的问题是，这些价值规范之间是否是逻辑上协调的。阿罗证明，不存在同时满足如下四个基本公理的社会选择函数：

① 个人偏好的无限制性，即对一个社会可能存在的所有状态，任何逻辑上可能的个人偏好都不应当先验地被排除；

② 帕累托原则，即一个方案对所有人是最优的意味着相对于社会偏好序也是最优的；

③ 非相关目标独立性，即关于一对社会目标的社会偏好序不受其他目标偏好序变化的影响；

④ 社会偏好的非独裁性。

（二）个人目标和社会目标的冲突

自然资源开发会引起双重的后果。对于企业来说，通过自然资源的开发，增加了企业利润，但对社会来说却未必全是收益，因为在自然资源开发过程中，不可避免地改变着自然环境系统中的一个或者一类因子，改变了原来的生态环境，由此导致了一系列后果。通常情况下，这种后果是负面的，即负的外部性或“看不见的脚”[①]。现实中因资源开发而导致荒漠化、石漠化、土壤侵蚀与山地灾害（洪水、滑坡、泥石流）等比比皆是。

这就是说，在资源开发中，时常出现个人目标损害他人利益和社会目标的情形。在个人资源开发时，所考虑的是自身收益的最大化，而很少考虑社会的利益。由于经济关系存在关联效应，使个人的行为往往影响到他人的利益，这样，

---

① 赫尔曼·E·戴利.《走向稳态经济》论文集绪论．赫尔曼·E·戴利，肯尼思·N·汤森．珍惜地球：经济学、生态学、伦理学．北京：商务印书馆，2001：41。

社会不同利益主体之间的冲突就不可避免了。在现实中,显示出来的就是负的外部性。譬如,在陕北某地,某国有大型企业基于自身利益的考虑,采用先进的科学技术,提高煤炭的回采率(图 3-5)。在科技进步前,煤炭的回采率(回采率是指企业计算开采范围内实际采出煤炭量与该范围内地质储量的百分比)比较低,而科技进步后,回采率明显提高。

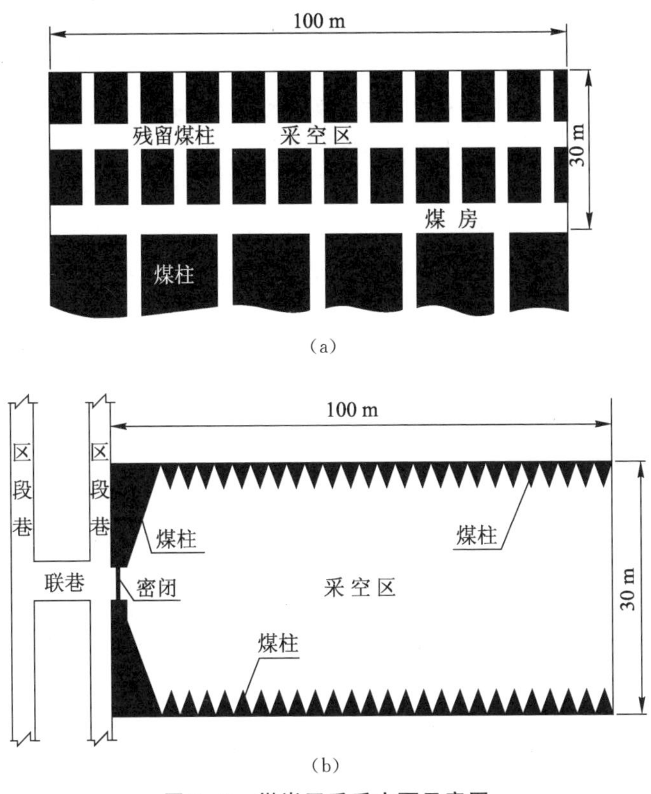

图 3-5　煤炭开采采空面示意图

(a) 房柱式采煤工作面;(b) 短壁机械化采煤工作面

就企业自身而言,效率提高,吨煤成本降低,但导致的结果却是塌陷面积的扩大,而大面积的塌陷,地下水位下降,植被枯死,使当地农民的土地(这是农民最基本的生活资料)丧失生产能力,图 3-6 提供的图片显示了这种情况。

据报道,目前山西省各类矿山采空区已达 2 万多平方千米,以全省 15.6×10^4 km^2 的土地面积计算,山西有近 1/7 的地面已经成为“悬空区”,由此带来大面积土地塌陷。① 另据报道,湖南雪峰山曾出现万人上山挖金的局面,虽然进行

① 王永霞．山西近 1/7 地面“悬空”,全省斥资 70 亿“疗伤”．南方都市报,2005-8-29。

(a)

(b)

图 3-6 煤炭开采导致的土地塌陷

(a) 土地塌陷；(b) 土地塌陷

(资料来源:图片资料由刘学敏提供)

了治理,但滥采乱挖、土法选金至今依旧踪迹难绝。雪峰山采金陷入整治与非法开采“齐头并进”的怪圈。为此,当地百姓和政府因环境被破坏而支付沉重的代价。10 多年来,采金污染流毒数百里,损坏林地 200 hm^2、耕地约 77 hm^2,殃及雪峰镇周边 6 个乡镇 3 万余人的生活。①

由于资源开发所造成的成本往往无法足够弥补,这就引起不同利益主体之间发生冲突,致使群体性事件时有发生。由于这种社会成本无法在市场上以价格的形式反映出来,因此,不同利益主体之间存在着博弈,这就取决于各自力量的对比。

然而,在现实中,我国广大农民在联产承包经营责任制以后处于一种分散经营的状态,要协调他们之间的关系,通常需要很高的协调成本,从而他们在与大企业进行谈判时,往往处于弱势,从而他们的利益遭到损害。为此,经营者不能随心所欲地按照其意志开发资源,必须受到社会控制和规划的制约。

三、资源开发的社会控制

(一) 社会控制的原则

1. 成本收益分析

对于资源开发中出现的负的外部性,政府应该而且必须进行干预,尤其是在利益相关者博弈中处于一方利益受损时,从而社会总福利受到损害时,政府必须进行干预。

政府干预也要遵循成本与收益相比较的原则。如果政府干预所花费的成本

① 欧阳洪亮.湖南雪峰山金祸陷入怪圈,万人上山疯狂挖金.潇湘晨报,2005-3-9。

大于所获取的收益，那么这种政府行为就是不经济的；反之，如果收益大于成本，就说明这种干预是经济的。

2. 社会流行的干预哲学

1776年，现代经济学鼻祖亚当·斯密出版《国富论》，认为建立在个人自由选择基础上的市场经济是人类最理想最完美的制度，管得最少的政府就是最好的政府。此后的一个多世纪中，自由放任思想成为天经地义的信条，被广为接受。不仅如此，斯密的"经济人假设"还被发展为功利主义哲学，而边际分析、均衡分析等新工具的出现也进一步论证了"阿罗－德布鲁"式的自由市场的完美无缺。然而，间歇性发生的经济金融危机，特别是20世纪30年代席卷全世界的大萧条，彻底击溃了人们对自由资本主义的信仰。在德国，纳粹以"民主"的方式掌握了政权，而苏联实行了中央计划经济，而凯恩斯以"流动性陷阱"、边际消费倾向递减、工资刚性等理论说明自由市场不能解决充分就业问题，为政府干预经济提供了理论基础。凯恩斯主义在战后50—60年代的普遍流行使绝大多数人相信，政府应该而且必须对经济生活实行普遍的干预。

凯恩斯主义的产生和流行，颠覆了政府不应干预经济的陈见。而当政府势力日益膨胀，已妨碍自由经济，窒息经济活力时，自由主义又一次大的流行。当凯恩斯主义者在重新找到微观基础后，现在已逐渐演化成"新凯恩斯主义"并展现出相当的活力，它体现经济对自由市场和政府调节的双重需求，实现自由经济和社会公正的双重任务。

3. 社会经济和政治体制

采取什么样的经济和政治体制，在资源开发中会实行不同的社会控制方式。在传统的计划经济体制下，生产什么，生产多少，怎样生产，为谁生产都是由政府决策的，对于生产资料完全采取国有制，由国家计划开发资源和集中配置资源，而且采取资源国家定价的方式，"资源无价、原料低价、产品高价"，使社会价值在不同行业之间进行转移。

在完全的市场经济下，资源开发完全由私人自主决定，生产什么，生产多少，怎样生产，为谁生产都是由私人分散决策的，政府只是经济活动的"守夜人"，奉行"不干预"的哲学。

现代市场经济是一个有国家宏观调控的市场经济，计划和市场是可以结合起来的，"只有教条的社会主义者和教条的反社会主义者，才把计划和市场看成是不相容的对立物"。然而，在国家控制和市场调节的"天平"上，更加倾向于哪一头，则要看国家的经济政治体制和具体的实际情况。在当代，传统的计划经济国家和传统的市场经济国家在政府干预经济的立场上具有一种"趋同"的倾向。就是说，传统计划经济国家更加重视市场的作用，而传统市场经济国家则更加重视政府的作用。

(二)规制"规制者"

规制"规制者"是对规制政策制定者和执行者的规制,规制"规制者"的目标是监督和规范规制者制定和执行规制政策的行为、促进和保证规制者行为符合社会公共利益。

在资源开发中,经营者是以"经济人"的面目出现的,他追求自身收益的最大化,但施以控制的政府官员也不是"以特殊泥巴制成的",他们也有追求自身利益最大化的动机,其最大化的原则也是边际收益等于边际成本($MR=MC$)。其中,MC 是因为牟取私利而引起的社会不满意程度,具有递增的倾向,而 MR 具有递减的趋势,如图 3-7 所示。设纵轴为成本 C 和收益 R,横轴为官员的行为。在 E 点,政府官员的 $MR=MC$,收益最大化。如果这时官员继续施以自己的不法行为,如至 N 点,这时成本就会大于收益,则他就有可能被潜在的对手所替代。所以,政府官员总是在 MC 和 MR 之间寻求平衡。由于政府的任何活动都不是在真空中进行的,任何决策都会受到来自多方面的影响,也就是说,政府的决策总会产生一些社会效应,影响到市场主体的行为,给一部分人带来好处,因而,社会上就总有一些人,他们采取各种手段,使政府的政策做出有利于他们的倾斜。所以,当政府设立各种管制措施和关卡时,政府官员也因此而获益。经济学家把这种现象归结为"俘获理论"(capture theory of regulation),即管制者被被管制者所"俘虏"。

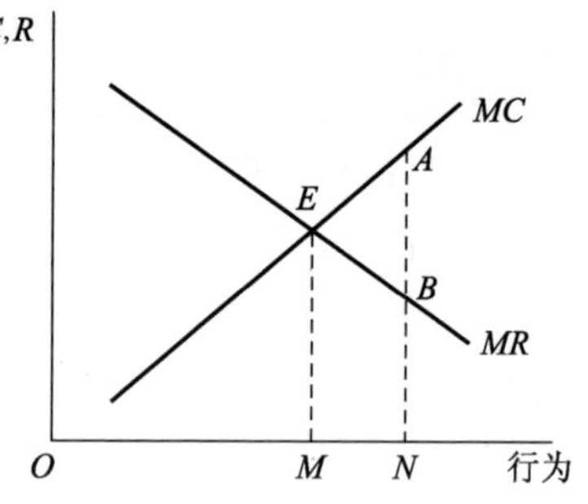

图 3-7 政治的成本与利益

为此,在资源开发中,不仅要规范经营者的行为,也要规范管制者的行为,要规制"规制者",把政府及其官员的活动纳入法制的轨道。

思考题

1. 自然资源开发的动机是什么?
2. 简述自然资源开发的模型。
3. 什么是自然资源开发中的完全成本?
4. 解释下列概念:贴现、单利、复利、现值、中值、$ENPV$、$EIRR$、$ENPVR$、$EBCR$。
5. 为什么在资源开发中要规制"规制者"?

第4章　资源资产化与资源产业

自然资源开发的个体是资源型企业，资源产业是资源型企业的集合。本章主要阐述自然资源资产与资产化管理，以及资源产业、产权和市场。

第1节　自然资源资产和资产化管理

自然资源资产

(一) 自然资源资产的概念

资源资产指受人类直接或间接影响的、实际或潜在的自然资源存量，其中包括一部分在经济活动参与下形成的资源存量。自然资源要成为资源资产，首先必须是稀缺的，这是资源转化为资源资产的重要前提；其次是能够产生效益（既包括经济效益和社会效益，也包括资源所产生的生态效益）；最后是具有明确的产权，只有产权关系明晰，资源才有可能转化为资源资产。

资源资产可以表现为实物形态，各种自然资源的实物存在形式如土地、水、森林、矿山等，都是资源资产。

资源资产也可以表现为价值形态，即体现唯一定数量的货币，只有通过货币形式，才可以统一计量。同时，资源资产的价值形态就是资源资本，它在运动中不仅可以保存自己的价值，而且可以给其所有者带来更多的价值。

资源资产还可以表现为一定的权利，即"财产权"，这意味着资源资产可以在不同的经济主体之间进行流动。在市场上，依靠价格信息决定权利的流转，"价格对自然资源使用的引导和它对其他任何资源使用的引导是相同的，价格度量稀缺,并向消费者和厂商传递应该花多少精力来保护自然资源的正确信号”。[①]

(二) 自然资源资产概念的意义

把自然资源视为资源资产具有重要意义。由于我国的市场经济是从传统集中计划经济中脱胎而来的,仅仅承认资源的实物形态,忽视资源的价值,漠视资源的产权,使资源资产不能发挥其应有的效益。这主要表现在:

第一,以行政权力配置资源,资源不得在不同利益主体之间流转,只能由国家根据需要调配,忽视市场对资源的基础配置作用。

第二,忽视资源的资产属性,难以显现自然资源的真实价值。过多强调土地、矿产、森林、草原等的资源属性,忽视其资产属性,致使这些资源资产长期处于粗放利用,浪费严重。

第三,对于自然资源以所有制来区别对待,国家对不同所有制企业采取不同的管理方式,致使自然资源管理上出现不平等,背离市场经济的要求。

第四,中央政府与地方政府在资源管理上的职权划分不清,直接导致资源开发中短期行为严重,常常是掠夺式经营,杀鸡取卵,中央政府的资源管理基本目标无法实现。

第五,强调对自然资源的开发和利用,忽视对生态环境的保护。事实上,自然界的各种资源,生物、土地及相关的生态系统、水及相关的生态系统、矿产资源、空气等,是整个自然生态系统的有机组成部分。人类对自然资源的开发利用活动,只有在符合生态规律,保持生态平衡的前提下,才能取得预期的经济效益。须知,现在我们面临的许多生态环境问题,都是由于对自然资源不合理开发和利用造成的结果。

(三) 自然资源的“折旧”

通常,在生产中只有固定资产才存在折旧问题。固定资产是在生产中,物质形态全部参加生产过程,而其价值逐渐转移到新产品中的那一部分资本,也就是投在厂房、机器、设备等劳动资料上的那部分生产资本。固定资本的运动包括购置、全部投入、价值转移、折旧、更新等几个阶段。例如,一台机器购置费价格10万元,可以使用10年,在生产中这台机器每年都全部参加生产过程,但其价值却每年只转移1万元,这1万元随着产品的销售而收回,并提取出来,这就是固定资产折旧,等到10年以后机器报废,则又有10万元重新购买一台新的机器,这就是固定资产更新。

对于自然资源资产来说,也有相似的问题。资源资产在投入生产或消费领

---

① 斯蒂格利茨.经济学.北京:中国人民大学出版社,1997:30。

域,就会出现数量减少、质量下降,这对于不同的资源资产存在区别。不可更新资源资产或可耗竭资源资产,更大程度上表现为数量的减少;而对于可更新资源资产或可再生资源资产,如果开发利用在其可更新的阈值,也可表现为数量的减少和质量的下降。

由于资源资产在使用中数量和质量都会发生变化,这就会在当代人和后代人之间进行分配,而在这种分配中,当代人占有绝对的优先权。工业革命以来对于资源的掠夺性开发,造成了许多恶果,资源枯竭、环境恶化,许多资源的使用出现了严重的“赤字”。可以说,现在的地球不再是从我们的祖辈那里继承来的,而是从我们的子孙那里“赊”来的。基于可持续发展的认识,必须摒弃过去那种通过掠夺性开发资源资产以维持经济的虚假繁荣和社会发展的模式,必须采取有效的措施,在资源资产数量和质量发生变化的情况下,通过资源资产功能的恢复来实现原有资源资产的功能,实现这种方式的有效途径就是与固定资产折旧相类似的资源资产“折旧”,发展循环经济,它是对资源资产开发利用所造成的损失的一种补偿,是维护资源资产数量和质量“恒定”的重要手段,也是维护代际公平、实现可持续发展的需要。

二、自然资源的资产化管理

(一)自然资源资产化管理的含义

资源的资产化管理,就是在遵循资源自然规律的基础上,按照资源生产的实际,从资源的开发利用到资源的生产和再生产,都按照市场规律,进行投入一产出管理,允许资源资产产权依市场原则合理流动。

自然资源资产化管理的基本要求是:

第一,要确保自然资源所有者权益,使自然资源的所有权在经济上能得到充分的体现。在我国,各种自然资源包括矿山、土地、森林、草地等归属于国家,部分归集体劳动者所有,自然资源的资产化管理就是要使国家和集体的所有权得到实现。

第二,强调自然资源在再生产过程中实现保值和增值。如果把生产过程看做是一个连续不断的再生产过程,那么,在这个过程中,要将自然资源作为生产资料构成的资产来进行管理,这就不仅要保持原来的价值,还要带来更多的价值,即在运动中实现价值增值。

第三,规范自然资源产权的流动,实现自然资源配置和利用的合理化。资源资产的合理有效配置,其前提条件是产权可以依市场的原则而自由流动。因此,为了使国家和集体的自然资源实现最大的效益,就应该开放资源产权市场,通过市场交易，让价值在市场上得以实现。

（二）自然资源资产化管理的目标

自然资源资产化管理的目标，就是要建立一种高效、科学的资源运作和配置体制和自然资源产权市场，使得被消耗的自然资源得以再生、重建和“折旧”，存量的资源得以合理有效配置，同时，使得自然资源开发和利用中，人与自然、人与社会的和谐统一和相互促进，建立起持续、高产、高效、稳定发展的自然资源产业经营的运作体系。

（三）自然资源资产化管理的意义

第一，自然资源资产化管理是资源科学的一次革新，它把资产经营的概念在自然资源领域的扩展。按照市场经济规律，释放资源资产的巨大潜能，使资源资产不断增值。事实上，一个国家的自然资源是最大的存量资产，作为三大基本生产要素（劳动、资本、土地）之一，自然资源（土地）在社会经济可持续发展战略中起着基础性、决定性作用。因此，要坚持可持续发展原则，进一步盘活资源资产，科学、高效、集约地开发和利用资源，提高资源的整体效益，运作经营好巨额的资源资产，使资源作为最大的资产得到充分的发挥，从而可以实现国民经济发展与资源资产收益的良性互动和相互促进，加快现代化建设步伐。

第二，资源资产化管理也是对现有统计体系的超越，它要求变革和发展国民经济核算体系，使国内生产总值（GDP）向“绿色 GDP”（EDP）转变；拓宽统计对象，从经济和社会领域拓展到自然资源和环境生态领域，从基本上限于市场经济活动领域拓展到广阔的非市场的外部性领域，从当前和近期领域拓展到远期大时空尺度的领域。自然资源资产化管理，要求研究自然资源消耗的社会问题，要求更系统、协调地研究自然资源资产化管理。

三、资源资产化管理的原则

（一）国情原则

对于资源的资产化管理必须遵循中国的国情。中国的国情是，地大物博，人口众多，资源分布不均衡。我国资源丰富，蕴含着各种资源品种，但是，由于人口众多，平均数很低。中国 13 亿人口，任何一种微小的需求只要乘上 13 亿，就会形成很大的数字；资源总量再大，但若除以 13 亿，人均数值却是非常微小。

中国国土面积 960×10^4 km^2，海域面积 473×10^4 km^2。国土面积，居世界第 3 位，但按人均占土地资源论，在面积位居世界前 12 位的国家中，中国居第

11位。按利用类型区分的中国各类土地资源也都具有绝对数量大、人均占有量少的特点。

中国人均径流量为2 200 m^3,是世界人均径流量的24.7%。中国水资源的分布情况是南多北少,而耕地的分布却是南少北多。

中国幅员广大,地质条件多样,矿产资源丰富,矿产171种。已探明储量的有157种。其中钨、锑、稀土、钼、钒和钛等的探明储量居世界首位。煤、铁、铅、锌、铜、银、汞、锡、镍、磷灰石、石棉等的储量均居世界前列。但中国矿产资源地区分布不均匀,且一些矿产相当的集中,虽有利于大规模开采,但运输压力很大。

资源与需求的"逆向分布",在相当程度上制约了中国的发展,这就需要在资源开发和利用上,在资源资产化管理上,充分得到考虑。

(二) 渐进原则

中国的市场经济是从传统集中型计划经济逐渐过渡到社会主义市场经济的,中国的改革走了一条"渐进"之路,从而把改革引起的震动降到最低程度。与此相对应,对于自然资源相关经济活动的改革也是一个渐进的过程。

中国的自然资源主体是国有国营的,这是由生产资料的公有制所决定的。这种国有国营的形式在历史上曾经起过非常重要的作用,但是,也存在着许多弊端,过分垄断,缺乏效率。随着改革开放的不断深化,其他所有制形式的经济主体也开始进入资源开发领域,在资源开发领域也引入了市场机制,使经济效益不断提高。然而,不同所有制经济主体在经济竞争中,常常处于不平等的地位,致使竞争无序,国有资源大量流失,也使在资源开发中引起的外部性问题不能得到很好解决。不仅如此,原有的国有资源开发企业由于在国内外成功上市,不再是"全体人民利益"的代表,而演变成只是股东利益的代表,这就使进一步的改革成为一种发展的内在要求和必然趋势。

为此,进一步改革的目标就是,把国有资源作为一种资产,允许产权依据市场的原则进行流动和市场配置,使不同所有制、不同经济成分的经济活动当事人平等竞争,使国有资源产生的效益最大。

(三) 可持续原则

遵循可持续发展的原则,就是在资源资产化管理的过程中,不仅要考虑当前,而且要考虑长远;也不能仅仅考虑一部分人,而忽视社会的公平。就是说,既要考虑世代之间的纵向公平性,也要同代人之间的横向公平性。

不仅如此,遵循可持续的原则还包括生态系统受到某种干扰时能保持其生产率的能力。资源环境是人类生存与发展的基础和条件,离开了资源环境就无从谈起人类的生存与发展。资源的持续利用和生态系统的可持续性的保持是人类社会可持续发展的首要条件。可持续发展要求人们根据可持续性的条件调整自己的生活方式,在生态可能的范围内确定自己的消耗标准。

可持续原则也要求具有和谐性,正如《我们共同的未来》报告中所指出的,“从广义上说,可持续发展的战略就是要促进人类之间及人类与自然之间的和谐。”如果每个人在考虑和安排自己的行动时,都能考虑到这一行动对其他人(包括后代人)及生态环境的影响,并能真诚地按“和谐性”原则行事,那么人类与自然之间就能保持一种互惠共生的关系,可持续发展才能实现。

(四) 市场化原则

中国的经济体制被定义为社会主义市场经济体制,它是市场原则和社会主义原则的高度结合。这种新的经济体制,把政策的有效性和市场的有效性有机结合起来。

一方面,社会主义市场经济体制让市场在资源配置中发挥基础性作用,充分发挥市场的作用。它由市场来形成自然资源的合理价格,并通过价格变动及时反映、调节商品供给和需求的矛盾,促进资源的有效配置和合理流动;各类企业都是自主经营、自负盈亏、自我发展、自我约束的市场主体,在激烈的市场竞争中,降低生产成本,节约自然资源;自然资源的产权关系明晰,实现自然资源的保值、增值和补偿。

另一方面,社会主义市场经济体制强调宏观调控的作用。市场的有效性是有条件的,对于非市场交易资源的保护等有长远效益而无既期效益、有生态效益和社会效益而无经济效益的目标,需要政府的宏观调控来实现,它是一种建立在市场机制基础之上的宏观调控,更多地依靠经济政策工具。

在市场化原则中,市场是基础,要更多地依靠市场的作用,政府的政策也是建立在对市场的认识基础上的。

(五) 效益原则

效益是管理的永恒主题,任何组织的管理都是为了获得某种效益,效益的高低直接影响着组织的生存和发展。效益是一种有益的效果,它反映了人们的投入与所带来的利益之间的关系,它要求从主观与客观两个方面的统一中来进行判断,当效益的评价发生在造成这种结果的系统之内,它是指效果与效率的统一,当站在这一系统之外做出效益的评价时,所强调的则是该系统造成的这一结果对它的环境的有益程度。

一切管理都是以提高效益为目的的,现代管理更加突出了效益。因为管理的效益问题是衡量管理工作的价值标准。对于现代管理来说,各个环节、各项工作,都是围绕提高效益而展开的,管理就是要科学地、高效地安排、调度和处理人、财、物等各种资源,以期有效地实现组织目标。因此,资源资产化管理也必须遵循效益的原则。

第 2 节　自然资源的产权市场

一、产权和自然资源产权

(一) 产权的特征

现代经济学认为,产权是一种通过社会强制而实现的对某种经济物品的多种用途进行选择的权利。[①] 产权与财产有关,它是具有排他性的权利。产权具有以下特征:

1. 排他性

产权的排他性意味着特定的权利主体只能是一个,排除任何非权利主体对产权的占有和使用;并且,产权的排他对象是多元的,即一个主体可以有多项产权,但一项产权只能归属于一个主体。这种属性实质上是对产权收益保护,这个属性决定了产权具有约束功能,同时能够有效地减低由于人的经济行为不确定性而带来的社会风险。

2. 可流动性

产权是能够流动或可让渡的权利。在产权拥有者认为不再需要拥有或非拥有者认为需要拥有时,产权应当能够流动并在他们之间互相让渡,在不同的主体之间流动,这是资源得以高效配置的前提和基础。由于产权的流动,资源配置将向高效益方向流动,进而提高了资源的利用效率。

3. 可分割性

产权是具有可分性的权利,特定的财产权利可以按着不同的方式进行分解,如企业产权可以横向分解为使用权、收益权、处置权和让渡权,也可以纵向分解为出资权、经营权和管理权;从其存在方式上,还可分为价值形态的产权和实物形态的产权。

4. 存在产权边界

任何产权,都必须是有边界、可计量的权利。否则,既不可能把特定产权从

---

① 艾尔奇安．产权．伊特韦尔,等．新帕尔格雷夫经济学大辞典:第 3 卷．北京:经济科学出版社,1996:1101。

其他产权中分离开来,用于交易,也不可能在交易过程中对产权进行有效计量。即便是完整的产权也是有限的,存在产权制度规定的行为性权利对产权客体的用途的限制,产权的行使必须在一定制度范畴内,尽管你拥有某块土地的所有权,但你行使权利的空间不是无限的,而受到其他因素的制约,不能从事危害其他人的权利的行为。

5. 收益性

收益性就是产权能为行为者带来利益和需要的满足,它是产权的核心,是激励功能产生的源泉。

(二) 自然资源产权

自然资源产权是国家、集体或个人对于某种自然资源(或某一地域范围内的自然资源)形成的一组排他性的权利。自然资源资产化的核心问题是资源产权的可流动性。

我国现行的自然资源产权制度体系是以公有产权为特征的。

《中华人民共和国宪法》(2004年修正)第九条规定,“矿藏、水流、森林、山岭、草原、荒地、滩涂等自然资源,都属于国家所有,即全民所有;由法律规定属于集体所有的森林和山岭、草原、荒地、滩涂除外。国家保障自然资源的合理利用,保护珍贵的动物和植物。禁止任何组织或者个人用任何手段侵占或者破坏自然资源。”第十条规定,“城市的土地属于国家所有。农村和城市郊区的土地,除由法律规定属于国家所有的以外,属于集体所有;宅基地和自留地、自留山,也属于集体所有。国家为了公共利益的需要,可以依照法律规定对土地实行征收或者征用并给予补偿。任何组织或者个人不得侵占、买卖或者以其他形式非法转让土地。土地的使用权可以依照法律的规定转让。一切使用土地的组织和个人必须合理地利用土地。”

《中华人民共和国土地管理法》(2004修正)第二条规定“中华人民共和国实行土地的社会主义公有制,即全民所有制和劳动群众集体所有制。全民所有,即国家所有土地的所有权由国务院代表国家行使。任何单位和个人不得侵占、买卖或者以其他形式非法转让土地。土地使用权可以依法转让。国家为了公共利益的需要,可以依法对土地实行征收或者征用并给予补偿。国家依法实行国有土地有偿使用制度。”第八条规定,“城市市区的土地属于国家所有。农村和城市郊区的土地,除由法律规定属于国家所有的以外,属于农民集体所有;宅基地和自留地、自留山,属于农民集体所有。”

《中华人民共和国矿产资源法》(1996修正)第三条规定,“矿产资源属于国家所有,由国务院行使国家对矿产资源的所有权。地表或者地下的矿产资源的国家所有权,不因其所依附的土地的所有权或者使用权的不同而改变。”

可以看出，我国的自然资源产权从根本上说是明晰的，它表明国家及其政府对于自然资源拥有最终的决定权，可以凭借资源的产权获取收益。

(三) 资源产权保护

资源产权的明晰化有助于消除不确定性，然而它必须建立在产权得到切实保障的基础上，一旦产权受到侵犯和伤害，应该对产权所有者进行补偿。通常有两种补偿方式：法律赔偿和平衡补偿。

法律赔偿规定，某人侵犯和损害了他人的产权，他就应该进行赔偿。如果被告侵犯或损害了原告的产权，被告就有责任向原告支付赔偿金，如果被告无法赔偿，其财产就要被没收并公开拍卖以筹集用于赔偿的金额。

平衡赔偿主要是通过某种手段将被告的行为限制在所要求的范围之内，或者使被告的行为尽量符合原告的要求。它通常以"禁令"的方式阻止被告从事某种有损于原告的活动。

事实上，如果交易双方合作的障碍和费用阻止了合作协定的达成，最优选择是法律赔偿；如果交易双方能够很容易地达成合作协议，最优的选择就是平衡赔偿。

二、建立有效的自然资源产权市场

(一) 建立有效资源产权市场的必要性

虽然我国自然资源最终产权是明晰的，但由于我国的市场经济体制还处于初创阶段，整个社会的市场化进程还没有最后完成，从而使这种最终的资源产权所需要的具体实现形式，还没有最终建立起来，致使资源管理、资源产权配置、产权流转、产权保护处于比较混乱的状态，结果是资源粗放经营、低效配置、资源质量下降、资源供需矛盾突出。

由于还没有最后建立起资源产权制度体系，致使出现了许多矛盾和问题：

1. 忽视市场对资源的配置作用

我国的资源开发和利用上，强调以行政权力配置资源，忽视市场对资源的基础性配置作用。由于现行自然资源法律大都强调资源属于国家所有，不得流转，只能由政府根据需要调配，致使政府在资源开发中过度介入，限制甚至从根本上排出市场的基础作用，导致腐败、资源浪费、成本偏高、经济效率低下。由于政府本身不承担资源开发后的环境和经济成本，出现了许多环境和生态问题。

2. 忽视资源的生产要素性质

在我国，更多地强调自然资源的生产资料性质，忽视资源的生产要素性质。

我国的经济制度是生产资料公有制,自然资源是最重要的生产资料,它必须要实行公有,这是社会主义经济制度的基础,也是社会性质的根本分水岭。但是,自然资源也是一种生产要素,它只有在流动中才能发挥效益,只有在流动中才能实现其价值,只有在资源产权自由流动时才能实现最优配置。

3. 忽视产权的实现形式

我国强调国家对自然资源的最终所有权,忽视了最终产权的实现形式。国家自然资源最终所有权是我国社会主义政治制度的经济基础,但它最终如何实现,以何种形式实现其价值,却往往被人所忽略。国家为政府所替代,政府又分为中央政府和地方政府,从而政府理所当然地成为资源的所有者、供给者和分配者。由于各级地方政府都有自己独特的利益,权力与利益粘连,经常引发政府及其部门之间的行政冲突与掣肘。

(二) 我国的自然资源产权市场

1. 明晰资源产权关系

明晰的产权界定是产权交易的前提条件,也是整个经济活动和经济运行的基础,更是资源进行配置或重新配置的根本。建立有效的自然资源产权市场,就要明晰资源产权关系,使最终所有者(国家)与经营者之间形成一种真正的经济契约关系,建立起一种市场化的完善的产权制度,使资源产权能够真正在不同主体之间流动。

要打破自然资源"公有公用公营"的运行模式,就要引入自然资源产权通过竞争性市场有偿获得的产权安排制度。对于自然资源产权的获得,要根据其性质和用途,规定不同的使用税费和获得途径。

2. 建立资源产权交易市场

市场是一种经济关系,资源产权的交易不能离开市场。因此,建立完善的资源产权制度,必须建立资源产权交易市场。对于历史上由各级政府出资形成的国有资源产权要科学评估,为资源产权改制提供资产依据。允许通过招投标、拍卖等方式取得资源资产产权,允许产权所有者依法通过出售、作价出资、股权转让、出租、抵押等方式使资源产权在不同的所有者之间流转。

对于资源产权市场可以采取发育和培育两种形式。发育市场是市场的内在成长过程,这是一个自发的过程;培育市场是为市场的成长提供良好的外部环境和条件,这是一个自觉的过程。所以,对于资源产权市场,既要重视它的发育和自发生长,还要政府的培育,也要政府规范资源产权市场。

建立的自然资源产权市场可以由两级市场构成:

一级市场是自然资源产权的出让市场,它是政府的国有资产管理部门把自然资源一定年限的使用权或开发利用权,出让或出租给企业(可以是不同所有制企业)或个人,收取租金或自然资源出让费;也可以在保证不危及国家经济安全的前提下,尝试采用全部出售、部分或比例出售及折成股份出售等办法把所有权售出去,从而使自然资源产权在经济上得以实现。

二级市场是取得自然资源所有权、使用权或开发权企业或个人,再把这种权利转让给其他经济活动主体,资源产权可以在不同经济活动主体之间自由流动,对自然资源所有权进行交易。

3. 重视资源产权界定的制度建设

制度是制约人们行为、调节人与人之间利益矛盾的一些社会承认的规则。根据这些规则存在的形式,制度可以分为正式的制度与非正式的制度,前者是指法律、法规、正式合约等,后者则是指伦理道德、意识形态、风俗习惯等。建立有效的自然资源产权市场,制度建设至关重要。为此,国家要继续完善资源产权的法律制度,重点是资源资产产权交易主体、产权交易规则和产权招标拍卖等制度。必须在法律上明确规定资源的产权边界,如立法、授权、配额使用、许可证等,使资源产权得以量化到特定组织或个人,从而使侵权行为无论发生在国家与个人之间,还是个人之间、个人与组织之间,都从法律的角度、以平等的身份解决纠纷。

历史的发展已经证明,市场这只"无形之手"可以高效率地配置资源,虽然由于资源开发的外部性以及市场机制本身的缺陷会出现"市场失灵",这可以通过加强管理,加强国家宏观调控的职能,来减少市场的缺陷,但不能动摇资源产权改革市场化的方向。

第3节　资源产业与市场

一、资源产业

(一) 产业和产业的分类

产业是某种同一属性企业的集合,它既是社会分工的结果,也是科学技术发展的结果。随着社会分工越来越细,不同的产业部门逐渐形成。事实上,历史上的几次社会大分工,把原始畜牧业、农业、手工业、商业逐渐地分离开来,形成不同的产业。科学技术的发展主要是出现新技术、新材料、新工艺、新产品等,为社会生产和社会分工的发展开辟了新的领域,从而为新兴产业的产生和形成创造了条件,而且科技进步越快,新的产业部门形成得就越多。

为了了解产业的性质,把握产业发展的规律性,可以把产业按照不同的标准划分为多种类型。

以同一商品市场为单位划分的产业，把所有生产同类商品或提供同种服务的企业称为某产业，如钢铁产业、汽车产业、电子产业等；以技术、工艺的相似性为根据划分的产业（水电、火电工艺差距大，可以列为两个产业）；以使用生产要素的特征划分的产业，如劳动密集型产业、资本密集型产业、技术密集型产业等；以生产部门来划分产业，如工业、农业、交通运输业、建筑业等。

对于产业分类最有名的是三次产业的划分。1935年，英国经济学家费希尔(A. G. B. Fisher)在其《安全与进步的冲突》一书中提出了三次产业的分类思想。他认为，第一产业为人类提供满足最基本需要的食品；第二产业满足其他更进一步的需要；第三产业满足人类除物质需要以外的更高级的需要，如生活中的便利和娱乐等。1940年，英国经济学家和统计学家科林·克拉克(C. G. Clark)发表了《经济进步的条件》的著作，他在费希尔的研究成果基础上，总结了伴随着经济发展的产业结构变化规律，按距离自然资源的远近对第一、二、三产业的理论作了进一步论述，建立起"费希尔-克拉克"产业分类和统计体系，将全部经济活动分为第一、第二、第三产业。

第一产业是指直接从自然界取得产品以满足人类最基本需要的产业部门，主要指农业，包括种植业、畜牧业、渔业、林业和狩猎业。

第二产业是指对从自然界取得的初级产品进行加工以满足需要的产业部门，主要指工业，包括制造业、采矿业、建筑业，以及煤气、电力、供水等工业部门。

第三产业是指一般不直接创造物质资料，而是为人类生产、生活和社会发展提供服务以满足需要的产业部门，通常指服务业，包括商业（贸易业）、金融及保险业、通信业、房地产业、运输业、服务行业（如医疗、教育业等）、旅游业、租赁业、军队、律师业等。①

判断某一产业自身的发展程度，可以以该种产业的增长率变化作为标准，不同的增长速度说明这种产业在其整个生命周期中所处的位置。事实上，产业发展也是具有生命周期：投入期、成长期、成熟期和衰退期。产业生命周期的曲线形状和产品生命周期的曲线形状大致相同，都呈现出S形，并且，未发生异化的标准形态都经过四个阶段（图4-1）。设横轴t表示时间，纵轴G'表示增长率，则产业的生命周期经历四个阶段，即：投入期t_1，成长期t_2，成熟期t_3和衰退期t_4。

根据各个产业处于不同的发展阶段，通常把产业划分成四类：成长产业、成熟产业、发展产业和衰退（夕阳）产业。图4-2显示了这种变化。设横轴表示后一时期的经济增长率，纵轴表示前一时期的经济增长率，则可以大致地将产业划

① 参见科林·克拉克．经济进步的条件．宫尺健一．产业经济学．2版．北京：东洋经济新报社，1987。

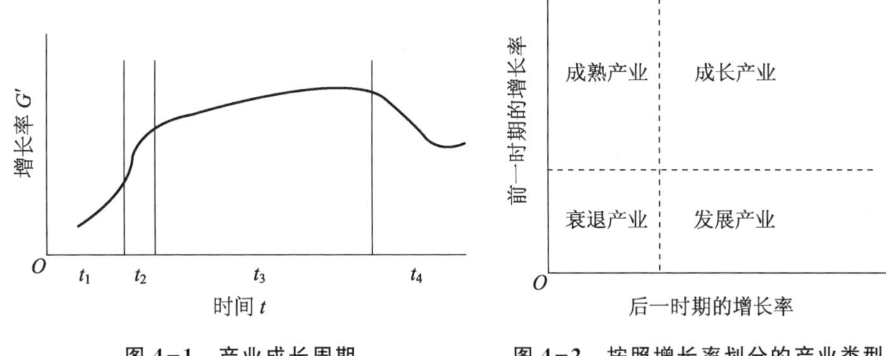

图 4-1 产业成长周期　　图 4-2 按照增长率划分的产业类型

分为这四种类型。对于成长产业，其两个时期的增长率都比较高，表明增长率的连续性；对于成熟产业，前期的增长率高于后期的增长率；对于发展产业，后一时期的增长率大于前一时期的增长率，产业发展是上升时期；对于衰退产业，两个阶段的增长率都比较低。

产业的这种变化是相对的，通过科技的进步，可以对于衰退产业进行改造，形成新的产业，从而形成新的经济增长点。通过产业技术对衰退产业的改造和提升，使其又重新焕发青春活力，如对纺织产业经过技术改造后又重新具有竞争活力。一些新技术通过高科技孵化器孵化后形成高新技术产业，经过投入期、成长期，形成主导产业，并带动与之相关联的产业发展，最终推动产业结构的高度化和合理化。

（二）资源产业

资源产业是在自然资源开发、保护、恢复、再生过程中形成的产业，是处于"社会和自然界"毗邻的上游产业。广义地说，资源产业包括直接利用水土资源的农业、直接利用能源资源与矿产资源的非制造型工业（采掘工业）等，包括资源开采前、开采中、开采后的所有经济活动。①

资源转变为产业的条件首先在于该种资源的开发能够满足人们的需要，能够运用这种资源生产出满足人们需要的产品（引致需求）。但是，要把资源转变为资源产业还必须在开发过程中获益，即收益大于成本。只有这样，资本和其他生产要素才能流入，产业才能形成。

资源产业形成的前提条件是一个国家或区域的资源禀赋，由于资源分布极不均衡，通常影响甚至决定了一个国家或区域的产业结构。当一个国家或地区大规模地开发资源时，就会形成过分偏倚该种资源的产业。沙特阿拉伯、科威

---

① 参见杨艳琳．资源经济发展．北京：科学出版社，2004：94。

特、伊朗、利比亚、阿拉伯联合酋长国、卡塔尔等国家形成以石油为支柱产业的产业结构，是因为这些国家拥有丰富的石油资源。我国现在拥有118座资源型城市(因自然资源主要为矿产资源的开发而兴起或发展的城市)，由于依托资源而发展起来，经济结构单一。[①] 我国的一些省份如山西省的产业结构也严重偏倚于煤炭资源的开采。

资源禀赋影响或决定了一国或一个区域的产业结构，但是，资源优势并不必然转化为产业优势和经济优势。资料显示，经济较发达的地区，资源产业在经济中的比重较低。经济越发达，资源产业的链条越长，在整个社会总产出中，资本、人力资源、技术等所占的比例就会越大，资源的附加值就越大，而来自自然的资源价值的比重就会相对降低。世界资源产业平均占国内生产总值17%，东亚占18%，欧盟占13%，北美洲占11%。国民经济对资源依赖性最高的地区西非，资源产业占国民生产总值的57%，东非占51%，中非占50%，西亚占42%，南亚占38%，北非占34%。[②] 资源优势转化为产业优势和经济优势，需要资本的注入、技术创新和进步、人力资源开发以及相应的制度创新。

第二次世界大战以后，由于世界能源结构的变化，使盛产石油的阿拉伯国家积累了大量财富，便产生了"买一个现代化"的设想，结果是，引进了先进的技术装备，建起了现代化的厂房、宾馆、大楼，但因缺乏训练有素的人才，最终使这个"梦想"破灭。由于人力资本缺乏导致了资本设备的闲置和浪费，难以发挥作用。据估计，同样一套先进设备，在纽约和东京的生产效率和效益是10的话，搬到开罗、仰光、安卡拉连3也达不到，更不用说技术的消化和创新了。[③]

二、资源诅咒与"荷兰病"

(一)"荷兰病"

在资源产业发展中，存在一种被称之为"荷兰病"(the Dutch disease)的经济病症。20世纪50年代，已是制成品出口主要国家的荷兰发现大量天然气，结果国内经济发生了一系列变化，这使荷兰一夜间成为以出口天然气为主的国家，而其他工业却逐步萎缩。由于有了这意外之财，国内创新的动力逐渐消失，使荷兰最终在多方面失去国际竞争力。后来，人们把这类因富得祸的经济现象通称为"荷兰病"，更多的是产生了与矿业资源相关的经济社会问题，叫做"资源诅咒"

① 参见王青云．资源型城市经济转型研究．北京：中国经济出版社，2003。

② 郎一环．全球资源态势与中国对策．武汉：湖北科学技术出版社，2000：106。

③ 参见张培刚．新发展经济学．郑州：河南人民出版社，1992：165。

(resource curse)。其主要症状为：

① 制造业特别是科技含量较高的深加工、精加工产业不易发展起来。

② 资源产业的繁荣以其他行业衰退为代价。

③ 出口剧增导致本国货币升值，削弱了本国经济的竞争力。

④ 国内居民收入差距拉大，地区差距因资源条件的优劣而拉大。

“荷兰病”的产生主要是，由于新资源的发现而获得的意外收益对原有出口优势产业产生不利影响，或导致非工业化现象的发生。由于新兴的资源开发部门高收益的吸引，使资本和劳动会从传统产业部门流入新兴部门，结果是传统产业部门迅速衰退。

“荷兰病”可能是一种普遍现象，适用于所有“享受”初级产品出口急剧增加的国家，它一般与自然资源的发现联系在一起，经济并没有因资源开发而发展起来，出现了“资源诅咒”。这种情况不仅在荷兰出现，在后来新开发了自然资源的国家如沙特阿拉伯、尼日利亚、墨西哥、挪威、澳大利亚、英国等都出现了类似的经济症状。

(二)“荷兰病”病因

假定一国的经济分为三个部门，即可贸易的制造业部门、可贸易的资源出口部门和不可贸易的部门(主要是一国内部的建筑业零售贸易和服务业部门)。假设该国经济起初处于充分就业状态，如果突然发现了某种自然资源或者自然资源的价格意外上涨将产生“资源转移效应”和“支出效应”。

1. “资源转移效应”

由于劳动和资本转向资源出口部门，则可贸易的制造业部门现在必须花费更大代价来吸引劳动进入，劳动成本上升打击了制造业的竞争力。同时，由于出口自然资源带来外汇收入的增加使得本币升值，进一步打击了制造业产品的出口竞争力，这就是“资源转移效应”，由此，制造业和服务业同时衰落下去。

2. “支出效应”

资源出口带来的收入增加会增加对制造业和不可贸易部门产品的需求，但这时对制造业产品需求的增加却是通过进口国外同类价格相对更便宜的制成品来满足的，这对本国的制造业无异于雪上加霜。而对于不可贸易部门产品的需求增加无法通过进口来满足，这使本国服务业会重新繁荣，这就是“支出效应”。

结论是，在资源繁荣中削弱制造业基础的国家，将不可挽回地丧失经济竞争力，即使未来资源繁荣消失以后也是如此。所以，“暂时的资源繁荣会产生滞后作用，使其永久地丧失竞争力”。①

---

① 奥蒂．资源富足与经济发展．北京：首都经济贸易大学出版社，2006：117。

(三)“荷兰病”模型

设有一个国家有三个部门:可贸易资源部门,用R表示;可贸易制造业部门(一般为劳动密集型产业),用M表示;非贸易部门,用N表示。其中,N部门包括政府服务、私人服务,也包括一些受保护的复杂的制造业(一般为资本密集型产业)。

R部门在M部门和N部门都增加时,结果主要有:

第一,M部门和N部门都扩大。这种可能发生在:N部门商品有很大的消费趋势,R部门繁荣在货币需求上产生低财富效应,以及N部门商品投资出现低利率。

第二,N部门扩大而M部门缩减。这种情况的发生要求,N部门商品需求的价格弹性小或无弹性,即N部门产品价格升高,并没有大幅度降低需求。这是“荷兰病”的结果。

第三,M部门扩大而N部门缩减。

第四,M部门和N部门都缩减。这是“荷兰病”的最极端形式。

图4-3显示了R部门在M部门和N部门中增加的结果。设横轴为M,纵轴为P_N,则N非贸易部门商品市场的均衡,M表示制造业部门商品市场的均衡(供给等于需求,为IS—LM分析中的IS曲线)。

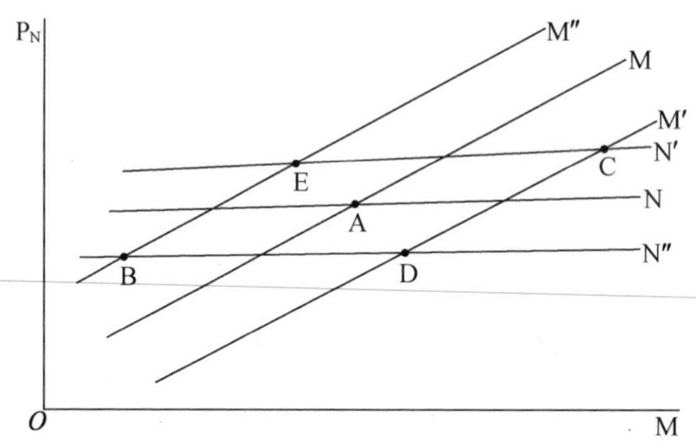

图4-3 资源繁荣、货币贬值和工业政策效应

在图中,N和M的斜率都比较大,当M或者P_N增加时,收入也会提高,因此,对其他两种商品的需求也会增加。

设初始状态下,N和M相交于A点。现假设N部门扩大,从N移至N′,这意味着M部门生产的每个产量上需要更多的N部门产品;同理,设M部门扩大,从M移至M′,这意味着N部门的每个产量水平都需要更多的M部门产品。

如果 R 部门繁荣从而引起 M、N 两个部门都扩大，则随着 R 部门的增长，使新的均衡点达到 C；反之，如果两个部门都缩减，则随着 R 的增长，使新的均衡点达到 B，这是“荷兰病”的极端形式。在对世界各国资源开发的实证研究中发现，许多拉丁美洲国家“荷兰病”表现为，R 扩大引起 N 扩大而 M 缩减，如图 4-3 中 E 点，而东亚一些国家“荷兰病”则表现为，R 扩大引起 N 缩减而 M 扩大，如图 4-3 中 D 点。

（四）根治“荷兰病”的对策

如何避免“荷兰病”，经济学家提出许多对策。

1. “将自然资源留在地底下”

为了避免“荷兰病”，必须对自然资源开采的速度以及由此产生的社会经济后果仔细权衡。

2. “多样化”生产

减少对资源部门的依赖，使产业多样化。产业单一是资源丰富国家经济绩效差的一个重要原因，而多样化被公认为是解决“资源诅咒”的有效措施。

3. 设立“资源基金”

运用宏观经济政策是解决“资源诅咒”和“荷兰病”的重要手段。为此，政府需要阻止将来自资源出口收入转化为增加的总需求。有效的办法是设立“资源基金”，它既可以用于海外投资也可以用于稳定收入。

具体的操作方式是，从稳定政府预算收支的目的出发设立一个资源价格，若国际市场上的价格高于该价格，则基金收入增加以此来防止增加的收入转为预算支出；如果低于该价格，这基金的收入的一部分进入到政府预算中以稳定预算支出。“资源基金”起到“内在稳定器”的作用。

三、资源产业政策

（一）资源产业发展政策

能源、原材料、水、土地等自然资源是人类赖以生存和发展的基础，是经济社会可持续发展的重要物质保障。资源产业是国民经济的重要组成部分，合理有效的资源产业政策既能够促进资源产业的良性发展，也能够促进整个国民经济的良性发展。

1. 资源产业政策目标

通过资源产业政策的实施，使资源产业得以重组，培育具有国际竞争力的跨国公司；淘汰规模小、技术装备水准低，资源利用率低、存在严重破坏和浪费资源的生产企业，提高产业集中度和整体素质。就整个产业政策而言，要通过“高加工度化”来减轻以至最终摆脱经济发展对自然资源，特别是能源的过分依赖，促进国家产业的“高加工度化”，提高加工深度和增加加工层次，促使产业重心后移。

同时，要保护和合理利用国内资源，规范资源开发利用行为；促进经济发展方式转变，提高资源利用效率；扩大进口来源，实现进口来源多源化和品种多样化，分散进口风险；建立战略资源储备，提高对突发事件的应对能力。最终目标是实现可持续发展。

2. 资源产业政策与宏观经济政策相结合

宏观经济政策包括宏观财政政策、宏观货币政策和国际贸易政策。资源产业政策鼓励或者抑制某种资源的开发，与财政政策中的税率变化、补贴等结合起来，与货币政策中的利息率和贷款政策等结合起来，与国际贸易政策中的关税变化等结合起来，就会收到综合的政策效果。

譬如，我国为了适当保护国内资源，自2006年11月1日起，我国以暂定税率形式对包括铜、镍、电解铝、钢坯等110项金属类资源初级产品加征出口关税。其中，铜、镍、电解铝等11项有色金属产品为15%，铁合金、生铁、钢坯等30项钢铁产品为10%。

3. 资源产业政策与区域发展政策相协调

在我国，资源产业的发展往往集中于某些特定的区域，从而资源产业与特定区域或城市的兴衰紧密结合在一起，因此，资源产业政策还要与区域发展政策紧密结合起来。

在我国区域发展的大战略中，“西部大开发”、“中部崛起”和“振兴东北老工业基地”都与资源开发和资源产业发展相关。许多城市和地区因资源开发而兴起，也因资源枯竭而困难重重。因此，资源产业政策与区域发展政策相协调的目标就是，直接从产业转型入手，从以依赖自然资源的单一产业结构向多元化产业结构转变，推动城市由资源型城市向综合型城市转变。

一方面，要延伸资源产业链条，根据资源禀赋的不同，延伸的路径也不同：石油城市一般可沿着开采－炼油－石化－精细化工链条延伸；煤炭城市一般可沿着开采－洗选－发电、开采－洗选－发电－高耗能产业或开采－洗选－发电和煤化工链条延伸；冶金城市一般可沿着采矿－粗炼－精炼－型材－制品链条延伸；森工城市一般可沿着采伐－木制品链条延伸；等等。

另一方面，还可以通过产业替代的方式，利用资源开发所积累的资金、技术、人才，或借助外部力量，建立起基本不依赖原有资源的全新产业群，把原来从事资源开发的人员转移到新兴的产业上来，形成资源产业和非资源产业并列的新型产业结构，并逐渐过渡到不依赖于资源的工业产业占优势的格局。

4. 资源开发与生态建设融为一体

在资源开发和资源产业发展的同时,会产生生态环境问题,从而制约了产业的进一步发展。针对经济发展与生态建设的关系问题,经济学家和生态学家通常采取不同的态度:经济学家大多认为首先要开发资源使人民致富,只有在人民生活水平有了大幅度的改善,环境问题才能提到议事日程上来,环境库兹涅茨曲线(EKC)就是对这个过程的经验描述;生态学家的态度却是,在保护的前提下开发,将资源开发利用在对环境不造成不利后果的前提下进行,这是所设定的首要原则。后来,面对全球的资源环境问题,人们的认识水平明显提高,经济学家和生态学家也达成了一致:经济建设和生态建设并重。这无疑是一个巨大进步。但经济建设和生态建设并重,毕竟还是把它们看做是两个不同的东西。如果在生态建设与经济建设发生矛盾的时候,就存在一个取舍问题:或者牺牲经济建设,或者牺牲生态环境。

因此,要把生态建设与资源产业发展、经济建设融为一体,实现"生态建设产业化,产业发展生态化"。[①] 就是要发挥资源资产优势,通过高科技和实用技术的有力支撑,形成优势产业和特色产业。同时,把生态建设作为产业来发展,不仅是为了恢复生态环境,它实质上是要把产业发展融入生态建设中,在保护和恢复生态环境的同时,增加人民收入,经济获得发展。

(二) 再生资源产业政策

1. 发展再生资源产业的必要性

再生资源,是指在社会生产和生活消费过程中产生的,已经失去原有全部或部分使用价值,经过回收、加工处理,能够使其重新获得使用价值的各种废物。再生资源包括废旧金属、报废电子产品、报废机电设备及其零部件、废造纸原料(如废纸、废棉等)、废轻化工原料(如橡胶、塑料、农药包装物、动物杂骨、毛发等)、废玻璃等。我国是个资源相对匮乏的国家,亟须大力发展再生资源产业。

再生资源产业是指从事再生资源流通、加工利用、科技开发、信息服务和设备制造等经济活动的集合。[②] 再生资源产业具有产业的一般特征和属性,产业的发展要通过产出物与投入物比较以后,获取利润。但是,再生资源产业也有其显著特点:

第一,在物质流上,具有回流的特征。再生资源产业经营的对象是正常生产过程和消费过程中的废物,其活动的目标是经过产业的发展使这些废物能够再次进入生产过程。在循环经济中,它就是废物的资源化和再利用的过程。

---

① 史培军,刘学敏. 生态建设产业化,产业发展生态化. 求是. 2003,(4)。

② 金丹阳. 再生资源产业的实践与探索. 北京:中国环境科学出版社,2001:86。

第二，社会效益和环境效益显著，具有正外部性。再生资源产业发展通常其经济效益不显著，却有显著的社会效益和环境效益。有些生产过程中的废物如不进行必要的处理，则可能危害生态和环境，而如果对其收集、加工、处理，成本往往高于收益，但却具有明显的环境效益。

2. 再生资源产业发展政策

由于再生资源产业具有很大的环境效益和正的外部性，其收益不能通过市场交易来实现，为了发展资源再生产业，政府应该出台有利于再生资源产业发展的财税政策，从国债投资、税收、信贷等方面给予激励和支持；同时，要健全再生资源回收利用网络，理顺再生资源回收利用管理体制，加快再生资源回收利用立法。

“十一五”规划明确指出建立建设资源节约型、环境友好型社会，为再生资源产业的发展提供了必要的政策支持和总体战略导向。规划中涉及再生资源产业发展的主要包括，建立生产者责任延伸制度，推进废纸、废旧金属、废旧轮胎和废弃电子产品等回收利用，加强生活垃圾和污泥资源化利用。

同时，再生资源产业符合循环经济发展的大方向，要扩大宣传，“垃圾是放错了地方的资源，也是唯一增长着的资源”，转变传统消费方式，积极培育发展再生资源利用产业，提高废旧物资资源化水平。

思考题

1. 为什么要对自然资源进行资产化管理？
2. 简述资源资产化的原则。
3. 如何建立有效的自然资源产权市场？
4. 如何理解“荷兰病”？
5. 如何理解“垃圾是放错了地方的资源”？

第5章　环境资源价值评估

环境资源具有很强的外部性和公共物品的特性，市场机制对于环境资源的配置存在着市场失灵，不能自动形成一个可以达到环境资源供求平衡的均衡价格。环境经济学家提出了环境资源价值的概念，并逐渐发展了各种环境资源价值评估方法。

第1节　环境资源的价值评估

一、环境资源价值评估的意义

环境资源价值评估是环境资源经济学建立以来发展最快的一个领域。它是通过一定手段，对环境资产（包括环境的组成要素和环境质量）所提供的物品或服务进行定量评估，并以货币的形式表征出来。环境资源价值评估的意义主要表现在下面几个方面①：

（一）有助于提高人们的环境意识

环境意识的高低，是衡量一个人，乃至一个民族、一个国家对环境保护重视程度的重要标志之一。一般来说，环境意识越高，人们对良好生态环境的需求会越强烈，从而对保护环境的活动会显得越主动；反之，如果环境意识不高，人们就会对环境的好坏漠不关心，在经济社会活动中，往往只顾眼前、局部的经济利益，而忽视长期、全局的整体利益，导致资源耗竭、生态破坏、环境恶化，进而阻碍了人类经济社会的可持续发展。人们环境意识较低除了与经济、科技、社会发展水平和人们的生活水平有关外，还有一个重要原因就是不了解环境资源的价值以及这种价值的大小及其与自身利益的关系。环境资源的价值评估，可以使人们

---

①　李金昌，姜文来，靳乐山，等．生态价值论．重庆：重庆出版社，1999。

明白环境资源的价值及其大小，进而提高人们的环境意识，为人类社会持续健康发展提供科学的理论依据。

(二) 促使人们转变商品价值观念

传统的商品观念认为商品是用来交换的劳动产品，过分强调劳动在商品价值形成过程中的作用，有时会忽视了环境资源在商品生产过程中对人类劳动的数量和质量的影响作用。随着世界性环境问题的日益突出，传统的商品观念开始受到冲击，人们逐渐开始反思过去的价值观念和理论，广义的商品观念即“商品是能够被人们直接或间接利用的、参与市场交换的资源和产品”开始受到青睐。商品的价值除了原有的商品价值意义之外，还应包括自然资源的价值和生态环境功能的价值。环境资源价值评估可以使人们从量的角度逐步认识到环境资源是有价值的。

(三) 有利于制定合理的环境资源价格

虽然社会承认环境资源是具有价值的，但是因为许多环境资源没有直接的市场价格，人们在决策过程中往往会忽视环境资源的价值或者为其定价过低，这样就会刺激环境资源的过度消耗，导致环境资源的严重破坏，最终对环境资源的服务功能造成损害，破坏生态平衡，使环境资源为人类提供的福利减少，直接威胁到人类可持续发展的环境基础。为了维护生态平衡和可持续发展，必须对环境资源的消耗给予适当的补偿。环境资源价值评估可以为环境资源的合理定价、有效补偿、科学管理和可持续发展提供科学的理论依据。

(四) 为制定合理的环境政策提供信息支持

市场往往不能准确反映，甚至完全忽略了环境资源及其服务的价值，导致环境物品或服务在市场上低价甚至是无价的状况。造成这种现象的主要原因，一是缺乏为这些物品或服务而存在的市场；二是现有的市场不能准确地反映产品或服务的生产和消费的全部社会成本。环境经济政策必须借助市场力量发挥作用，但是由于上述原因的存在，给环境经济政策的制定以及对社会经济活动的决策带来一定的难度。而环境资源价值评估则可为制定合理环境经济政策提供信息支持和技术基础，并且是将环境问题的经济影响纳入到成本－效益分析中的一个重要步骤。

(五) 促进将环境核算纳入国民经济核算体系

现行国民经济核算体系以国民生产总值(GNP)或国内生产总值(GDP)作为主要指标，它只重视经济产值及其增长速度的核算，而忽视了国民经济赖以发展的资源基础和环境条件的核算。由此产生的结果是：

① 使现行国民经济产值的增长带有一定的虚假性，夸大了经济效益；

② 忽视了为未来生产潜力耗损的自然资本的“贬值”和环境退化所造成的损失（负效益）；

③ 损毁了经济社会赖以发展的资源基础和生态环境条件，使经济社会的持续健康发展难以为继。

为了纠正这种偏向，国际社会要求所有国家都应采用环境和自然核算，并将之作为国民经济核算体系的一部分。我国制定的《中国 21 世纪议程》和《中国环境保护 21 世纪议程》，都将研究和实施环境核算，并将其纳入国民经济核算体系，列为优先项目，而生态环境系统和自然资本经济价值的定量评估是建立生态环境与经济综合核算体系的基础。因此，环境资源价值评估的理论和方法研究可促进将环境核算纳入国民经济核算体系，是可持续发展的必然要求。

二、环境资源的总经济价值

新古典经济学认为，某种物品具有“价值”的原因在于它的有用性和稀缺性。由于环境资源具有这两种属性，因此环境资源是具有价值的。近十几年来，国际上对环境资源的价值构成进行了较多的研究。联合国环境规划署（UNEP）、经济合作与发展组织（OECD）及英国经济学家皮尔斯（Pearce）等都较系统地研究了环境资源的经济价值及其分类系统，其中皮尔斯的分类系统影响最大。他将环境资源的总经济价值（total economic value，TEV）分为两个部分：使用价值和非使用价值（图 5-1）。

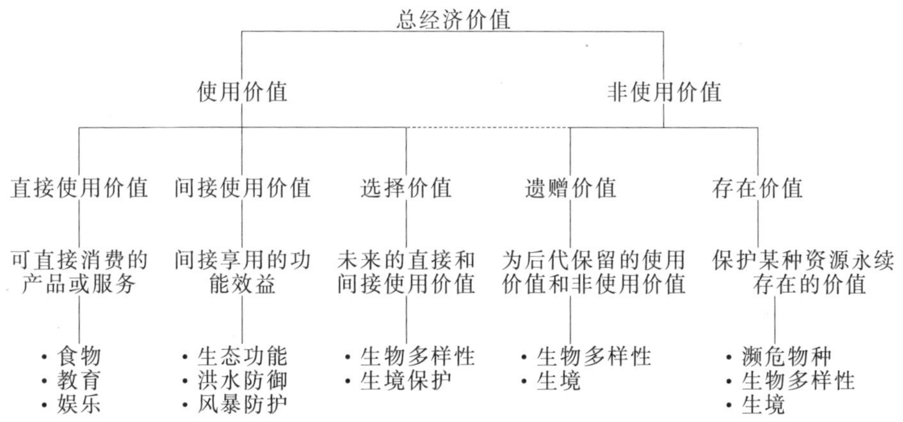

图 5-1　环境资源总经济价值的构成

使用价值（use value），也称为有用价值（instrumental value），是指现在或未来某一种环境资源被使用或消费的时候，能满足人们某种需要或偏好的能力。

使用价值可以进一步分为直接使用价值(direct use value)、间接使用价值(indirect use value)和选择价值(option value)。

直接使用价值主要是指能够直接为人类消费使用的产品或服务。以森林资源为例，如木材、药用生物等属于森林资源的直接产品价值；而旅游、科研、教育等则属于森林资源的直接服务价值。间接使用价值是指环境资源供人类间接享用的功能效益，如环境资源对生态系统的生物支持和环境功能价值，包括生态功能、洪水防御、风暴防护、森林资源的调节小气候功能、碳存储等。间接使用价值虽然不直接进入生产和消费过程，但却为生产和消费的正常运行提供了必要条件。选择价值也有人将其称为期权价值，是环境资源目前未被直接和间接使用而将来可能被利用的某种服务的价值。

选择价值涉及人们为将来可能利用某种环境资源而愿意支付的费用，类似于保险费一样为不确定的将来提供保证，包括未来的直接和间接使用价值。选择价值的出现取决于环境资源供应和需求的不确定性的存在，并且依赖于消费者对风险的态度。

非使用价值(nonuse value)，是独立于人们对环境资源的现期利用的价值，与人们是否使用它没有关系。从某种意义上说，环境资源的非使用价值是人们对环境资源价值的一种道德上的评判，被认为是环境资源总经济价值中的一个重要组成部分。非使用价值包括存在价值(existence value)和遗赠价值(bequest value)。

存在价值是环境资源的内在价值，与环境资源的现在或将来的用途无关，可以仅源于知道某种环境资源的永续存在而产生的价值。例如，如果人们相信所有的生物都有权力继续生存在我们这个星球上的话，人类就必须保护这些生物，即便它们看起来既没有使用价值，也没有选择价值。由于绝大多数人对环境资源的存在(如野生动物)具有支付意愿，所以经济学家认为人们对环境资源存在意义的支付意愿就是环境资源存在价值的基础。

遗赠价值是指人们为保护某种环境资源，以使子孙后代也有权利享用该种资源而产生的支付意愿。

环境资源的非使用价值是环境资源总经济价值构成的一个非常重要的部分，但是在实际的决策过程中，由于环境资源非使用价值不存在直接的市场价格，传统的价值评估方法往往难以对其给予准确的评估，使得经济决策中往往忽略这部分价值，从而导致环境资源的破坏和浪费。因此，为了保护环境资源，实现可持续发展，必须对构成环境资源价值的所有部分予以评估，使其在决策中能得以体现。

三、环境资源价值评估的基础

环境资源价值评估的经济学基础是福利经济学。福利经济学的基本前提是：经济活动的目的是为了增加社会中个体的福利，而且每个人能够绝对正确地判断自己的福利状况。每个人的福利不仅取决于其所消费的私人物品以及政府提供的物品和服务，而且取决于其从环境—资源系统得到的非市场性物品和服务的数量与质量，如健康、视觉享受、户外娱乐的机会等。对环境资源系统变化的经济价值进行计量的理论依据在于它们对人类福利的影响。当环境资源质量改善时，人们的经济福利增加，产生环境资源效益；相反，当环境资源质量恶化时，就会产生经济损失。

计量个人福利变化的规范经济学理论假设人们对可供选择的物品集具有精确的偏好，这些偏好在物品集中都有其替代物。如果在个人物品集中有一种物品数量减少，就会有其他某种物品的数量增加，以使这种变化不会导致个人福利的降低。换句话说，第二种物品数量的增加替代了第一种物品数量的减少。可替代性理论是经济学价值概念的核心。在购买商品的过程中，人们为了购买某种物品而减少了对另一种物品的需求，其实这种权衡本身就反映了人们对这些物品的评价。如果某一物品有一具体的货币价值，则该权衡所反映的价值也就是其货币价值。

这种以可替代性为基础的价值评估，可以用支付意愿（willingness to pay，WTP）和受偿意愿（willingness to accept，WTA）来表示。支付意愿和受偿意愿可以根据人们愿意用来替代被评价物品的其他任何物品来确定。支付意愿是指人们为了得到诸如环境舒适性这样的环境资源而愿意支付的最大货币量；受偿意愿是指人们自愿放弃本可以得到的改善后的环境资源时获得的最小货币量。这两个价值计量方法都是以偏好的可替代性假设为基础，但它们对福利水平采用了不同的参考点。支付意愿以环境资源质量改进前的状态为参考点，受偿意愿则是以改进后的状态为基准。支付意愿受到个人收入水平的限制，而受偿意愿则不受个人收入水平限制，在数量上没有上限。环境资源价值评估多从估计人们的支付意愿或受偿意愿入手。

获得人们的偏好和支付意愿或受偿意愿的途径主要有三个，一是从直接受到影响的物品的相关市场信息中获得；二是从其他事务中所蕴含的有关信息中获得；三是通过直接调查个人的支付意愿或受偿意愿获得。根据数据获得的三种途径，我们可以将环境资源价值评估方法划分为3种类型：直接市场评价法、揭示偏好法和陈述偏好法。

第2节 直接市场评价法

环境资源对自然系统或人工系统的生产率会产生影响，从而导致使用该系统生产并进入市场交易的产品数量或产品价格发生变化。直接市场评价法就是把环境资源看做生产要素，直接运用市场价格对可以观察和度量的环境资源的价值作出评估。直接市场法的具体方法很多，比较常见的方法有剂量－反应法、生产率变动法、疾病成本法和人力资本法以及机会成本法。

一、剂量－反应法

剂量－反应法（dose-response method）是通过一定的手段评估环境变化给受者造成影响的物理效果。剂量－反应法的目的在于建立环境损害（反应）和造成损害的原因之间的关系，评价在一定的污染水平下，产品或服务产出的变化，并进而通过市场价格（或影子价格）对这种产出的变化作出价值评估。剂量－反应法可为其他直接市场评价法提供信息和数据基础。

剂量－反应法获取环境变化所造成的物理效果的数据渠道可以有多个：

① 实验室或实地研究。

② 受控试验，故意造成有关的剂量－反应关系。

③ 通常采用统计回归技术试图将某种影响与其他影响分离开，这在健康影响研究中较为常见。

④ 根据实际生活中大量的信息，建立各种关系模型。

二、生产率变动法

生产率变动法（changes in productivity approach）或称生产效应法（effect on production approach）认为，环境变化可以通过生产过程影响生产者的产量、成本和利润，或是通过消费品的供给与价格变动影响消费者福利。其基本依据是：环境资源是经济活动的一个基本要素，环境资源的变化将导致生产率和生产成本的变化，从而导致产品价格和产出水平的变化，或者导致产量或预期收益的损失。由于产品价格和产出水平的变化都可以用市场商品价格和数量的变化表示，所以这种变化的价值（以市场价格表示）可以作为环境资源变化的价值。例如，化工厂向外排放污水会使工厂周围的农业生产率下降，因此，可以把农业生产率下降所造成的农产品损失的市场价格作为减少污染得到的一部分效益。生产率变动法可以用下列的生产函数来表示

$$Q=f(L,K,E) \tag{5-1}$$

式中:Q 为产量;L 为劳动;K 为资本;E 为环境资源。且$\partial Q/\partial L>0$,$\partial Q/\partial K>0$,$\partial Q/\partial E>0$。

如果环境资源质量变化影响到的商品是在市场机制作用发挥得比较充分的条件下销售的,那么就可以直接利用该商品的市场价格来评估环境资源变化的价值。假设环境资源的变化导致产量 Q 的变化,从而引起产品和生产要素价格的变化,则环境资源的价值 V 为

$$V=\frac{\Delta Q(P_1+P_2)}{2} \tag{5-2}$$

式中:ΔQ 表示产量变化量;P_1 表示产量变化前的价格;P_2 表示产量变化后的价格。

假设环境资源变化所带来的经济影响体现在受影响的产品的产量、价格和成本等方面,即净产值的变化上,我们可以用下面的公式表示

$$V=\sum_{i=1}^{n}(p_iq_i-c_iq_i)_2-\sum_{i=1}^{n}(p_iq_i-c_iq_i)_1 \tag{5-3}$$

式中:n 为假设受影响的产品;p 为产品的价格;q 为产品的数量;c 为产品的成本;下标 2 为环境变化后的情况;下标 1 为环境变化前的情况。

生产率变动法使用的步骤如下:

第一步,估计环境变化对受者(财产、机器设备或者人等)造成影响的物理效果和范围;

第二步,估计该影响对成本或产出造成的影响;

第三步,估计产出或者成本变化的市场价值。

使用生产率变动法要注意以下几点:

第一,如果市场中的产品只有少量来自受污染的地区,那么可以认为环境变化前后的价格不变;如果市场中的产品大量来自受污染的地区,那么环境变化前后产品的价格将发生变化,两种情况应区别对待。

第二,用生产率变动法对环境资源的价值进行评估所隐含的一个前提条件是商品的价格是完全竞争的市场均衡价格。但在实际经济活动中,由于市场的不完全竞争,价格补贴等因素的存在,会导致价格的扭曲,分析时应对此予以修正。

第三,需要分析生产者和消费者在面对环境变化时,会改变自己的行为而适应这些变化。如消费者将不再购买被污染的粮食,生产者会用对污染不敏感的良种代替以前的粮食品种。如果在出现这种变化之前作出评价,则会高估环境变化的价值;如果在这些变化之后作出评价,则会低估环境变化的价值。

第四,由于产出和价格的变化受到许多因素的影响,要确定环境资源变化对

产出或价格影响的准函数关系，即分离出环境资源变化对产量或价格的影响。但实际上分离出环境资源的影响不是一件容易的事情。以水土流失和粮食减产的关系为例，造成粮食减产的原因可能是多方面的，水土流失只是其中的一个影响因素，而且水土流失与土壤类型、初始密度、坡度、农作物的地理位置等有着很大的关系，水土流失程度和范围的估测难度也较大。

三、疾病成本法和人力资本法

疾病成本法（cost of illness approach）和人力资本法（human capital approach）是用来评价环境资源状况变化对人类健康影响的方法。环境质量恶化对人类健康的不利影响主要有：过早死亡、疾病、医疗费用开支增加、病休收入损失、精神或心理代价等。疾病成本法主要计算由于环境资源变化而造成的患病率和医疗费用的增加，以及患者在患病期间收入的减少。人力资本法则主要用来衡量环境资源变化造成的过早死亡的损失。这两种方法通过流行病学研究、受控试验以及观察环境质量对人体健康的可能影响，寻找可用的信息和证据。在实际应用中，常把二者结合起来。

疾病成本法的计算方法为

$$I_c = \sum_{i=1}^{n} (L_i + M_i) \tag{5-4}$$

式中：I_c 为由于环境质量变化所导致的疾病损失成本；L_i 为 i 类人由于生病不能工作所带来的平均工资损失；M_i 为 i 类人的医疗费用（包括门诊费、医药费、治疗费等）；n 为受到影响的人的总类数。

人力资本法用收入的损失来估价过早死亡的成本，假设人只要活着就有机会和能力工作，则年龄为 T 的人过早死亡的损失可用下式表示

$$L_T = \sum_{t=T}^{\infty} Y_t P_T^t (1+r)^{T-t} \tag{5-5}$$

式中：L_T 为年龄为 T 的人过早死亡的损失；Y_t 为预期个人在第 t 年可获得的人力资本收入；P_T^t 为个人活到第 t 年的概率；r 为社会贴现率。

疾病成本法和人力资本法使用的步骤如下：

第一步，识别环境中可致病的特征因素并确定污染物的量；

第二步，确定污染物数量和发病率、死亡率增加之间的关系；

第三步，评价处于风险中的人口规模；

第四步，用疾病成本法和人力资本法估计这种损失。

在使用疾病成本法和人力资本法时，需要注意一些问题：

第一，由于劳动者的收入损失与年龄有关，所以需要分年龄组计算劳动者某一年龄的收入损失，然后将各年龄的收入损失汇总，得出因环境问题而导致的劳动者一生的收入损失。

第二，疾病成本法和人力资本法用未来收入的现值来评估个人死亡的损失，有时会引起伦理道德的争论，比如如何评价那些没有生产能力或不参加生产活动的人的损失问题，如儿童、家庭妇女、退休和残疾人的损失。

第三，对处于风险中的人群的评价需要考虑风险的因素。例如政府的污染控制政策不是为了挽救特定的人的生命，而是为了减少人群因污染而死亡的风险。为此，一些学者提出生命年值法（value of statistical life，VSL）来计算生命的价值。

第四，需要考虑价格扭曲的现象，比如药品价格等，在使用时需要进行必要的修正。

四、机会成本法

用于满足人们各种欲望的资源是稀缺的，将某一种资源用于某种特定的用途后，它就不能再被用作其他用途。机会成本（opportunity cost）的概念是新古典经济学派提出的，它是指在其他条件相同时，将某种资源用于某种特定的用途时所牺牲的替代用途所能获得的最大的收益。如保护土地的效益是很难直接计算的，可以用为了保护土地资源而放弃的其他用途的最大效益来间接地计算保护土地的效益。在一般情况下，人们都是估算资源保护的机会成本，然后让决策者或公众来决定自然资源是否具有这样的价值或是否值得为保护该资源而放弃这些收益。机会成本法特别适用于对自然保护区或具有唯一性特征的自然资源的开发项目的评估。但在现实中，很多自然资源的使用具有不可逆性，开发所带来的影响是不可恢复的。因此，用机会成本法得出的往往只是环境资源的最低价值。

五、直接市场法简评

直接市场评价法以市场行为为依据，因其比较直观、易于解释和说服力强等优点而被广泛应用。

直接市场评价法适合评价的条件为：

① 环境变化直接引起了产品或服务产出的增减，而且这种产品或服务是市场上已有的或者是市场上有相似的替代品；

② 环境变化影响明显，并可直接观察到或可通过实验检验；

③ 市场功能完善，价格能准确反映经济价值。

应用直接市场评价法评估环境资源的价值通常有三个步骤。首先，估计环境资源变化对受影响者（财产、机器或人员）造成的物理后果，如上游森林的破坏会增加每年5%的水土流失；其次，估计这种后果对生产成本或产出的影响，如水土流失每年增加5%会导致玉米每标准地块减产100 kg；最后，估算产量或者成本变化的市场价值，如减产的玉米每千克3元，则对农民造成损失为300元/标准地块。因此，保护上游森林资源的价值至少为300元×受影响的标准地块数。

但是，直接市场评价法也有其局限性。首先，生产率变动法、疾病成本法和人力资本法的使用往往需要用"损害函数"来表示损害活动对生产率和人体健康的影响程度。这种程度的确定往往是通过实验或对流行病学的分析而得到。发展中国家往往因缺乏有关数据和研究基础而直接移植发达国家的损害函数。但是，发达国家和发展中国家在人均收入、健康水平等方面存有很大的差异，在使用时，必须针对具体地区的具体情况，对损害函数给予修正。其次，已发生的环境变化可能是源于一个或多个原因，而且很难把其中一个原因同其他原因造成的影响分离开来。最后，直接市场评价法只能评估环境资源的使用价值，而不能用于评估环境资源的非使用价值。因此，用直接市场评价法得出的环境资源的价值仅仅是其最低价值。

第3节 揭示偏好法

在环境资源价值评估中，有很多环境资源都是没有现成的市场价格的，如清新的空气、优美的环境等，它们很难用直接的市场价格来计量，这时需要用可以替代的物品的市场价格来衡量环境资源的价值。揭示偏好法（revealed preference method）是通过观察人们与市场相关的行为，特别是在与环境资源联系紧密的市场中所支付的价格或他们获得的利益，间接推断出人们对环境资源的偏好，以此来估算环境资源变化产生的经济价值。换句话说，揭示偏好法是使用替代物的市场价格来衡量环境资源的价格的。揭示偏好法主要包括享乐价格法、防护支出法和旅行费用法。

一、享乐价格法

享乐价格法（hedonic pricing method，HPM）认为在其他条件不变的情况下，人们赋予环境资源的价值可以通过他们为包含环境属性的商品所支付的价格来推断。

享乐价格法的最早提出与应用是在20世纪70年代初。该方法的理论基础源于特征价值理论。特征价值理论认为商品的价值其实是商品一系列内在特征的价值总和，这些特征包括了环境资源的特征。如房屋的价格，不仅要反映房屋本身的特性，如房屋的面积、结构、朝向、楼层、附属设施等，也要反映房屋所在地区的生活条件，如道路交通、社会治安、学校质量、商业网点等，还要反映房屋周围的环境资源状况，如空气质量、绿地面积、噪声大小等。在其他条件一定的情况下，环境资源的差异将直接影响到消费者的支付意愿，进而影响到固定资产的价格。如清洁的空气不是可以交易的产品，但是它是影响房屋资产价格的一个变量。经验表明人们愿意支付的房屋价格与周围空气质量之间存在明显的正相关性，所以通过分析房屋资产价格可以获得清洁空气的价值。享乐价格法就是通过分析因周围环境资源不同而导致同类固定资产的价格差异来衡量环境资源的经济价值的。

享乐价格法通常选用房地产市场加以分析，它假设：

① 消费者充分了解决定房地产价格的各种信息；

② 所有变量都是连续的，它们的变化都会影响住房的价格；

③ 房地产市场处于或接近于均衡状态，消费者在这个市场中可以自由选择任何位置的房屋，以使其达到效用最大化。

享乐价格法评估环境资源（如空气质量等）的基本步骤：

1. 建立房地产价格与其各种特征变量的函数关系

$$P_h = f(h_1, h_2, \cdots, h_{k-1}, h_k) \tag{5-6}$$

式中：P_h 为房地产价格；$h_1, h_2, \cdots, h_{k-1}$ 为住房的各种内部特性（如房屋大小和结构等）和住房的周边环境特性（如社会治安和商业网点等）；h_k 为住房附近的环境质量。

如果该函数采用线性形式，则可以表示为

$$P_h = a_0 + a_1 h_1 + a_2 h_2 + \cdots + a_{k-1} h_{k-1} + a_k h_k \tag{5-7}$$

如假设该函数为非线性关系，若采用 log-linear 形式，则可以表示为

$$\log P_h = a_0 + a_1 \log h_1 + a_2 \log h_2 + \cdots + a_{k-1} \log h_{k-1} + a_k \log h_k \tag{5-8}$$

确定房地产价格的估计方程称为“享乐价格方程”，所得到的房地产价格与空气污染之间的关系被称为“房价－污染函数”或者“租金斜率”。不同的函数类型会影响到环境资源价值评估的结果。因此，函数类型的选择是环境资源价值评估的一个重要技术问题。半对数形式是比较常用的一种函数形式，精确地确定函数形式往往需要通过统计分析才能得到。

2. 求出环境资源的边际隐价格

以房地产价格函数对特定的使用特性求导，可以求得每种特性的边际隐价

格。边际隐价格表示在其他特性不变的情况下，特性 i 增加 1 单位，房产价格的变动幅度。其含义是房主为了得到更高水平的这个特征变量（在其他特征变量不变的情况下）所必须支付的额外数额。如果以房地产价格对环境资源变量求偏导，则可以得到环境资源变量的边际隐价格

$$P_{hk}=\partial P_h/\partial h_k$$

P_{hk} 是环境资源特征变量的函数，即边际效用随环境质量的改变而改变。对于线性函数而言，$P_{hk}=a_k$，边际隐价格是个常数，其含义为房地产特征的每一边际增加的隐价格是固定不变的，即不管原来环境质量（如空气质量）状况如何，每改善一单位空气质量所增加的房地产价格是一样的。这在实际生活中是不太现实的。如果方程函数是非线性的（如 log-linear 形式），那么此特征变量的边际隐价格就不是固定不变的，而是取决于该特征变量的数量水平或其他特征变量的数量水平。假设个人为房屋市场中的价格接受者，那就会有一系列特征变量的边际隐价格组合供个人选择。个人将会同时调整每个特征变量的边际价格，从而在某一点上达到效用的最大化。在这一点上，个人对某一特征变量的边际支付意愿恰好等于这一特征的边际隐价格。如果个人是处在均衡状态下，那么与实际选定的房屋相联系的边际隐价格就一定等于对应的边际支付意愿。

3. 建立需求函数评估价值大小

根据一组用户的社会经济特征变量如家庭收入、家庭成员数、教育水平等信息以及环境资源质量（如空气质量等），对函数 P_{hk} 进行回归分析，建立对环境资源的需求函数

$$D=h(Q,S)$$

式中：Q 为环境资源；S 为社会经济特征变量。

在需求反函数之下的面积，就是改善环境质量的效益估值。

采用享乐价格法评估环境资源的价值时，应该具备以下条件[①]：

① 房地产市场交易活跃；

② 人们已认识到并且认为环境质量是财产价值的相关因素；

③ 消费者较清楚地了解当地的环境质量或者环境随着时间变化的情况；

④ 房地产市场不存在价格扭曲现象，交易是透明的。

在使用享乐价格法时主要存在以下局限性：

① 房地产市场交易可能不是十分活跃，透明度不高，所需数据难以获得；

② 需要收集和处理大量数据，经济统计技术要求较高；

---

① 马中．环境与资源经济学概论．北京：高等教育出版社，1999。

③ 函数形式和估算技术会影响评估结果；

④ 财产的价格可能反映了人们对未来房地产市场的预期，其中包括可能的环境变化；

⑤ 享乐价格法不能用于估算环境资源的非使用价值，会低估环境资源的经济价值。

在发达国家对享乐价格法有过较多的研究和实践，常用于研究大范围内的空气污染、噪声污染（如飞机噪声和交通噪声）以及财产价值的舒适性价值等。但是，发展中国家因房地产市场不是很活跃、大量数据难以获得等原因，享乐价格法的应用还不是很多。

二、防护支出法

防护支出法（preventive expenditure method）是根据人们为防止环境资源退化所准备支出的费用来推断环境资源的经济价值。如农民为了防止水土流失，会修筑沟渠；为了减少噪声污染，人们可能会多花一些费用安装双层玻璃等。

防护支出法的使用步骤如下：

第一步，识别引致防护支出的主要因素。防护支出的原因可能有多个，在多个原因的情况下，尽管难以将每个因素分离开来，但是在应用防护支出法时要识别出主要因素，并把针对主要环境问题的防护行为作为估算依据。

第二步，界定受影响的人群。对于某个给定的环境危害，要确定受到威胁的人群范围，并区分出受到重要影响的人群和受影响较小的人群。防护支出法的研究取样通常放在第一类人群中进行。人群范围的确定往往因环境危害因素的不同而不同。如飞机噪声会对工作或居住在起飞地带和机场道路周围的居民产生影响；水体的污染则会影响到水体沿岸的居民，或者水体附近一定范围的居民，对那些使用受到污染的潜水层的井水的居民也会产生影响；而空气污染因传播范围广，确定受空气污染危害的人群的困难将加大。

第三步，获得人们采取反应措施的数据。数据的收集方式有几种：对潜在受害者的综合调查；在受影响者较多时可以采用抽样调查的方法，如因空气污染、水污染和噪声污染等采取预防措施的家庭；咨询专家，通过咨询专家可以了解采取预防措施的费用、恢复环境原状或替代环境资产的费用等。专家咨询可以作为信息的补充，并可用于对其他方法得到的数据给予检验，但不能利用专家意见直接给予评价。

防护支出法在使用时需要满足下面几个条件：

① 人们了解和理解自己身边的环境威胁；

② 人们能采取措施避免自身受到危害；

③ 这些保护措施的费用能够直接计算得出。

防护支出法适用于评估下列环境问题：

① 空气污染、水污染、噪声污染；

② 土壤侵蚀、滑坡以及洪水风险；

③ 土壤肥力降低、土地退化；

④ 海洋和沿海海岸的污染和侵蚀。

防护支出法相对简单，有较强的直觉感。人们利用观察到的行为，可以从多种途径获取所需的数据信息，包括抽样调查和咨询专家等，评估结果具有一定的可信性。但是，防护支出法也存在一些局限性：

第一，防护支出法假设人们了解他们遇到的环境风险，并能够作出相应的反应，即"防护支出"是必然发生的。如果一些私人厂商或个人信息灵通，对一些环境风险可能有着良好的认识，以上假设是合理的。但是，并不是所有人对环境风险都能了解和理解的，而且当风险是新的或者风险程度增加时，仍然假设完善的预测能力和合理的预防性支出水平就不很合理。

第二，防护支出法假设人们对于环境风险的反应是不受任何条件（如贫困和市场不完善等）限制的。但是，这个假设条件并不是总能保证的。例如一个穷人即使很清楚自己面临的环境风险，他也无力采取防护行动。另外，即使人们知道应该采取保护措施以及由此消耗的防护费用，但是由于市场不完善，他们采取措施的想法也会受到限制。

第三，环境替代品的购买并不一定是环境损害程度的恰当体现。许多人会忍受一定的危害或者困境，直到他们认为有必要采取行动。也有一些人认为目前的投资可能对后代有重要价值，他们会加大投资力度，甚至超过目前的需要。对于前者，根据防护费用的数据对损害作出估计的结果会偏低；而对于后者，所估计的损害费用会夸大损害的价值。

第四，一些人由于对环境风险特别敏感（如支气管炎患者对大气污染比较敏感），他们中的一部分可能会搬离受污染区。如果只研究仍然留下来的人对环境变化的反应，则会低估环境的实际破坏程度。

第五，寻找能完全替代环境资源的物品的难度较大。有些物品能部分地替代环境资源，也能产生额外的非环境的属性。例如，安装双层玻璃窗一方面可以减少噪声污染，另一方面也能改善房间的保暖条件和安全状况。

第六，由于防护支出法不能评估环境资源的非使用价值，因此，运用防护支出法评估得出的环境资源的价值是偏低的。

三、旅行费用法

旅行费用法(travel cost method,TCM)是用旅行费用作为环境资源的替代物来衡量人们对旅游景点或其他环境物品的评价。旅行费用法首先由 Hotelling 于 1947 年在给美国国家管理局主任的信中提出基本框架,然后由 Clawson (1959),Clawson 和 Knetsch(1966)在其论文中进一步发展。旅行费用法的基本思想是旅行者为了获得某种环境物品或服务,需要花费一定的费用(包括交通费用和时间成本等),研究者可以根据旅行者付出的旅行费用来推断环境资源的价值。

最常用的旅行费用法是一种基于地带的分析法(zonal travel cost model),该方法假设到某一个旅游景点的旅行费用是距离的一个函数,来自不同地方的人们到同一个旅游景点需要支付不同的费用。

旅行费用法的研究步骤如下:

1. 定义和划分游客的出发地区

划分区域时通常遵循同一区域内到评价旅游景点的旅行费用大致相同的原则。最常用的划分方法是以评价景点为圆心,将场所四周的地区按距离远近分成若干个区域,距离的不断增大意味着旅行费用的不断增加。在实际应用时,各区域的形状可以是不规则的,通常以行政区域为划分界线。如果考虑外国游客,可以根据旅行费用来划分区域,而不是旅行距离。

2. 对旅游者进行抽样调查,收集相关信息

调查可通过实地对旅游者进行抽样问卷调查,获取游客的有关数据。对调查对象可以直接询问其旅游费用,分析人员也可根据游客的旅行距离来确定旅游费用。旅行距离的确定可由分析人员根据游客提供的邮政编码,或者社区,利用地图确定从每个街区中心到旅游地的距离。除了旅游费用外,问卷通常还要收集旅游者到旅游地的次数、目的和旅游者的一些基本社会经济信息(如教育水平、收入状况、性别、年龄、职业等)。

3. 计算每一区域内的旅游率 R_i

R_i 可从调查数据中,通过用各个区域到评价地点的总旅游人数(V_i)除以各个区域的总人口(P_i)获得。

$$R_i = V_i / P_i \tag{5-9}$$

4. 构造需求函数,求出旅行费用对旅游率的影响

根据对旅游者调查的资料信息,对不同区域的旅游率(R_i)和旅行费用以及各种社会经济变量进行回归,求得第一阶段的需求曲线,即旅行费用对旅游率的

影响。

$$R_i = V_i / P_i = f(C_i, X_1, X_2, \cdots, X_n) \tag{5-10}$$

式中：R_i 为 i 区域的旅游率；C_i 为从 i 区域到评价地点的旅行费用，包括交通费用、门票费用、旅行的时间机会成本等；X_i 为 i 区域旅游者的收入、受教育水平和其他有关的一系列社会经济变量。

假设旅游率的函数采用线性形式，则可以表示为

$$R_i = a_0 + a_1 C_i + a_2 X_i \tag{5-11}$$

通过上述两个回归方程可以确定一个所谓的"全经验"需求曲线，它是基于旅游率而不是基于在该场所的实际旅游者数目。利用这条需求曲线可以估计不同区域的旅游者的实际数量及其随旅行费用（如门票费）的增加而发生的变化情况，以获得一条实际的需求曲线。

5. 确定对该场所的实际需求曲线

根据第一步的信息，对每一个出发地区第一阶段的需求函数进行校正可求出每个区域旅游率与旅行费用的关系

$$C_i = \beta_{0i} + \beta_{1i} R_i = \beta_{0i} + \beta_{1i} \cdot \frac{V_i}{P_i} \tag{5-12}$$

式中：$\beta_{0i} = -\dfrac{a_0 + a_2 X_i}{a_1}$；$\beta_{1i} = \dfrac{1}{a_1}(i = 1, 2, \cdots, n)$。

（5-12）式可以进一步表示为

$$C_i = b_{0i} + b_{1i} V_i \tag{5-13}$$

式中：$b_{0i} = -\dfrac{a_0 + a_2 X_i}{a_1}$；$b_{1i} = \dfrac{1}{a_1 P_i}(i = 1, 2, \cdots, n)$。

6. 求得每个区域的需求曲线

利用上述公式，可根据旅游费用的大小预测出旅游人数的数量。以旅游费用为纵坐标，旅游人数为横坐标，可画出 i 区域旅游费用与旅游人数之间的关系图，即需求曲线（图5-2）。

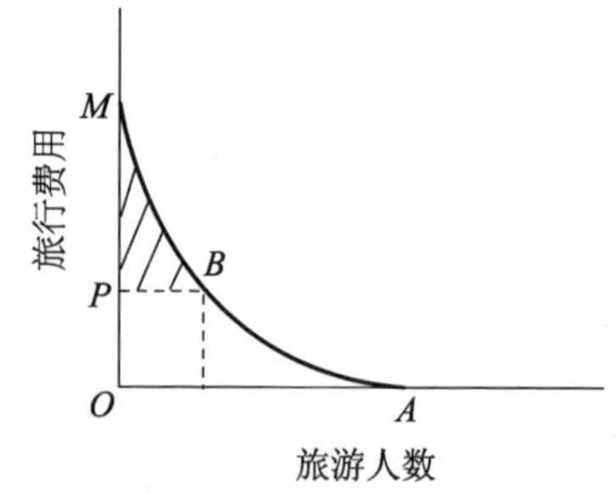

图5-2 旅游景点的需求曲线

图5-2中，A 点表示无旅行费用时的旅游人数。随着旅行费用的不断增加，旅游人数逐渐减少。M 点表示旅行费用为 M 时，旅游人数为零。

7. 计算每个区域的消费者剩余

将每个区域的旅游费用及消费者剩余加

总,得出总的支付意愿,即是评价景点的价值。

旅行费用法是一种比较成熟的方法,主要用于评估自然保护区、国家公园、娱乐性森林和湿地等休闲场所的经济价值评估,有助于制定一些环境保护政策。例如,可以应用旅行费用法来确定国家公园和休闲场所的基础门票或者用以判断保护某个旅游景点的经济效益等。旅行费用法的应用应具备下列条件:

① 旅游景点可以到达;

② 人们需要花费一定的费用或时间到达该旅游景点;

③ 数据具有可得性。

在发达国家,特别是美国,已经开展了大量的研究。但是,在应用旅行费用法时还需要注意一些问题:

第一,函数形式。为了方便,我们假设旅游率的函数是线性的。但是,从理论上并没有标明旅游方程为任何特定的函数形式。从推理的角度看,旅游方程也可能是对数线性方程,也可能是其他形式的。在没有特定条件下,方程的最优形式取决于数据,即采用线性还是对数线性方程,取决于哪种方程形式能更好地拟和数据。方程形式的选择对最后的评估结果也会有一定的影响。Hanley(1992)的研究表明,对于同一个森林旅游景点,采用不同形式的旅游方程,得到的单位旅游人数的总消费者剩余的变化范围在0.32～15.13英镑之间。大多数应用旅行费用法的文献都没有提供敏感性分析,只是报告在特定函数形式下的总消费者剩余结果。

第二,多景点、多目的的旅游问题。旅行费用法隐含的一个假设是旅游者到某个景点旅游是单一目的、单个景点的。如旅游者到杭州灵隐寺旅游,如果除了在灵隐寺旅游外无其他活动,则旅游者对旅游景点的需求是旅行费用和其他变量,如社会经济特征等的函数;但是,如果旅游者去灵隐寺旅游,同时还去上海、无锡、苏州等多个景点游览,在这种情况下,假设条件就不成立,需要建立与景点对应的一组需求函数。

第三,旅行费用的计算。旅行费用的计算是应用旅行费用法的一个非常关键的问题。旅行费用除了包括交通费用、景点门票和导游费用外,还要包括旅行时间的机会成本。但是,对如何计算时间的机会成本,目前还没有统一的办法。如果不工作的成本是计量时间价值的合适方式的话,那么就会出现每个家庭和每个个人的成本不相同的问题。另外,经验表明除非调查设计和管理非常谨慎细致,否则关于工资率的调查结果并不可靠。更为重要的是有很多旅游者的假期是固定的,不存在休闲还是工作的选择问题。一些旅行费用法的研究者认为既然考虑旅行时间的机会成本存在很多困难,最好的办法就是忽略时间成本,将旅行费用法评估得出的结果作为旅游景点经济价值的最低限。另外,对于货币价值的计算也存有一些问题,如旅行费用是否应该考虑旅行中的餐费等。因此,要获得一个精确的旅行费用信息还存在相当多的困难。

第四,旅行费用法只能用于评估环境资源的使用价值,不能评估其非使用价值,如存在价值和遗赠价值,因此会低估环境资源的总经济价值。而且旅行费用法只能根据已经发生的旅游经历对环境资源的价值予以估算,不能估算尚未开放的旅游景点的经济价值。

四、揭示偏好法简评

揭示偏好法是通过可观察的市场行为和市场价格来间接评估环境资源的经济价值。一方面,由于需要借助另一种市场商品或服务及其市场价格来估算环境资源的隐含价格,与直接市场评价法相比较,揭示偏好法需要更多的数据信息以及更严格的经济假设;另一方面,揭示偏好法比直接市场评价法具有更广泛的使用范围。

在几种典型的揭示偏好法中,享乐价格法需要大量的数据信息、很高的统计和计量经济学知识和技巧。同时,享乐价格法还需要运作良好和透明度高的房地产市场提供相应的数据信息,这些因素限制了享乐价格法在发展中国家的应用。防护支出法相对简单,容易应用。但是,由于寻找完全替代环境资源的物品困难较大,即使找到了完全替代环境资源的物品,购买环境替代品并不一定是环境损害程度的恰当表现。而且防护支出法假设人们了解他们遇到的环境风险,并能够作出相应的反应,人们对于环境风险的反应是不受任何条件(如贫困和市场不完善等)限制的。但是,这些假设条件并不是总能保证的,从而影响了数据的可靠性。旅行费用法是一种比较成熟的方法,主要用于评估旅游景点或其他娱乐性环境物品的价值。旅行费用法也需要大量的数据信息和较高的统计技术。

此外,揭示偏好法(包括享乐价格法、防护支出法和旅行费用法等)的一个缺陷就是不能对环境资源的非使用价值作出评估。因此,用上述各种方法评估环境资源的价值都存在评估结果偏低的可能。在实际应用中,各种方法都有其优缺点,对数据和统计技术的要求也各不相同,具体应用哪种方法要视具体的研究对象和其他实际情况而定。

第4节 陈述偏好法

在既无直接市场,又无间接的替代市场的情况下,人们只能通过构造假想的市场来评估环境资源的价值。陈述偏好法(stated preference method)就是在假想市场的情况下,采用问卷调查的技术,直接从被调查者的回答来引出环境资源的价值。因此，陈述偏好法是一种“直接”的价值评估方法。条件价值法（contingent valuation method，CVM）和选择试验模型法（choice experiment，CE）是目前用于评估环境资源经济价值的两种主要的陈述偏好法。

一、条件价值法

条件价值法是典型的陈述偏好法，也是目前应用最广、影响最大的陈述偏好价值评估技术。它是利用效用最大化的原理，在假想的市场条件下，直接调查和询问居民对环境质量改善的支付意愿（willingness to pay，WTP）或是对环境质量受损的受偿意愿（willingness to accept，WTA），以 WTP 或 WTA 的方式推导环境物品或环境服务的经济价值，其中 WTP 是目前国际上应用较多的一种方式。国外许多经济学家认为，对于没有市场价格的环境物品，只有人们的支付意愿才能表达出与它们有关的全部效用。

条件价值法最早由美国的 Davis 在 1963 年提出并首次用于研究缅因州林地宿营、狩猎的娱乐价值。20 世纪 70 年代以来，条件价值法逐渐被用于评估自然资源的休憩娱乐、狩猎和美学效益的经济价值。此后，条件价值法在美国的环境物品经济价值评估研究中得到了广泛应用。20 世纪 80 年代，条件价值法研究被引入英国、挪威和瑞典，90 年代被引入法国和丹麦。1993 年，美国国家海洋和大气管理局（NOAA）任命了一个由两位诺贝尔经济学奖获得者 Kenneth Arrow和 Robert Solow 领导的蓝带委员会（Blue-Ribbon Panel），对条件价值法在测量自然资源的非使用价值或存在价值方面的可应用性进行了评估。该委员会认为如果条件价值法的运用是恰当的，研究设计和管理又是高质量的，其研究结果可以可靠地被用于评估环境资源的价值。蓝带委员会还提出了将条件价值法应用于评估环境资源的非使用价值的一些指导性原则。

据统计，至 1999 年，欧洲国家应用各类环境价值评估技术开展的环境价值评估研究案例已达 650 多例，其中条件价值法的应用占主要部分。欧洲国家过去 20 余年的研究表明，条件价值法在帮助公共决策方面是一个很有潜力的技术。20 世纪 90 年代以来，条件价值法在生态和环境经济价值评估中的应用日益广泛，从开始的对环境物品或服务的休憩娱乐价值的研究，到目前广泛地应用于评估环境改善的效益和环境破坏的经济损失。采用条件价值法，可以得到诸如水质和空气质量改善、湿地恢复、自然区域和野生动植物保护、健康风险减少、环境质量改善的美学价值、生态系统服务恢复等所产生的经济价值，以及环境物品条件价值评估的公平性研究等，从而为自然资源和环境保护的决策提供定量框架。在发展中国家，条件价值法主要用于评估基本的公共服务供应，如水资源供应、废物处置、生态环境恢复等的价值。

虽然条件价值法在西方发达国家得到了广泛的应用,并被认为是一种用于评估环境物品或环境服务经济价值的有效方法,但是,由于社会体制、生活习惯等多种因素的影响,我国目前条件价值法的研究案例仍还不是很多。随着我国市场经济体制的逐步完善,以及为建立与完善符合可持续发展标准的环境经济综合核算体系,评估环境公共物品或环境服务的经济价值的工作必将迅速开展,因此,CVM在我国亟待介绍和进一步发展。

条件价值法的基本原理是:假设消费者的间接效用函数取决于市场商品 x,所衡量的环境物品或服务 q,消费者的收入状况 y,消费者的其他社会经济特征 s,以及个人偏好误差和测量误差等一些随机成分 ε,则消费者的间接效用函数可表示为 $V(x,q,y,s,\varepsilon)$。如果消费者个人面对一种环境状态 q_0 改进为另一种环境状态 q_1,即 $q_1>q_0$,则 $V_1(x,q_1,y,s,\varepsilon)>V_0(x,q_0,y,s,\varepsilon)$,而要使这种状态改进得以实现往往需要消费者支付一定的资金。条件价值法就是通过问卷调查的方式,揭示消费者的偏好,以推导不同环境状态下消费者的等效用点 $V_1(x,q_1,y-\mathrm{WTP},s,\varepsilon)=V_0(x,q_0,y,s,\varepsilon)$,通过定量测定 WTP 的分布规律得到环境物品或环境服务的经济价值。

在条件价值法研究中用于引导出最大支付意愿的引导技术或者问卷格式是条件价值法研究中的重要手段。现有引导最大支付意愿的技术可分为连续型条件价值法(continuous CVM)和离散型条件价值法(discrete CVM)两大类。连续性条件价值法包括开放式问题格式(open-ended)、支付卡格式(payment card)和投标博弈法(bidding game)。离散型条件价值法的问题格式主要为封闭式(close-ended),可分为单边界二分式(single-bounded dichotomous choice)条件价值法、双边界二分式(double-bounded dichotomous choice)条件价值法和多边界二分式(multiple-bounded dichotomous choice)条件价值法。根据文献资料,我们在此主要介绍蓝带委员会推荐优先使用的单边界二分式和统计精度较高的双边界二分式分析模型。

(一)单边界二分式分析模型

单边界二分式条件价值法的问题格式是向被调查询问其是否愿意支付一定的费用用于改善某种环境资源的质量或状态,因此,它得到的是被调查者对某一投标值“愿意”(yes)或“不愿意”(no)的反应。模型分析需要在被调查者回答“愿意”或“不愿意”的可能性与所面对的投标值之间建立函数关系,以推导被调查者的平均支付意愿。被调查者回答“愿意”的可能性可用 Logit 函数形式表示

$$P_i(\text{yes})=1-\frac{1}{1+\exp[\alpha+\beta A+\sum_k \gamma_k X_k]} \tag{5-14}$$

式中：P_i(yes)为被调查者 i 回答“愿意”的概率；α、β、γ_k 为估计参数；A 为被调查者 i 面对的投标值；X_k 为被调查者的社会经济特征(如经济收入状况等)。

假设虚变量 I_k 代表回答结果“愿意”(如果被调查者的回答结果为“愿意”，则 $I_k=1$；否则 $I_k=0$)，(5-14)式的对数似然方程可表示为

$$L=\sum_{k=1}^{N} I_k \ln P_i(\text{yes})+(1-I_k)\ln(1-P_i(\text{yes})) \tag{5-15}$$

α、β、γ 可用最大似然法求得。被调查者的平均支付意愿可表示为

$$\text{WTP}=-\frac{\alpha+\sum_k \gamma_k X_k}{\beta} \tag{5-16}$$

(二) 双边界二分式分析模型

双边界二分式条件价值法是在单边界二分式条件价值法的基础上发展起来的，它先为被调查者提供一个投标值，让其回答“愿意”或“不愿意”。如果被调查者对第一个问题的回答是“愿意”，则为其提供另一个较高的投标值；否则为其提供另一个较低的投标值。因此，被调查者的回答会有 4 种可能：“愿意-愿意”、“愿意-不愿意”、“不愿意-愿意”、“不愿意-不愿意”。被调查者可能产生的 4 种不同回答结果的概率也可采用 Logit 的函数形式表示

$$\begin{aligned}
P_i(YY)&=1-\frac{1}{1+\mathrm{e}^{(\alpha+\beta BID_U+\sum_k \gamma_k X_k)}}\\
P_i(YN)&=\frac{1}{1+\mathrm{e}^{(\alpha+\beta BID_U+\sum_k \gamma_k X_k)}}-\frac{1}{1+\mathrm{e}^{(\alpha+\beta BID_I+\sum_k \gamma_k X_k)}}\\
P_i(NY)&=\frac{1}{1+\mathrm{e}^{(\alpha+\beta BID_I+\sum_k \gamma_k X_k)}}-\frac{1}{1+\mathrm{e}^{(\alpha+\beta BID_L+\sum_k \gamma_k X_k)}}\\
P_i(NN)&=\frac{1}{1+\mathrm{e}^{(\alpha+\beta BID_L+\sum_k \gamma_k X_k)}}
\end{aligned} \tag{5-17}$$

式中：$P_i(YY)$、$P_i(YN)$、$P_i(NY)$、$P_i(NN)$分别为被调查者 i 的回答结果为“愿意-愿意”、“愿意-不愿意”、“不愿意-愿意”、“不愿意-不愿意”的概率；BID_I 为初始投标值；BID_U 为第 2 个较高的投标值；BID_L 第 2 个较低的投标值；α、β、γ_k 为待估参数；X_k 为被调查者的社会经济特征。

假设虚变量 I_{yy}，I_{yn}，I_{ny}，I_{nn} 分别表示“愿意-愿意”，“愿意-不愿意”，“不愿意-愿意”，“不愿意-不愿意”的回答结果(如果被调查者的回答结果为“愿意-愿意”，则 $I_{yy}=1$，否则 $I_{yy}=0$；I_{yn}，I_{ny}，I_{nn} 的定义类似)，假设被调查者在回答两个问题时的支付意愿不变，上式的对数似然方程可表示为

$$L^{DB}=\sum_{i=1}^{N}\ln[I_{yy}P_i(YY)+I_{yn}P_i(YN)+I_{ny}P_i(NY)+I_{nn}P_i(NN)] \tag{5-18}$$

参数 α、β、γ_k 可通过最大似然法求得。被调查者的平均支付意愿为

$$\mathrm{WTP}=-\frac{\alpha+\sum\gamma_k X_k}{\beta} \tag{5-19}$$

条件价值法研究的基本步骤如下：

(1) 构造假想市场：研究者首先要构造一个让被调查者评估的市场情景(market scenario)，这是在条件价值法评估中被调查者做出评估的基础。由于被调查者的支付意愿是基于他们对评估对象的了解和理解，因此，研究者需要从数量、质量、时间和区位等方面详细描述所要评估的环境物品或服务的状况，尽量给被调查者提供充足、具体、精确的信息，假设条件要尽可能地接近实际。另外，支付方式也必须在这个假想的情景中给以明确地描述，如支付期限和支付人群等。可能的支付方式包括收入税、环境税、财产税、自愿捐款、门票费和水电费附加额等。

(2) 确定最大支付意愿问题格式：条件价值法的问题格式有开放式问题、投标博弈、支付卡和封闭式问题格式。开放式问题格式直接询问被调查对评估对象的最大支付意愿，数据整理和分析比较简单。但这种方法往往让被调查者因不熟悉评估对象而很难给出一个具体的数值，结果导致大量的不回应或者抗议性回应，或者是不合实际的回应。投标博弈法在电话调查和面对面调查中比较有效，但起点价格会影响最大支付意愿，在现今的研究中已不常用。支付卡格式给参与者提供一组有序的投标数量供其选择，试图解决不回应或抗议性回应的问题，以提高调查的回应率。但支付卡上的数值范围和中点值对支付意愿的分析结果也会产生影响，而且当被调查者面临一组数据时，他们可能难以权衡。封闭式问题格式是目前条件价值法调查中最流行的问题格式。

(3) 问卷调查的实施：问卷调查的方法包括面对面采访、电话调查和邮寄信函以及网上调查等方式。网上调查是近几年出现的一种调查方式，但有些研究者对网上调查样本的代表性存有疑问。电话调查可以获得具有代表性的样本，但是被调查者在有限的时间内对评估对象的理解可能不很充分，从而会影响评估结果的精度。邮寄信函也可以获得代表性较高的样本，被调查者可有充分的时间阅读和理解研究者提供的所有信息。但是，邮寄信函的回应率往往比较低，而且对调查做出回应的人往往都是对评估内容比较感兴趣的群体，这可能会对评估结果产生一定的影响。面对面采访具有最大的灵活性，它允许研究人员和

被调查者之间存有互动，当被调查者对评估内容不是很明确时，研究人员可以进一步作解释，从而有助于被调查者掌握更全面的信息，以提高评估结果的准确度。而且，面对面采访可以运用图片信息帮助被调查者加深对信息的理解。与电话调查和邮寄信函相比，面对面调查的回应率最高，但也是最昂贵的一种调查方式。

(4) 被调查对象的选取：调查样本的选取应尽可能使其具有代表性。比较常用的取样方法有分层取样法等。另外，样本越多，分析结果往往会越精确，而具体样本的多少又往往受到研究经费和时间的限制。

(5) 估计平均支付意愿或者受偿意愿：条件价值法操作前提简便，应用广泛，但由于条件价值法是基于假想的市场情景，其研究可能存在一些偏差，常见的有：

① 假想偏差(hypothetical bias)，回答者对假想市场问题的回答与对真实市场的反映不一样，调查的假想性质导致与真实结果出现偏差；

② 信息偏差(information bias)，提供的信息的数量、质量和顺序会影响投标数量，信息不足会使被调查者不了解情况而难以给出恰当的支付意愿；

③ “部分－整体”偏差(part－whole bias)，回答者未能正确区分某种整体环境与其组成部分时所产生的偏差；

④ 嵌入性偏差(embedding effect)，对某种环境物品或服务作为一种更具包容性的物品或服务的一部分的 WTP 比对其本身独立估值时的 WTP 较低的现象；

⑤ 策略性偏差(strategic bias)，被调查者为了影响调查结果和实际决策过程，而在投标时故意说高或说低自己的真实支付意愿时便会产生策略性偏差。

国际上的研究经验表明，在调查问卷的设计和调查的具体实施过程中，采取相应的方法可以有效地减少和降低条件价值法评估中的绝大多数偏差的可能影响。如在正式实施调查以前，可以通过至少 30 人参加的预调查完善问卷的结构和内容，确定适当的投标值以及支付方式等，以充分模拟市场。

二、选择试验模型法

选择试验模型法也是以效用最大化理论为基础，通过问卷调查的方式为被调查者提供由环境物品的不同属性状态组合而成的选择集(choice sets)，让被调查者从每个选择集中选出自己最喜好的一种方案。研究者可以根据被调查者的偏好，运用经济计量学模型分析出不同属性的价值以及由不同属性状态组合而成的各种方案的相对价值。

表 5-1 是应用选择试验模型法在评估固体废物管理方案经济价值中用到

的一个选择集。在选择试验模型法的问卷中,5～8个这种选择集可以出现在一个问卷中,让被调查者作出选择。表5-1的选择集可以用来分析被调查者对方案各属性如垃圾分选和回收、垃圾收集频率、减小噪声的支付意愿。

表5-1 CE问卷中采用的一个选择集

方案属性	方案A(现状)	方案B
垃圾分选和回收	不需要	需要,所需设备由政府免费提供
垃圾收集频率	1天1次,不固定时间	1天2次,固定时间
减小噪声	维持现状	采取措施尽量减小噪声
垃圾处理费	0元	4元

我选A(　　) 我选B(　　) 我都不选(　　)

选择试验模型法最早由Louviere和Hensher提出,早期的研究主要集中在市场和交通领域。直到20世纪90年代中期,Adamowicz、Boxall、Hanley、Carlsson等才开始将选择试验模型法应用于环境资源的价值评估。选择试验模型法认为被调查者的每一个选择都可以表示为不同属性状态的组合,被调查者在做选择时总以效用最大化为目的。假设被调查者的效用函数用$U(X,S)$表示,则,

$$U_{ni}(X_{ni},S_n)=V(X_{ni},S_n)+\varepsilon_{ni} \tag{5-20}$$

式中:U_{ni}为被调查者n选择方案i的直接效用函数;V_{ni}为被调查者n选择方案i的间接效用函数;X_{ni}为被调查者n所选方案i的属性特征;S_n为被调查者n的社会经济特征;ε_{ni}为被调查者n选择方案i的随机变量。

被调查者对方案的选择主要根据各种方案为其带来效用的大小,他(她)只会选择给其带来最大效用的方案。因此,被调查者n从选择集C中选择方案i的概率可表示为

$$\text{Prob}(i/C)=\text{Prob}(V_{ni}+\varepsilon_{ni}>V_{nj}+\varepsilon_{nj};i\neq j,j\in C) \tag{5-21}$$

假设ε服从独立同类型分布(independently and identically distributed, IID),则被调查者n选择方案i的概率可用多项式Logit模型(multinomial logit model,MNL)表示

$$\text{Prob}(ni)=\frac{\exp(\mu V_{ni})}{\sum\limits_{j\in C}\exp(\mu V_{nj})} \tag{5-22}$$

式中:μ为标量函数,通常可取1。

在MNL模型估计的基础上,环境物品各个属性的价值(WTP)可表示为

$$WTP=-(\beta_{attribute})/(\beta_M)$$

式中：$\beta_{attribute}$为环境资源各属性项的估计系数；β_M 为收入的边际效用，通常用成本项的估计系数表示。

假设被调查者 n 选择方案 i 的间接效用函数为方案 i 各个属性特征的线性函数

$$V_{ni}=ASC+\sum \beta_k X_k \tag{5-23}$$

式中：ASC 为替代特定常数（alternative specific constant），用来解释无法观察的属性对选择结果的影响；β 为系数；X_k 为方案 i 的第 k 个属性特征，则

$$CS=-\frac{1}{\beta_M}[\ln(\sum_i e^{V^0})-\ln(\sum_i e^{V^1})] \tag{5-24}$$

式中：CS 为补偿剩余（compensating surplus），表示环境资源状态变化所带来的福利；V^0 和 V^1 分别为环境资源状态变化前和状态变化后的间接效用。

应用选择试验模型法的步骤如下：

（1）明确研究问题的特征：选择试验模型法的第一步首先要明确研究问题的特征，包括：所研究环境资源变化的时间和空间范围；与评估对象有关的价值类型。

（2）环境资源属性和状态的确定：这一阶段需要确定所研究对象的关键属性及每个属性的不同状态值。属性的选择必须与研究问题有关，而且会对消费者的福利产生重要的影响，即对参与者来说是有意义的。属性的状态可以为定量的，也可以是定性的。属性及其状态可以通过专家咨询或者小组讨论来确定。

（3）选择集的构造：根据所确定的属性及其状态，运用实验设计程序（如全因素设计、部分因子设计）构造需要呈现给被调查者的选择集。

（4）问卷的设计：选择集是选择试验模型法问卷中的一个重要内容。另外，问卷设计还要包括信息传递的方式和风格、研究问题背景信息的内容和数量、被调查者的社会经济信息等。预调查是问卷设计过程中的一个重要步骤，通过预调查可以使问卷内容表达更清晰、更易被参与者理解和接受。

（5）样本取样和数据收集：这一步包括确定抽样方法、抽样对象、样本大小和问卷调查的实施方案。

（6）模型分析：选择试验模型法采用的统计分析模型较常见的为多元 Logit 模型（MNL），参数估计的方法为最大似然法。

（7）政策分析：运用模型分析的结果，研究者可以分析出研究对象每个属性的价值以及环境资源不同状态相对于现状的福利变化情况。同时，研究者还可以根据模型分析的结果预测消费者的行为。根据分析结果，研究者可以进一步

地进行政策分析,从而为政府决策提供理论依据。

相对于条件价值法而言,选择试验模型法是一种较新的陈述偏好法,适于评价环境资源单个属性的价值。应用选择试验模型法比条件价值法能揭示出更多的消费者偏好信息,可以向决策者提供更多的支持信息。但是,选择试验模型法在问卷设计和模型分析上比条件价值法要复杂,在技术上也有一定的难度。

三、陈述偏好法简评

陈述偏好法是通过向被调查者描述环境资源质量或状态变动的影响来创建一个模拟的市场,然后直接询问被调查者对环境资源变化的支付意愿或受偿意愿。与直接市场评价法和揭示偏好法相比,陈述偏好法的最大优点在于它能够评估环境资源的非使用价值,具有较大的灵活性,几乎可以用来评价任何环境资源变化所具有的经济效益。但是,陈述偏好法不是基于可观察到的市场行为,而是基于被调查对象的回答或反映,其评估结果可能会产生许多偏差。另外,陈述偏好法的数据获得需要花费大量的时间和费用,问卷的设计和分析具有很高的专业性。

思考题

1. 为什么要进行环境资源价值评估?
2. 简述环境资源的价值构成。
3. 简要说明直接市场评价法中的各种方法(剂量一反应法、生产率变动法、疾病成本法和人力资本法、机会成本法)。
4. 简要说明揭示偏好法中的各种方法(享乐价格法、防护支出法和旅行费用法)。
5. 简要说明陈述偏好法中的各种方法(条件价值法和选择试验模型法)。

第 6 章　循环经济

本章在对传统发展模式反思的基础上，论述循环经济的基本理论，包括循环经济的概念、特征和原则、机制和模式以及物质流分析，最后，概要介绍循环经济的实践。

第 1 节　循环经济产生的背景

 对传统经济发展模式的反思和再认识

(一) 工业革命的辉煌与缺失

在人类文明史上，人类对自然的认识不断发生变化。在人类社会发展的初期(持续时间大约为 3×10^6 年)，因自然力量异常强大，人们不得不对自然顶礼膜拜。进入 18 世纪以后，人们发现，世界由几个简单的规律所支配，工业化的浪潮迅速席卷全球，人类进入了工业文明时代，从而人与自然的关系发生了历史性地转折。

在工业文明时代，由于科学的运用和技术的发明，人类活动深入到地球的每个角落，人类改造自然和利用自然涉及物理、化学、生物、地质运动的一切形式。人们讴歌科学——"知识就是力量"(knowledge is power)。在人类心目中，自然为人而立——"我思故我在"(Je pense，donc je suis)。结果是，当与自然资源和环境有关的问题发生时，人们便转向依赖于其聪明才智、大量的发明创造和技术发展，而把自然界和环境看做是人类社会之外的，可以为技术所替代的东西。

在工业文明时代，由于"征服自然"和"改造自然"能力迅速提升，人类开始向纵深挺进，传统的生产工具被看做是无效率，新的工具不断产生，由此创造了空前丰富的社会物质产品，工业革命惠及到每个地球人。现在，由于经济增长，世界经济规模不断扩张，尤其是在发达国家，人们被一种由不断增长的服务和物质

财富所构成的惊人的消费和丰盛所包围，世界呈现出空前的繁荣局面。同时，为了维护这种繁荣，经济机制促成人们不断地增加消费，因为你增加消费，就可以引起就业的成倍增加（乘数作用）；反之，如果你节约，国民经济就会收缩。

在工业文明时代，"人类中心论"占据了上方，它视人为万物之尺度，从人的利益来断定一切事物的价值，主张人类有权根据自身利益和好恶随意处置自然，宣称"人类文明和文化的每一次进步，都是建立在自然的屈服之上的"。"人类中心论"首先是一种价值论，其核心在于认为，人类的整体利益和长远利益是人类保护自然环境的出发点和归宿点，也是评价人与自然关系的根本尺度；在人与自然的关系上，人是主体，自然是客体，人处于主导地位，对自然负有管理和指导的责任和义务；人类为了保证自己在自然环境中的进步和扩展，必须抵制和克服日益增长的自然界的反抗；强调人的利益和人的主体地位，并不意味着人可以摆脱自然界、对自然界为所欲为，相反，人虽然信仰人类自己的价值，但也承认和尊重自然的"内在价值"。①

然而，工业革命使人类获得前所未有的进步的同时，也造成了资源枯竭、环境恶化的直接后果。所以，恩格斯说过："我们不要过分陶醉于我们人类对自然界的胜利。对于每一次这样的胜利，自然界都对我们进行报复。每一次胜利，起初确实取得了我们预期的结果，但是往后和再往后却发生完全不同的、出乎预料的影响，常常把最初的结果又消除了。"②

人们试图用"环境库兹涅茨曲线"（environmental kuznents curve，EKC）来解释发生的一切（图6-1）：当经济收入由低而高发展时，环境退化和资源消耗的速度超过环境净化和资源再生的速度，因此，随着收入的增加，环境恶化；但当经济发展到较高水平时，产业结构发生转变，环境意识加强、法规完善以及技术改良，环境退化现象逐渐减缓甚至消失。然而，EKC曲线是一条经验曲线，并非真实的环境晴雨表。

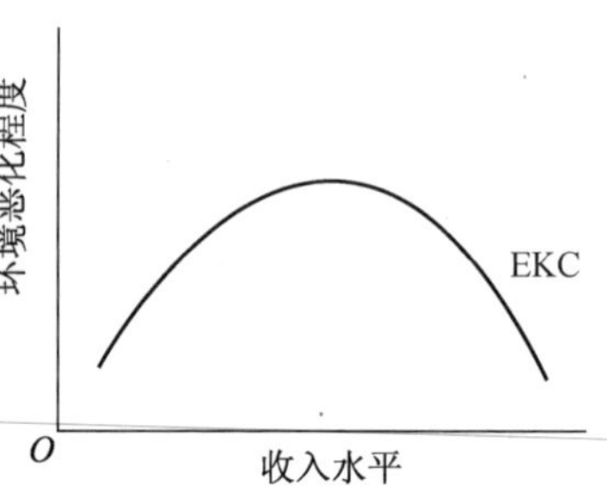

图6-1 EKC曲线示意图

1992年，夏克（Shafik）和邦迪帕蒂亚（Bandyopadhyay）等人用10个环境指标与人均收入进行统计回归，结果发现只有城市SO_2含量与城市空气的悬浮物颗粒两项环境指标大致符合EKC，而形成温室气体效应的最主要指标CO_2含量以及城镇固体排放废物数量完全不符合EKC（图6-2）。

1996年，斯特恩（Stern）等人利用《世界发展报告》的全球资料，对形成酸雨

① 参见什科连科.哲学·生态学·宇航学.沈阳：辽宁人民出版社，1988。

② 恩格斯.自然辩证法.马克思恩格斯选集：第4卷.北京：人民出版社，1995：383。

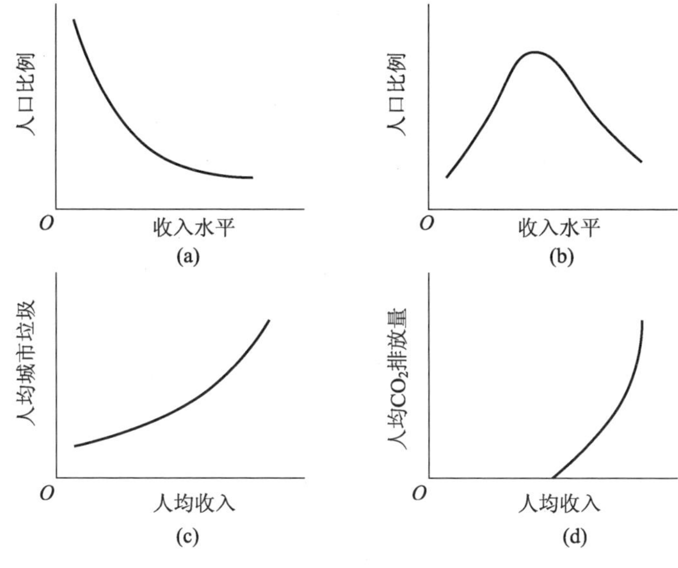

图6-2 EKC曲线的检验

(a) 缺少城市卫生设备的人口;(b) 受SO_2影响的人口

(c) 人均城市垃圾;(d) 人均CO_2排放

的SO_2含量进行预测,最后发现到2025年,如果人均收入达到7 127美元,仍然不可能出现SO_2排放量减小的库兹涅茨效应。著名经济学家阿罗(Arrow)指出:经济增长并非治理环境的万能药膏,促进GDP增长的政策并不能代替环境政策。[①]

所以如此,是因为资源环境的破坏在许多情况下具有不可逆的特点,许多资源在人类的时间尺度上是不可再生的。一旦资源枯竭、环境恶化,人类将永远失去美好家园。

(二)"线形经济"

工业文明下的经济可以被称之为"线形经济",美国经济学家博尔丁(Boulding)称之为"牛仔经济"。[②] 他认为,在这种经济下,地球既可以无限地供给人类用于生产的物质,又可以无限地吸纳废物,因此,人类就像美国西部开发中的牛仔,面对无边无际的草原,可以尽情地消费,不必考虑资源的耗费和废物的吸纳。

---

① 参见陶在朴.生态包袱与生态足迹——可持续发展的重量及面积计量.北京:经济科学出版社,2003:12-15。

② Boulding, K. E. The economic of the coming spaceship. Baltimore, Maryland: Johns Hopkins University Press, 1966。

无论把它划分成几个阶段，它都具有单向流动的性质。如图6－3所示。在这里，生产是起点，消费是终点。

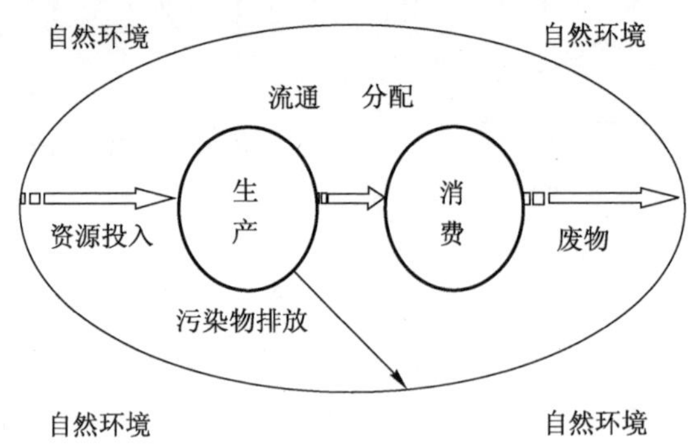

图6－3 线形经济运行图示

在这种经济中，人们高强度地把地球上的物质资源提取出来，然后又把污染和废物排放到自然中，生态系统既是“原料箱”又是“垃圾箱”。

在对线形经济的认识上，人们往往把它归结为“高开采、低利用、高排放”，它对资源的利用是粗放的和一次性的，通过把资源持续不断地变成废物来实现经济的数量型增长。

这种认识，仅仅概述了线形经济运行中某一阶段的特征，不足以从根本上揭示它的局限性。

事实上，这种线形经济运行的机制是，资源的配置依要素相对价格变化而转移。在市场导向的经济中，当某一厂商要进行生产时，就必须调集各种资源以使它们发挥作用。各种资源的需求比例既取决于技术条件，也取决于相对价格。当某一种资源价格上涨时，经济活动当事人就会减少使用该种资源；反之，则增加使用。在初始状态下，资源是丰富的，厂商更多地使用资源；随着资源供给减少，价格便会升高，促使厂商节约该种资源；当该种资源变得异常稀缺从而价格高得无法容忍时，厂商就会去寻找新的资源替代它。

进一步讲，环境作为一种资源，在初始状态下，可供厂商任意使用；当环境吸纳污染的容量减少以后，再使用环境时就需要付费；由于环境这种资源具有公共产品的性质，政府便制定环境排污标准，提高排放成本以遏制对于环境资源的“购买”；这时，厂商将按照环境标准进行排放，通过市场的作用调节环境资源。

线形经济虽然可以通过市场机制实现资源的合理配置，但却是走了一条“先破坏，后修复；先污染，后恢复；先浪费，后节约”的末端治理之路。这条道路的特征是，追随污染实行被动的末端治理，被污染拖着走，治污随意性大。最大的缺陷是，有排放标准而无总量控制。

二、经济学遭遇的挑战

(一) 经济学家的赌博

面对经济发展所引起的资源枯竭和环境污染问题，经济学家采取了截然不同的态度：

一派是乐观派，他们认为人类社会的技术进步和价格机制会解决人类发展中出现的各种问题，因为价格的变化，直接影响着厂商的经济行为，当某种资源变得异常稀缺从而价格高得无法容忍时，厂商就会去寻求新的资源替代它。乐观派的基本思路如图 6-4 所示。

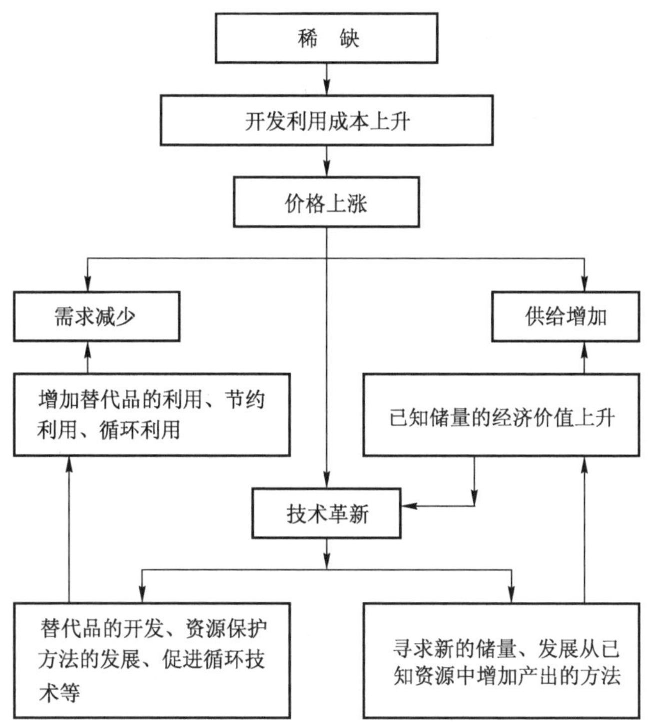

图 6-4 对资源稀缺的理想响应①

另一派是悲观派，他们认为人口爆炸、食物短缺、资源枯竭等，使人类的前景并

① 参见朱迪·丽丝. 自然资源：分配、经济学与政策. 北京：商务印书馆，2002：57。

不美妙。两派各执一词,互不相让。于是,便有了有名的《经济学家的赌博》。[①]

乐观派代表:马里兰州大学朱利安·西蒙教授、史蒂夫·施耐德教授。

悲观派代表:斯坦福大学保罗·埃尔里奇教授、丹麦奥尔胡斯大学比约恩·隆堡副教授。

第一局:

1980年,赌5种金属(铬、铜、镍、锡、钨)价格的变化:每种金属以假想的方式各买入200美元的量,共1 000美元,以1980年9月29日的各种金属价格为准,至1990年9月29日为限。到时,若涨价(扣除通货膨胀因素),则乐观派付出差价;若降价,悲观派付出差价。

结果:1990年,5种金属价格都下降,悲观派交付差价576.07美元。

第二局:

1995年,以人类发展和环境的15种趋势为赌注,每一趋势下注1 000美元,包括:全球气温升高、人均耕地面积的减少、热带雨林的缩减、贫富差距等,以10年为限。若恶化,悲观派为赢;若有改善趋势,则乐观派赢。1998年2月,西蒙教授去世。现在结果虽没有出来,但乐观派输定了。

(二) 经济学的缺失

现代经济学是市场经济理论,是西方市场经济国家经济运行实践经验的理论概括,是人们了解市场经济运行的必备知识。但是,随着人们认识的升华,可以发现现代经济学的定理是相对的,现代经济学存在严重缺失。

经济学在研究经济问题时,首先把物品区分为自由取用的物品和稀缺物品。前者是不用付出代价就可以得到的物品,它不是经济学研究的内容或对象;而后者必须付出代价才能取得,它是经济物品,构成经济学研究的内容。

在这个分类下,经济学家构筑的经济系统分为两个基本部门:厂商和居民。厂商为市场提供物品和劳务,它是产品市场的供给者,又是要素市场的需求者;居民是产品市场的需求者,又是要素市场上劳动、资本、土地、才能的供给者。

从宏观经济运行的角度来考察,则可以由此计算出GDP的大小。在产品市场上,可以按照支出法计算GDP;在要素市场上,可以按照收入法来计算GDP。如果把这个系统作为一个开放系统的话,则可以导入政府部门的经济活动和对外经济关系。

这样的经济学理论是严密的,它构成了分析经济问题的基本框架。然而,由此而构筑的经济系统毕竟还是太小了,因为它没有涵盖生命保障系统,没有考虑支持人类经济活动的生态系统或者自然界。如果我们把经济系统看得足够大,

① 参见梁小民.经济学家的赌博.万象.2003,1。

即重新构筑一个“经济－环境系统”(图6－5)的话，则原来的经济学命题和定理的作用范围就会受到限制。

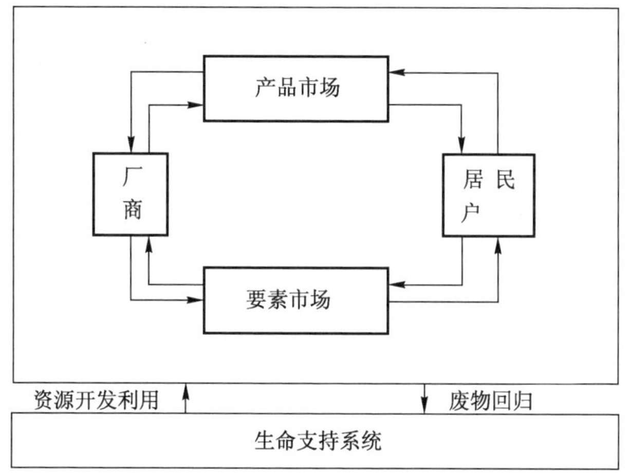

图6－5 “经济－环境系统”

第一，放在“经济－环境系统”中，经济学中自由取用物品的使用也是有代价的。洁净的空气、舒适的环境等曾被看做是无限的。但现在看来，人类的经济活动，使这些曾被看做是自由取用的物品变得越来越稀缺，使它们成为人类经济活动不得不考虑的内容，从而也成为经济学研究的内容。

第二，在经济系统中，没有充分考虑物理学上的一个基本定理，即物质不灭。生产活动和消费活动都是物质转换过程，而不是创造和消灭的过程。当投入物为一定时，产出物则为一定量可以消费的物品、废料以及污染物，有用的消费品在使用或消费中也会产生废料，这些资源并没有在实体上被消灭，它仍然停留在物质流中。另外，GDP也存在着一定的误导作用，因为环境的影响一般没有相应的市场表现形式，但这并不意味着它没有经济价值，但GDP中却没有计算进环境的经济价值。

第三，“消费者主权”(consumer sovereignty)存在着误导。“消费者主权”是市场经济的一个主要原则。“消费者可以在自由弃置废物以保持产品价格相对低廉和控制污染从而抬高价格之间自由地进行选择。”[①]经济学所阐明的消费者与生产者之间存在这样的关系：消费者在市场上购买他所需要的商品和劳务，他把这种愿望告诉市场，并通过市场转告给生产者，于是，生产者听从消费者的指

① 克拉克.政治经济学——比较的观点.北京：经济科学出版社，2001：359。

令而进行生产。但问题是,消费者并不总是正确的。[①] 事实上,一些消费者穷奢极欲或者放纵的恶习会使整个社会的生产扭曲,猎杀和食用濒危动物必将恶化人类的生命保障系统;反过来,人类的真实欲望也为生产者推销以及促销广告中的虚拟欲望所代替、以消费的膨胀甚至“浪费”来支持生产。这就是说,消费者货币换票的投向,引导了社会资源的流向,消费者负有造成污染的一部分责任。

第四,经济学很少考虑自然资本或者生态资本的价值。在生产函数$Q=f(X_i)$中,X_i 为所使用的生产要素,如劳动、资本、土地、才能、制度等,土地即为所使用的自然资源,但在这里并没有把自然资源作为一种资本形态内生于生产过程中。自然资本或者生态资本由森林、土壤、河流、海滨、湖泊、沼泽、海洋以及大气等构成,生存于森林、河流、海洋等的各种各样的生物也构成自然资本的要素。

第五,现代经济学认为,经济学就是“求极值”:在既定的约束条件下,求解最大化,就是要用有限的资源生产尽可能多的产品。但现实是,生产产品并不是最终目的,能增加福利的是产品所提供的服务而非产品本身。

第六,现代宏观经济学认为,宏观经济管理的目标之一是经济增长,即 GDP 的增加。然而 GDP 仅仅大致地描述了一个国家或地区经济发展的总规模,仅此而已,它没有也不可能显示这个国家和地区财富的分配情况、没有显示出为此所付出的社会代价。即使这样,它也是非常不准确的。由于需要做出一些武断地规定(如耐用品所提供服务的价值、政府服务、自我服务)、资料的不完整性(地下经济、自然经济)、国际交往中的复杂情况(贸易、债务)等,使 GDP 的意义大打折扣。不仅如此,GDP 的增加还形成经济的虚假繁荣,产生“恶性经济效益”:垃圾处理、水净化处理设备以及污染物控制装置(过滤设备、静电沉淀处理装置等);污染治理和危险废料处理的基础设施;经常性的服务与咨询等。据研究,经济合作与发展组织(OECD)国家因治理污染和处理垃圾而形成的市场每年达到约3 000亿美元。[②]

第2节 循环经济的基本理论

一、循环经济的概念和原则

(一) 循环经济的含义

实践的发展向人们展示了,可以通过与以往完全不同的经济发展模式和路

---

① 大岛茂男.可持续经济发展的道路.北京:中国农业出版社,2000。

② 苏伦·埃尔克曼.工业生态学——怎样实施超工业化社会的可持续发展.北京:经济日报出版社,1999:8-9。

径来实现可持续发展。同时,实践的发展客观要求人们对这种新的发展道路进行概括和提升。诚如我们把传统发展道路称为线形经济一样,称这种新的发展道路和发展模式为循环经济,它是生态经济的俗称。

所谓循环经济(circular economy),是对物质闭环流动(closing materials cycle)经济的简称。虽然每个人都有自己的表述,但大致意思都是:循环经济是把经济活动组织成一个“资源-产品-再生资源”的反馈流程,所有的物质和能源要能在这个不断进行的经济循环中得到合理和持久地利用,从而把经济活动对自然环境的影响降低到最低限度(把废物排放限于环境自净能力的阈值之内),实现可持续发展所要求的环境与经济的双赢。所以,循环经济是按照生态学原理和系统工程方法运行的具有整体、协同、循环、自生功能的复合生态经济。[①] 循环经济的运行如图 6-6 所示。

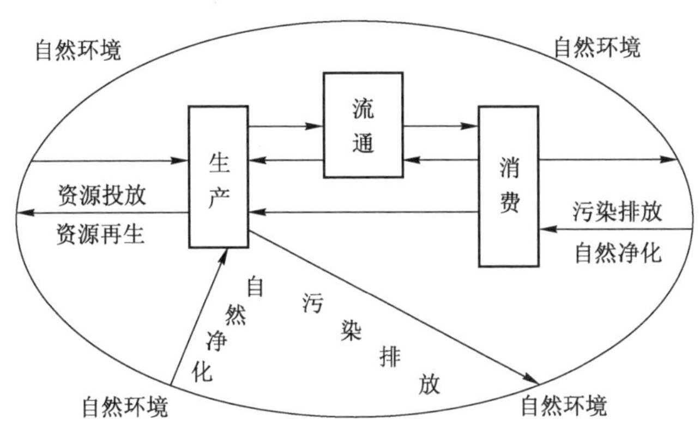

图 6-6　循环经济示意图

(二) 循环经济的原则

“减量化、再使用、再循环、无害化”是循环经济活动的行为准则。

1. 减量化

减量化原则针对的是输入端,旨在减少进入生产和消费过程中物质和能源流量。对废物的产生,是通过预防的方式而不是末端治理的方式来加以避免。在生产中,制造厂可以通过减少每个产品的原料使用量、通过重新设计制造工艺来节约资源和减少排放。在消费中,人们以选择包装物较少的物品,购买耐用的

① 王如松.循环经济建设的产业生态学方法.王如松.复合生态与循环经济.北京:气象出版社,2003:154。

可循环使用的物品而不是一次性物品，以减少垃圾的产生。

2. 再利用

再利用原则属于过程性方法，目的是延长产品和服务的时间强度。也就是说，尽可能多次或多种方式地使用物品，避免物品过早地成为垃圾。

3. 资源化

资源化原则是输出端方法，能把废物再次变成资源以减少最终处理量，也就是我们通常所说的废品的回收利用和废物的综合利用。资源化能够减少垃圾的产生，制成使用能源较少的新产品。

资源化包括三个方面：

一是“升级循环”，资源经过使用以后，在下一个经济周期的使用比原来的使用层次高。美国福特公司曾经用板条箱装运A型卡车，当卡车到达目的地后，板条箱变成了汽车地板。韩国的稻壳被用作音响元件和电子装置的包装填充物，随产品进入欧洲后，这些包装被再利用为制作砖头的材料。①

二是“原级循环”，即将消费者遗弃的废物资源化后形成与原来相同的新产品，例如将废纸生产出再生纸，废玻璃生产玻璃，废钢铁生产钢铁等。

三是“降级循环”，即废物变成与原来不同类型的新产品。原级资源化利用再生资源比例高，而次级资源化利用再生资源比例低。与资源化过程相适应，消费者应增强购买再生物品的意识，来促进整个循环经济的实现。②

4. 无害化

循环经济以人的健康安全为前提，但在大力倡导循环经济的时候，很容易让人想起现在一些危害人类健康和安全的行为，如所谓“垃圾猪”、“地沟油”等。现在，废弃的一次性医疗注射器、输液管等医疗垃圾被不法商贩制成一次性的塑料杯，成为危害城乡居民健康安全的“致命杀手”。可以说，这种损害人类健康的不法行为与循环经济大相径庭。

循环经济通过清洁生产、净化生态环境，尽量少用或不用有毒有害的原料，保证中间产品的无毒无害，减少生产过程中的各种危险因素。通过减少废料和污染物的生成和排放，促进产品在生产和消费过程中与环境相容，降低整个经济活动对于人类和环境的风险。同时，生产出的清洁产品在使用中和使用后不危害人体健康和生态环境。

循环经济从生态-经济大系统出发，对物质转化的全过程采取战略性、综合性、预防性措施，降低经济活动对资源环境的过度使用及对人类造成负面影响。

---

① 麦克唐纳，布朗嘉特.从摇篮到摇篮——循环经济设计之探索.上海：同济大学出版社，2005：100。

② 李良园.上海发展循环经济研究.上海：上海交通大学出版社，2000：10-11。

循环经济以人的安全和健康为前提，不仅在技术上有可行性，在经济上也可赢利，体现经济效益、环境效益和社会效益的统一。

值得注意的是，发展循环经济不是要彻底否定过去的一切，而是对过去进行“扬弃”；不是要彻底抛弃线形经济，而是要在自然承载力允许的范围内，实现线形经济和循环经济的叠加。因此，支撑总体上属于循环经济的经济体系，不能割裂开与现有经济和技术之间的联系，要把所有能减少物质消耗、能封闭物质流、能减少废物产生的各种技术系统化，加以集成和应用。

有研究者把循环经济理想化为，使环境与经济行为纳入到一个严密和封闭体系中，实现“资源－产品－再生资源”运动。在这一体系中，资源与产品之间不再是“母子”关系，而是一种相互派生、相互依存、相互支撑的关系。根据热力学第二定律（熵增定律），在一个封闭系统中，能量只能不可逆转地沿着一个方向转化，即从可利用到不可利用、从有效到无效状态转化。可见，这种理想化的循环经济模式不可能建立。

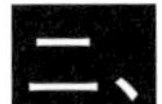

二、循环经济的定位和机制

（一）循环经济的定位

1. 循环经济源自实践

循环经济虽然本质上是生态经济，但它却是实践的产物。循环经济是各个地方根据自身的实际发展起来的，而各地的实际情况千差万别、错综复杂，因而不可能整齐划一地发展出一种循环经济形式来。即使是同样的情况，也因条件不同，发展起来的循环经济也呈现出差异，也会有不同的侧重点。譬如，有些地方可能某一方面比较成熟，把发展循环经济的重点放在了某一环节，而另一些地方却可能把重点放在其他环节，还有一些地方因各个方面都比较成熟而在输入端、过程中、输出端都具备发展循环经济的条件；有些地方在发展循环经济上做了一些工作，可能只具有循环经济的雏形或初级形式，而另一些地方却可以发展出循环经济的完整链条。所有这些，都是从实际出发，在实践中发展的。

循环经济着重于操作层面，注重于实践，虽然可以在一个大的区域内实施，但它更微观、更具体、更深入到经济过程中。

2. 循环经济是物质流的循环

循环经济中的“循环”，指的是物质流的循环。针对传统的线形经济把自然界作为经济活动的“原料箱”和“垃圾箱”，循环经济要求在经济活动中，减少物质投入和对环境的扰动，改变传统直线型的经济流程，以实现资源节约和环境友好的目的。

(二)循环经济的机制

循环经济所以能够循环,是因为存在一个调节经济主体行为的机制,这个机制就是利益导向机制。即使是政府要在其中起作用,也是通过调节利益,进而引导经济主体的行为。

1. 市场机制

亚当·斯密在《国富论》中最早提出了"看不见的手"这一比喻,他的意思是追求自身利益的"经济人"在市场中活动,不自觉地受经济规律的支配,在追求自身利益最大化的同时实现了社会利益的最大化。[①] 在中国这样一个总体市场经济的框架内发展循环经济,也必须而且只能是遵循市场规律,通过利益诱导机制,使经济活动当事人基于自身利益的考虑,自觉地加入到循环经济的链条中来,或者自己发展出一个独立的循环经济体系来(图 6-7)。

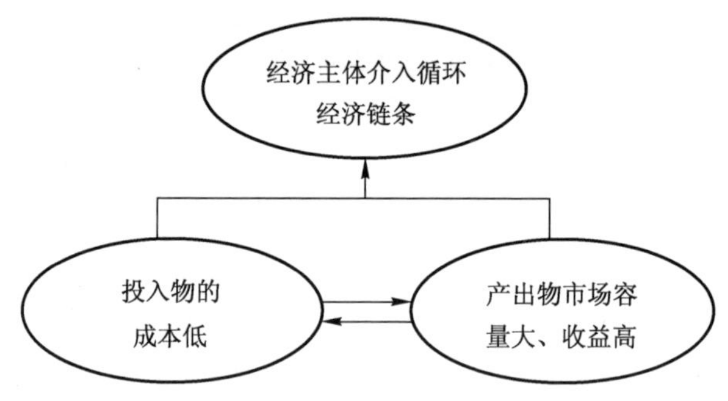

图 6-7 成本与市场的作用机制示意图

"看不见的手"的实质在于"趋利"。无论是个人还是组织,个体的利益是其行为的出发点和归宿。不论其调门多高,宣传力度多大,最终的落脚点还是利益。

在国内许多工业园区,虽然都宣称要发展循环经济,按照代谢和共生关系来组织园区内的产业链条,但在具体操作中,却仍然把引资作为第一要务。究其原因在于:只要区内资本进入,GDP 就会增加,既能增加区内可支配财力,也彰显工作业绩。按照产业梯度转移的规律,当发达国家、发达地区进入更高层次的发展阶段以后,一些低层次、污染高的产业会因当地劳动力成本的上升和产业门槛的提高,不再具备竞争优势,这时,会渐次向欠发达和不发达国家或地区转移,这既带动产业进入地区的经济发展,但也同时产生危害。从目前国内的情况看,许

① 斯密.国民财富的性质与原因的研究.北京:商务印书馆,1972:13-14。

多落后地区跃跃欲试，似乎已经做好了承接产业转移的准备。尽管在名义上都提出要“拒绝污染”，但利益的诱惑仍然使它们不愿意放弃任何机会，甚至利令智昏。这与当年一些拉丁美洲国家的情形非常相似。第二次世界大战以后，拉丁美洲一些国家曾经不遗余力地推进增长，造成了贫富分化、资源浪费、环境恶化的“有增长而无发展”的结局。①

所以，马克思曾一针见血地指出：“每一个社会的经济关系首先是作为利益表现出来。”②“人们奋斗所争取的一切，都同他们的利益有关。”③

2. 政府对利益的调节

尽管按照“看不见的手”的调节，可以实现社会利益，但仍然会出现两种情形：

其一是限于经济主体的眼界和知识，可能会出现追求狭隘的个体利益，客观造成了对社会长期利益的损害；其二则是由于市场的不完全性，在利益机制的驱动下，所有的人都希望使用免费的环境，最后导致环境污染和资源耗竭，哈丁称之为“公地悲剧”，福利经济学称之为“外部不经济”，而戴利称之为“看不见的脚”，④它导致私人的自利行为不自觉地把公共利益踢成碎片。因此，对于利益机制必须进行“规制”和引导，通过设定参数，使经济活动当事人基于自身利益的考虑而自觉地维护社会利益。

发展循环经济，要使经济主体自觉地介入其中，必须要有利益的诱惑。但仅仅依靠市场的行为来发展循环经济将是一个非常缓慢的过程，政府必须介入。目前，西方国家普遍采用促进循环经济的制度具有重要的借鉴意义。这些制度主要包括：

第一，“循环名录制度”。包括强制循环和自愿循环两类名录。强制循环名录一般规定责任者的范围和再利用、回收或再循环产品或材料的类型或种类。

第二，“技术与工艺标准及技术性指导制度”。废旧物资的回收、再生和循环利用往往存在二次环境污染和生态破坏的风险，因此必须制定有关的技术和工艺标准，淘汰落后的技术、工艺和设备。

第三，“政府扶持制度”。由于循环经济的科技研发和前期投入很多，很多经营是微利甚至不盈利的，因此政府的扶持尤为重要。

第四，“经济刺激制度”。经济刺激手段可用于对直接管理的补充，主要包括税费征收、可交易许可证、押金退款、绿色补贴、价格支持等。

---

① 卢岑贝格. 自然不可改良. 北京：生活·读书·新知三联书店，1999。

② 马克思，恩格斯. 马克思恩格斯选集：第 2 卷. 北京：人民出版社，1972：537。

③ 马克思，恩格斯. 马克思恩格斯全集：第 1 卷. 北京：人民出版社，1972：82。

④ 戴利，汤森. 珍惜地球：经济学、生态学、伦理学. 北京：商务印书馆，2001。

这些制度的实施，就是政府基于利益关系，撬动利益杠杆，引导经济主体自觉地、主动地进行循环经济的建设。

三、循环经济与物质流分析

(一) 物质流分析

物质流分析(materials flow analysis，MFA)指的是对经济活动中物质流动的分析，其基础是对物质的投入和产出进行量化分析，建立物质投入和产出的账户，以便进行以物质流为基础的优化管理。欧洲和日本等国家，采用物质流分析方法对本国的资源物质利用情况与经济发展的关系进行分析，并提出了国家报告。现在，MFA受到学术界的广泛关注，被认为是国家尺度可持续发展定量研究可行和有效的手段。

物质流分析方法描述了人类从自然界获取资源，进行人类生产和消费的经济活动，并产生出废物，以及废物的再使用和资源化再生利用的过程中物质的实物流量和流向。物质流分析的核心是对社会经济活动中物质流动进行定量分析，了解和掌握整个社会经济体系中物质的流向、流量。循环经济强调从源头上减少资源消耗，有效利用资源，减少污染物排放。循环经济谋求以最小的环境资源成本获取最大的社会经济和环境效益，并以此来解决长期以来环境保护与经济发展之间的尖锐矛盾。循环经济的发展以减量化、再利用、资源化作为原则，必须以物质流分析作为基础。物质流分析是循环经济的重要技术支撑，物质流分析和管理是循环经济的核心调控手段。

物质流分析内容有两个方面，一是物质总量分析模型，另一个是物质使用强度模型。物质总量分析模型分析了一定的经济规模所需要的总物质投入、总物质消耗和总循环量。而物质使用强度模型则主要关注一定生产或消费规模下，物质的使用强度、物质的消耗强度和物质的循环强度，这种强度可以是以单位GDP来衡量，也可以用人均来衡量。

物质流分析有不同层次：家庭、企业等基本生产和消费单位；园区；行业；区域；国家。图6-8表示了物质流分析的基本框架。

物质流分析研究因其强烈的政策导向和对政策的指导意义而受到国际上的关注，通过物质流分析，可以控制有毒有害等污染物质的投入和流向，分析物质流的使用总量和使用强度，为环境政策提供了新的方法和视角。

日本在推进循环经济发展上，走在世界前列。在建立循环经济法律体系的基础上，明确制订出循环型社会推进计划，并采用MFA方法制定了具体的发展目标。日本的循环型社会发展目标是：物资生产率、再利用和再使用率和最终处

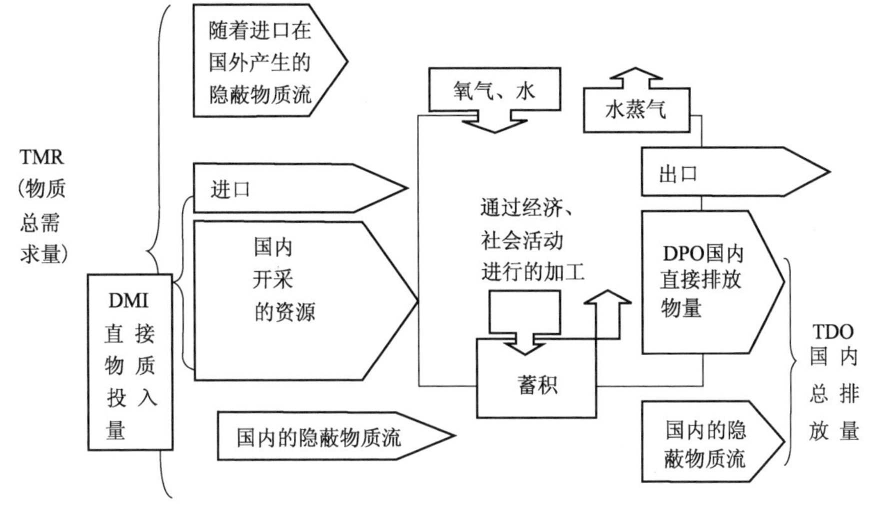

图 6-8　物质流分析框架

(载自周国梅等,《循环经济的核心控制手段:物质流分析与物质流管理》,2005)

置量。经验表明,MFA 方法所核算出来的一些重要指标是制定循环型社会发展目标的理论依据。

(二) 物质流管理

物质流管理(MFM)指的是以目标为主的,对物质、物质流和能源等有效利用的管理模式。这里目标指的是生态目标、经济目标和社会目标三个方面。欧盟的环境行动计划目标就体现了物质流管理的核心思想,通过提高资源效率实现可持续生产和可持续消费,实现资源消耗、废物产生与经济增长之间的分离或脱钩,以确保再生能源和可再生能源的消费不超过环境的承载力。德国等欧盟国家非常重视基于物质流分析的物质流管理,并采用物质流管理的理念成功实施了一系列经济技术可行的项目。物质流管理重视的不仅仅是环境和社会效益,同时对项目的经济效益也是非常注重的,这样,通过物质流管理,真正能够实现经济、社会和环境“多赢”的循环经济实践模式。目前德国已经成功实施了物质流管理,据测算,通过物质流管理,可以节约能源 65%。

第3节 循环经济的实践

一、生态工业园区的循环经济设计

(一) 生态工业园区

生态工业(产业)园(ecological industrial park,EIP)是指通过模拟自然系统中“生产者-消费者-分解者”以及“食物链”和“食物网”的关系建立产业系统中“生产者-消费者-分解者”的循环途径,实现物质闭环循环和能量多级利用。

在这样的体系中,不存在“废物”,因为一个企业的“废物”同时也是另一个企业的原料,因此可以实现整个体系向系统外的零排放。具体来说,就是指通过企业之间、企业与社区之间的密切合作,合理、有效地利用当地资源(信息、物质、水、能量、基础设施和自然栖息地)以达到经济获利、环境质量改善和人力资源提高的目的。

(二) 生态工业园区设计的原则

1. 与自然系统一体化

生态产业园应该在充分考虑当地自然生态系统特性及限制因素的基础上进行工厂设计、景观设计,以及原材料选择和基础设施建设等,以达到在充分利用自然条件的基础上,与自然相和谐的目的。

2. 提高能量利用效率

高效地利用能量是节省费用和减少环境影响的一个重要战略,企业可以通过改善建筑物、照明系统和设备的设计等方式来提高能量效率,整个园区则可以通过能量的共生和梯级利用提高能量效率。

3. 充分利用物资

在生态产业园中,“废物”是一种有潜在利用价值的原料,企业之间,或企业与社区之间通过资源的交换和再循环网络,实现物资最大限度的再利用和再循环。

4. 完善的管理和服务

生态产业园应该具备完善的服务与管理体系,应建立包括当地企业和环境信息及生态产业园表现在内的信息系统,以支持企业和整个园区环境表现的持续改善。

(三)卡伦堡生态园区

作为一个生态产业园区,最具影响的是卡伦堡生态工业园的建立,它通过工业(产业)之间的共生和代谢关系,实现了区域内的循环经济。

卡伦堡是一个仅有2万居民的工业小城市,位于北海之滨,距哥本哈根以西100 km左右。20世纪50年代以来在这里建造了一座火力发电厂和一座炼油厂。随着年代的推移,卡伦堡的主要企业开始相互间交换“废料”:蒸汽、(不同温度和不同纯净度的)水以及各种副产品。

卡伦堡共生体系中开始主要有5家企业,相互间的距离不超过数百米,由专门的管道体系连接在一起:阿斯耐斯瓦尔盖(Asnaes vaerket)热力发电厂,这是丹麦最大的热力发电厂,发电能力为150×10^6 W,最初用燃油,(第一次石油危机)后改用煤炭,雇佣600名职工;斯塔朵尔(Statoil)炼油厂,同样是丹麦最大的炼油厂,年产量超过300×10^4 t,有职工250人;挪伏·挪尔迪斯克(Novo Nordisk)公司,丹麦最大的生物工程公司,是世界上最大的工业酶和胰岛素生产厂家之一,设在卡伦堡的工厂是该公司最大的工厂,员工达1 200人;吉普洛克(Gyproc)石膏材料公司,一家瑞典公司,卡伦堡的工厂年产$1\,400\times10^4$ m^2石膏建筑板材,175名员工;最后是卡伦堡市政府,它使用热力发电厂出售的蒸汽给全市远距供暖。20世纪80年代以来,当地发展部门意识到它们逐渐地,也是自发地创造了一种体系,即“工业共生体系”。卡伦堡工业园区是目前为止世界上运行时间最长、最成功的一个生态园区。

截止到2003年,卡伦堡生态工业园已经有更多企业加盟,如废物处理公司Noverenl/S,年处理12.5×10^4 t生活垃圾和工业垃圾,其中只有12%填埋,88%被循环利用或焚烧取热;生物工程公司A/S Bioteknisk Jodrens Soilrem专门处理被油、化学物质或重金属污染的土壤;此外,还有占全世界40%市场份额的生化酶企业Novozymes A/S。卡伦堡生态工业园的基本流程见图6-9。

据统计,每年节约资源为:地下水210×10^4 m^3,地表水120×10^4 m^3,油2×10^4 t(每年相应减少380 t硫化物排放),建筑材料20×10^4 t。此外,阿斯耐斯瓦尔盖发电厂每年产出8×10^4 t灰渣都被用来生产建材。Noverenl/S公司每年回收再利用的垃圾有:13 000 t报纸,7 000 t碎石和混凝土,15 000 t公园垃圾,4 000 t金属以及1 800 t玻璃和瓶子。①

卡伦堡工业园区的形成是一个自发的过程,是在商业基础上逐步形成的,所有企业都通过彼此利用“废物”而获得了好处。生态共生企业主要具有以下特点:

---

① 埃尔克曼.工业生态学——怎样实施超工业化社会的可持续发展.北京:经济日报出版社,1999。

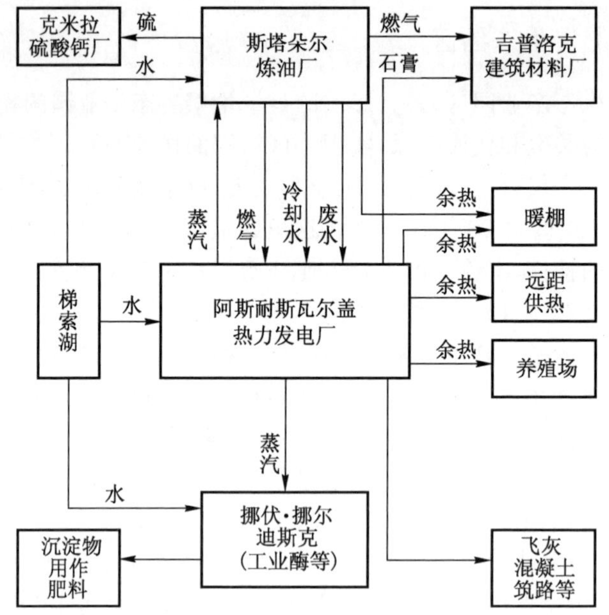

图6-9 卡伦堡工业共生体系企业间主要废料交换流程示意图

① 参与者互惠互利，但性质不同；

② 有大量、持续的废物；

③ 每个项目在经济上必须合算；

④ 企业间相互物理距离较短；

⑤ 企业间心理认同感较强，相互信任；

⑥ 企业间能够较好地合作沟通；

⑦ 企业自愿；

⑧ 环境效益、经济效益、资源节约是共得的。

现在，生态工业园区在奥地利、瑞典、爱尔兰、荷兰、法国、英国、意大利等国家迅速发展，并且取得了显著的经济效益、社会效益和生态效益。

关于生态工业园区的循环经济设计，我国的广西贵港生态工业园区也具有良好的生态设计。

二、循环经济的宏观设计

(一) 扩大生产者责任

循环经济的宏观设计是指在全社会范围内实现资源的循环和再利用，通过

"扩大生产者责任"(extended producer responsibility,EPR)来实现。"扩大生产者责任"是目前发达国家普遍采用且行之有效的做法。EPR是一种环境保护战略,旨在降低产品对环境的影响,它通过使产品制造者对产品的整个生命周期,特别是对产品的回收循环和最终处置负责来实现。就是说,在经济生活和市场行为中,谁造成的垃圾就由谁负责回收、转化和利用,以此来达到产品优化设计的目的。

需要扩大的生产者责任包括:

1. 产品责任

生产者对已经证实的由产品在使用阶段和最终处置阶段导致的环境或安全损害负有责任。

2. 经济责任

生产者支付产品使用后废物的收集、分类和处置等全部或部分成本。

3. 物资责任

在产品使用期后直接或间接的产品物资管理责任。

4. 信息责任

要求生产者提供生命周期不同阶段产品及其影响的信息,如环境保护标志、能源信息或噪声等。

5. 所有权责任

在产品的整个生命周期中,生产者保留产品的所有权。

概而言之,"扩大生产者责任"就是,一家企业生产了某产品,则该企业应对这一产品负责到底——负责运输和安装,使用期间要负责维修(售后服务),直到这个产品使用寿命终结成为垃圾时,再对垃圾进行回收和重复利用,实行全过程负责制。

(二) 德国的双元回收系统

德国的双元回收系统(Duales System Deutschland,DSD,也称绿点公司)是一个专门组织对包装废物进行回收利用的非政府组织。它接受企业的委托,组织收运者对他们的包装废物进行回收和分类,然后送至相应的资源再利用厂家进行循环利用,能直接回用的包装废物则送返制造商。

DSD公司的运作机理是:[①]

① 生产包装物的企业向双元回收系统缴纳包装废物处理费用,其生产的包装物被带上一个绿色标记;

---

① 诸大建.德国的可持续发展与循环经济.李良园.上海发展循环经济研究.上海:上海交通大学出版社,2000:212。

② 双元回收系统接受交费企业的委托，对带绿点的包装废物进行处理；

③ 通常是双元回收系统组织收运者把包装废物回收起来运往德国各地的中转站进行分拣打包，再分类运到相应的资源再利用厂家实现再循环。

图 6-10 以塑料包装为例显示了 DSD 公司的运作过程。

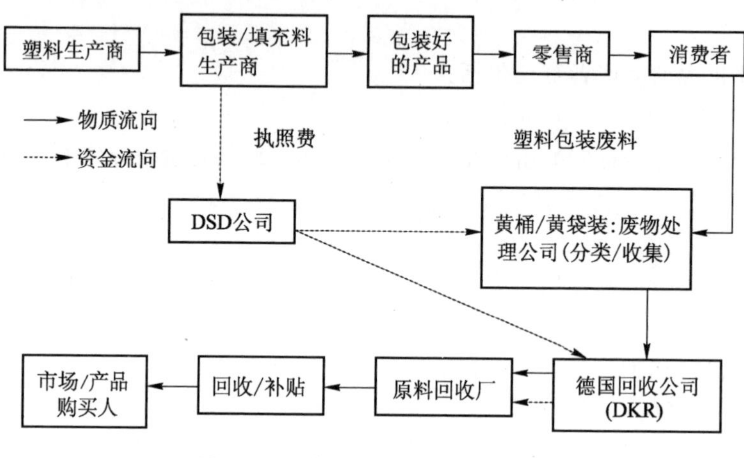

图 6-10 德国 DSD 公司运作过程

DSD 公司的建立大大地促进了德国包装废物的回收利用。例如政府曾规定，玻璃、塑料、纸箱等包装物回收利用率为 72%，1997 年已达到 86%；废物作为再生材料利用 1994 年为 52×10^4 t，1997 年达到了 359×10^4 t；包装垃圾已从过去每年 $1\,300\times10^4$ t 下降到 500×10^4 t。

三、循环经济的微观设计

(一) 企业内部的循环经济

循环经济的微观设计是指在一个经济主体之内，其实质是组织厂内各工艺之间的物料循环，是企业内部的循环经济。这种在一个经济主体内部实现微观循环，达到了资源节约、资源再生的目的。在这方面影响较大的主要是美国的杜邦化学公司。

杜邦化学公司是世界上最大的化工企业。20 世纪 80 年代末，该公司的研究人员提出了"3R 制造法"(3R 即减量化(reducing)、再利用(reusing)、再循环(recycling))，以达到少排放甚至零排放的环境保护目标。

通过放弃使用某些环境有害型的化学物质、减少一些化学物质的使用量以及发明回收本公司产品的新工艺，到 1994 年已经使生产造成的塑料废物减少了 25%，空气污染物排放量减少了 70%。同时，在废塑料如废弃的牛奶盒和一次性塑料容器中回收化学物质，开发出了耐用的乙烯材料等新产品。

(二) 北京蟹岛的微观循环

在国内，循环经济的微观设计比较典型并已经取得显著成效的是北京蟹岛绿色生态度假村。

该度假村位于北京朝阳区金盏乡，以生态农业观光旅游为依托，致力于发展有机农业，是集农业种植、养殖、旅游、休闲、农业观光、度假、有机食品加工、销售为一体的农业产业化集团。“蟹岛”以有机农业为依托，以休闲度假为手段，大力发展生态产业，开创了“前店后园”的蟹岛特色和“农游合一”的循环发展模式，实现了生态保护和经济发展的双赢，构建了一个生态结构比较完善的复合生态系统和综合性农业产业化基地(图 6-11)。

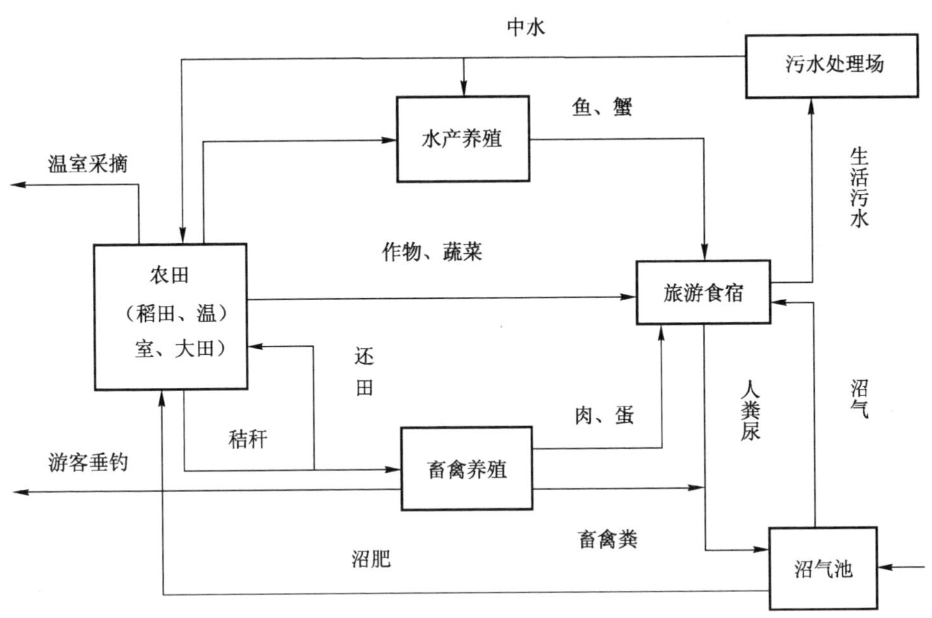

图 6-11　蟹岛生态系统结构简图

在吸收传统农业精华和现代农业先进技术的基础上，蟹岛广泛开展农业资源综合利用，通过沼气技术带动粮食、蔬菜、果业、畜牧业、渔业等各产业的发展，形成了以沼气为纽带的物质循环。

蟹岛沼气生产的原料来自于园区的畜禽粪便、农作物秸秆、度假区人粪尿以及可利用的垃圾等，各种废物在沼气池中经过中温发酵，产生沼气、沼液和沼渣。通过沼气生产系统的连接转换作用，形成了物质循环利用的立体网络结构：农田系统作为初级生产者分别为初级消费者（畜禽养殖、水产养殖）和次级消费者（人）提供饲料和食物，消费者排出的废物又通过分解者（沼气发酵）的作用为农田提供有机肥料，同时获得新的能源——沼气。这样的循环结构充分利用了生产者的植物性资源，提高了系统内部废物的循环利用率，同时也加强了各亚系统之间的联系，增强了系统的稳定性（图 6-12）。

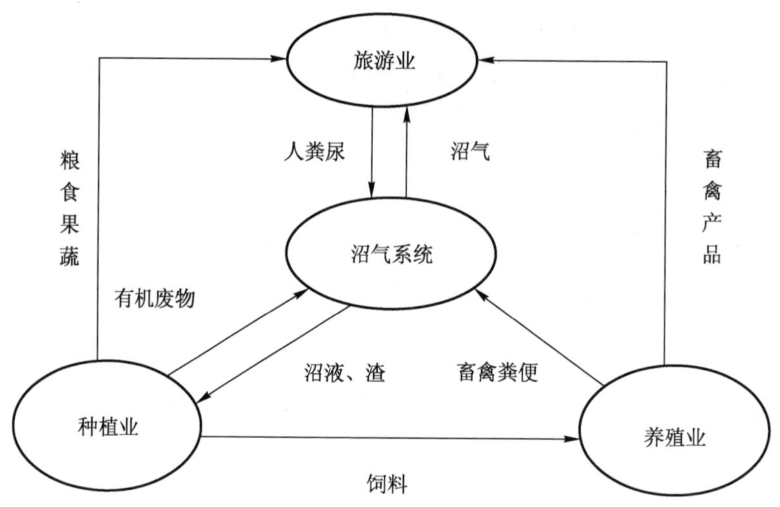

图 6-12 以沼气为纽带的物质循环

蟹岛旅游度假区的污水日平均产生量约为 800 m³，节假日来自旅游、度假区的污水排放量更多。为防止环境污染，度假区建设了日处理量为 2 000 m³ 的污水处理厂，对园区污水进行无害化处理并实现资源化循环利用。经过污水处理厂处理后的中水排放到 170 亩（11.3 hm²）的氧化塘，通过水生植物和微生物的作用，进一步净化，从氧化塘出来的水经过灌溉明渠引入沙床再次进行过滤，然后引入农业区，用于灌溉农田、菜地、养殖鱼蟹和饲养家畜家禽（图 6-13）。

此外，蟹岛度假村利用地热资源打有温泉热水井，水温达到 67 ℃时就为客房冬季采暖、游泳池和洗浴中心提供热水；温度降至 40 ℃左右时，就输送到温室大棚、沼气池以及蟹宫；温度降至 20 ℃左右时，用于鱼塘养鱼和农田灌溉。通过地热资源的多级利用和污水的处理再利用两种途径，蟹岛实现了对水资源的综合利用。

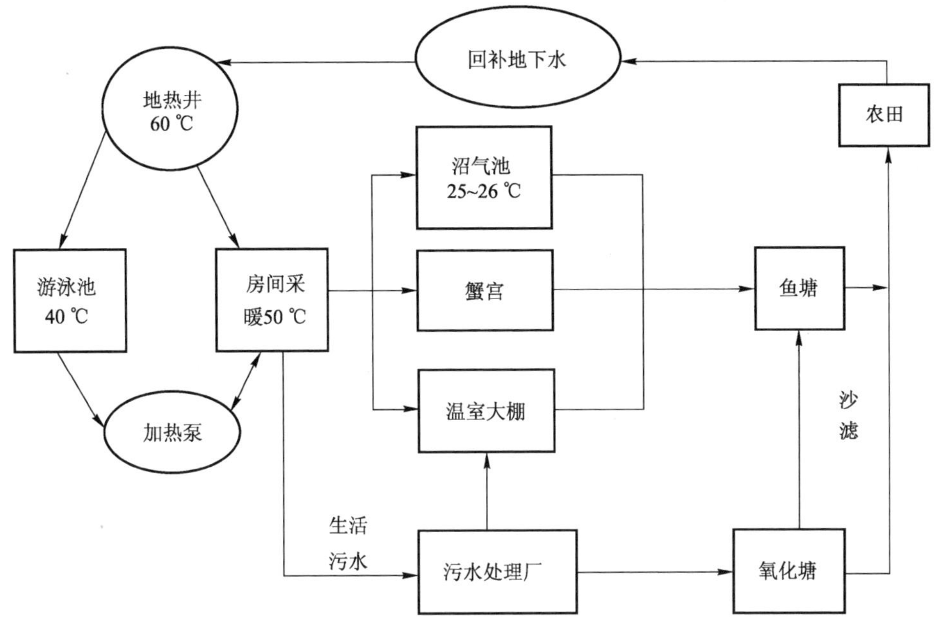

图 6-13　蟹岛水资源循环利用示意图

思考题

1. 阐述下列概念：工业革命、EKC、线形经济、循环经济、生态工业园区、MFA、MFM、EPR。

2. 什么是循环经济？循环经济的原则有哪些？

3. 如何定位循环经济，为什么说循环经济来自于实践？

4. 为什么物质流分析在循环经济中处于非常重要的地位？

5. 为什么发展循环经济要扩大生产者责任？

第 7 章　能源的经济问题

能源的不断更替和变革是人类社会不断发展的重要标志。随着社会的进步，历史的发展，能源问题与人类命运的关系越来越紧密，它渗透到社会生活的每个角落，影响着社会经济的各个领域。在现代社会，能源消费、能源污染、新能源开发、能源的储备和安全等状况已成为衡量一个国家发达程度的重要标志。本章主要阐述能源的经济配置及相关的经济问题。

第 1 节　能源概论

一、能源概念及分类

(一) 能源的含义及变革

能源即能量之来源，是指拥有某种形式的能量，在一定条件下能够转换成机械能、热能、电磁能、化学能等各种能源的物质。所有物理状态的变化，都需要投入一种或多种形式的能源。[①]

能源分为一次能源和二次能源，其中，一次能源（能源资源）是未经人类劳动干预的自然状态的能源（如未开采的煤、石油等）；二次能源（能源产品）是经过人类劳动干预而成为符合人们需要的能源，通常所讲的能源既包括能源资源也包括能源产品。

能源的范围是随着人类认识水平的提高、社会生产的发展和科学技术的进步而不断扩大的。人类对能源的利用起始于原始人钻木取火、刀耕火种，当时人类生存和发展的动力是“木炭能源”；18 世纪后半叶蒸汽机的发明应用，使世界进入了以煤炭为主的能源时代；19 世纪内燃机的发明应用，使人类进入了大量

---

① 参见 M.G. 韦布，M.J. 里基茨．能源经济学．重庆：西南财经大学出版社，1987：1。

消费石油能源的时代；两次石油危机、大气污染和全球变暖等问题，促进了世界能源结构的调整。当今人类正孕育着第三次能源革命：一方面，在以石油、煤炭、天然气能源为主的情况下，力图通过各种节能措施，减少常规能源的使用；另一方面，核能、水能、风能、地热能、太阳能、海洋能、生物能等其他形式的能源逐渐被开发和利用。

可以说，开发利用新能源是社会发展根本的基础，能源利用的历史即是人类社会发展的历史，每一次高效的新能源的利用，都会使社会进入一个新的时代，产生一次新的飞跃。

(二) 能源的分类

1. 按照初始来源划分

按照初始来源分类，能源包括四类：

① 直接的太阳辐射能；

② 由太阳辐射能转化而来的能源，即通过对大气循环、光、热、水分蒸发等发生作用，包括风能、水能、生物能和矿物能源等能源；

③ 引力能，是地球和其他天体相互作用而产生的能量，如月球和太阳的相互作用产生的潮汐能等；

④ 地球本身蕴藏的能量，如地热能以及由核裂变、核聚变所产生的核能等。

2. 按照被利用的基本形态分类

按照被利用的基本形态分类包括一次能源和二次能源。

① 一次能源是指从自然界开发出来直接利用而不改变其基本形态的能源，包括水能、风能、太阳能、地热能、潮汐、海流、地震、原油、天然气、煤炭、核燃料等；

② 二次能源是指由一次能源经过加工转换，形成另一种形态的能源产品，如电能、氢能、蒸气、煤气、汽油、煤油、柴油、焦炭、火药、甲醇、丙烷、酒精、苯胺等。

3. 按照能否再生分类

按照能否再生可分为再生能源和非再生能源。

① 再生能源指不会随人类开发利用而明显减少的能源，如水能、风能、太阳能、地热能、潮汐、海流、地震、地热等；

② 非再生能源又称为可耗竭能源，是指埋藏于地壳中，经过长期地质作用而形成的能源，随着开发利用存量会逐渐减少，如煤炭、石油、天然气、铀、钍、钚等。

4. 按照人类社会开发利用的程度和复杂性分类

按照人类社会开发利用的程度和复杂性可分为常规能源和非常规能源

两类。

① 常规能源是指当前的技术条件下，已经被人类大规模开采利用的能源，如煤炭、石油、天然气和水能等；

② 非常规能源是指近期才被人类利用，且未大规模利用的能源，如太阳能、风能、地热能、潮汐能、生物能、核能等，现阶段通常被称为新能源。

5. 按照能源使用过程中是否燃烧分类

按照能源使用过程中是否燃烧可分为燃料性能源和非燃料性能源两类。

① 燃料性能源是指用于直接燃烧而产生能量的能源，如煤炭、石油、天然气、核燃料等均属此类能源；

② 非燃料性能源则是能量的产生过程并不需通过燃烧的能源，如水能、电能、太阳能、地热能、激光等。

6. 按照能源在市场流通领域的地位分类

按照能源在市场流通领域的地位可分为商品能源和非商品能源。

① 商品能源指进入商品市场买卖的能源，如煤炭、石油、焦炭、电力等在一般情况下均属商品能源；

② 非商品能源是指不通过市场买卖而获得的能源，一般存在于发展中国家农村能源中，如秸秆、薪柴等。

此外，按照能源的使用功能和部门可以将能源分为工业能源、生活能源、农村能源；按照能源的环境特性，还可以将能源分为绿色能源和非绿色能源；按能源的热值高低、污染大小等综合特性，可划分为高值能源、低值能源和劣质能源；等等。

二、世界能源经济的现状及特点

(一) 能源是实现经济增长的重要生产要素

工业革命以来，世界经济和能源消费都保持了较快的增长态势。全球国内生产总值(GDP)由1970年的115 490亿美元增长到2004年的317 490亿美元，年均增长了3.0%；能源消费量由50.2×10^8 t油当量增长到102.2×10^8 t油当量，年均增长了2.1%；能源强度(单位产值能耗)显著改善，由1970年的4.3 t油当量/万美元下降到2004年的3.2 t油当量/万美元。[①]

从统计数据来看，能源消费与经济增长之间成规律性的比例关系，通常使用的能源消费弹性系数、能源强度、能源结构、产业结构与能源消费相关系数等指

① 参见魏一鸣．中国能源报告(2006)——战略与政策研究．北京：科学出版社，2006：4。

标来分析。其中：能源消费弹性系数为年均能源消费的增长率与年均国民生产总值的增长率的比值；能源强度即单位产值能耗；能源结构是指按照品种分类的能源在总量中所占的比重，包括能源的生产结构和消费结构。

影响能源消费指标的因素很多，主要有国民经济结构的变动、技术进步的状况、经济管理的水平、能源使用效率等。以能源消费弹性系数为例：在工业化的初期，大量能源消费的重工业部门优先增长，其弹性系数大于 1，单位社会产品的能源消费量上升。当重工业发展到一定规模时，优先增长的趋势明显减弱，该系数小于 1，单位社会产品的能耗量趋于下降。

（二）世界能源资源储量和供、需分布很不均衡

至 2004 年底，世界石油资源探明可采储量约为 11 886 亿桶，从东西半球看，约 75%的石油资源集中在东半球；从南北半球看，石油资源的 70%以上集中在北半球。其中中东地区的储量约占世界的 61.7%，欧洲（主要是俄罗斯）探明可采储量占世界的 11.7%，非洲占 9.4%，中南美洲地区占 8.5%，亚太地区仅占 3.5%，中国为 171 亿桶，占世界的 1.4%；全球天然气探明可采储量约为 179.53×10^{12} m^3，主要集中在俄罗斯和中东地区（中东地区天然气探明可采储量占世界总储量的 40.6%）；全球煤炭探明可采储量约 $9\ 091\times10^8$ t，67%集中在美国、俄罗斯、中国和印度（中国约为 $1\ 145\times10^8$ t，占世界的 12.6%）。由此可见，世界能源资源分布极具地域性特征。[①]

从世界能源市场供给的情况看，也非常集中。数据表明，2004 年世界原油产量为 38.7×10^8 t，但主要集中于少数国家，其中石油输出国组织（OPEC）产量占世界产量的 41.1%，俄罗斯占 11.8%，委内瑞拉、尼日利亚和哈萨克斯坦等国的石油产量增幅也很大；2004 年世界天然气产量为 2.7×10^{12} m^3，其中俄罗斯和美国的产量分别占世界产量的 21.9%和 20.2%；2004 年世界煤炭产量达 55.4×10^8 t，中国和美国的煤炭产量分别占世界产量的 35.9%和 18.2%。

从世界能源消费的情况看，全世界能源消费主要集中在亚太地区和欧洲，约占世界总消费量的 70%以上，世界能源消费量最大的前 10 个国家化石能源消费量占世界的 60%。中国所处的亚太地区是石油供需矛盾最突出的地区。据第 14 届世界石油大会专家估算，在全球常规石油可采资源量 $3\ 113.0\times10^8$ t 中，亚太地区有 233.7×10^8 t，占 7.5%，在全球待发现石油可采资源中亚太地区可能占 11.3%。而近 10 多年来，亚太地区石油需求平均增长率高达 5.4%，1992 年超过欧洲而仅次于北美洲成为第二大石油消费区，2005 年达 11.8×10^8 t，

---

① 参见 BP Statistical Review of World Energy June 2005：http：//www.bp.com/statisticalreview 2005。

而亚太地区主要产油国增产乏力，供需缺口将进一步加大。

（三）化石能源在一次能源消费中仍占主要地位

从世界能源行业的基本情况看，世界石油供应略大于需求，天然气需求复苏，煤炭消费增长强劲（中国、印度煤炭消费激增），核电消费量适度增长（其中亚太地区为核电消费增长最快地区），可再生能源利用迅速发展（主要集中在风力发电和太阳能光伏电池方面）。

BP(2005)的数据表明，2004 年化石燃料仍占全球能源供应的 80%，其中石油所占比例最大，为 35%，煤占 23%，天然气占 21%，可再生能源仅占全球能源供应的 14%（绝大部分可再生能源为传统能源，水电、风能、现代生物能源等可再生能源仅占 1/3），其余 6%为核能。

因此，当前世界能源系统的主要供给来自于化石能源，世界能源消费结构仍是油气资源依赖型。即使是化石燃料短缺的日本（其每年能源的消费量约占世界总量的 6.5%），尽管经济发展水平高、新能源开发投入大，包括水力、核电等发电在内，一次能源消费比例也仅占 17.6%，而化石燃料占 82.4%。在化石能源体系中，能源资源结构与能源消费结构也存在着明显的不对称现象。石油和天然气在世界能源消费结构中所占的比例，比其在能源资源结构中所占比例高出 1 倍以上；并且在新增能源需求中，这种依赖会趋于加大。

（四）发达国家与发展中国家能源消费量和消费结构差距很大

一个国家经济越发达，对能源的使用量就越大，高质能源在能源结构中的比值越大。美国人口占世界人口不到 5%，却是世界上最大的能源消费国，占世界总量的 25%左右；我国人口占世界总人口 22%，而能源消费量只占世界消费总量的 9%。

从能源消费结构看，发达国家与发展中国家也存在较大差别。目前全球约 1/3 的人口（20 亿人）仍然几乎完全依靠薪柴和其他传统能源来满足其能源需求。这些家庭用不上电、石油或天然气，而与此同时，比较富裕的人们则使用越来越多的化石燃料、水电和核能为其越来越大的汽车、楼房和电器提供动力；从国别差异看，中国、印度等人均石油资源匮乏的国家仍然是以煤炭作为主导能源，巴西、加拿大等国家水资源丰富，因而水电占了较大比重，法国的核电事业相当发达，核电占据全国能源消费总量的 38.6%。

（五）能源、环境的竞争与合作成为国际潮流

在供需状况不断地调整下，世界能源市场变幻莫测，国际原油价格高涨，美国纽约商品期货交易所（NYMEX）的原油期货价格多次突破 70 美元/桶，推动

了世界能源供需格局的调整。在复杂多变的国际能源竞争与合作中,各国政府和企业正面临着巨大的挑战和机遇。

能源需求量的增长和能源价格的上涨,加剧了国际能源竞争,同时也进一步促进着国际能源合作。能源外交活动愈演愈烈,世界大型跨国能源企业的重组和并购事件也频繁发生,各国在不断讨论着包括在清洁能源、石油天然气、核电、节能和提高能源使用效率等方面的合作。

能源与环境问题是密切关联的全球问题,全球能源消费的高速增长对温室气体的排放产生了严重影响。《京都议定书》(2005 年 2 月 16 日生效)标志着国际环境合作取得了重大进展,国际社会进入了一个实质性减排温室气体的阶段,减少碳排放已成为各缔约国社会经济发展和生产经营活动的重要目标之一。

(六) 一次能源结构趋向多元化,而终端能源结构趋向一致

在 21 世纪,能源服务的质量对未来能源系统的影响越来越大,虽然矿物能源仍将会是能源的主要形式,但各种矿物能源的应用程度各不相同,一次能源结构趋向多元化,终端能源结构趋向更灵活、方便及洁净的能源形式,它们将以电力、气体、液体的形式呈现在消费者面前,人们都将更多地使用电力和优质的能源。

(七) 新能源和可再生能源方兴未艾

自 20 世纪 80 年代以来,新能源和可再生能源的技术特性和成本都得到显著改善,一批新的可再生能源技术在特定领域已经可以与常规能源竞争,当经济活动当事人考虑化石燃料的环境成本和其他客观因素时,经济平衡有利于在更多领域应用可再生能源。例如,风力发电和太阳能光伏电池近年都以年增长30%以上的速度向前发展,风电已几乎可以与新建化石燃料发电厂相竞争。太阳能光伏发电(PV)[①]、现代生物质能在发展中国家的农村已经达到经济合理,此外地热利用、垃圾发电、水电发电、联合循环发电、能源循环利用、新技术、能源管理和控制系统的运用等,都将使能源供应、转换和终端方面的能源效率得以空前提高。

三、全球经济发展对能源供给的巨大压力

(一) 世界能源需求继续增长

随着人口规模的急剧膨胀和工业化的快速发展,全球能源及环境状况发生

① 在云南省曲靖市麒麟国家可持续发展实验区,城市太阳能使用超过 90%,主要用于热水供应、马路照明等,农民还用于智能化烤烟,节煤 43%。

了重大变化，迅速增长的消费需求及结构变化对有限的资源环境基础及其安全保障形成了越来越大的压力。根据国际能源署(IEA)对世界能源需求的预测，1997—2020年世界能源需求将增长54%。其中，石油消耗将增长56%，天然气86%，煤炭49%。化石燃料在一次能源供应中的比例将从1997年的80%上升到2020年的84%；发展中国家消耗的传统燃料将继续增长，但其增幅远低于化石燃料。

从20世纪70年代初第一次石油危机以来，世界非常注重能源效率的提高和改进，人均能耗仅增加了18.5%，然而全球GDP却增加了十倍多，人口增加约50%(20多亿人)。按保守计算，人口每年仅增7 000万，人均能耗仅1.634 6 t标油，20年后能源消费将是122.6×10^{8} t标油(175.31×10^{8} t标煤)，因此，未来的几十年内，全世界对于能源的需求增长趋势是惊人的。①

据IEA的预测，到2030年，世界一次能源的需求量将达到$15\ 267\times10^{8}$ t标油，世界终端能源消费量增加到$10\ 080\times10^{8}$ t标油，世界发电量增加到$31\ 524\times10^{15}$ W时，分别较2000年增长66.33%、67.11%和104.82%；而世界总装机容量2003年比1999年增加110.68%，CO_2排放量比1999年增加89.6%；21世纪前30年的能源结构仍以矿物能源为主，可再生能源(不包括水能)在一次能源中的比重仅会增加1个百分点。

(二) 发达国家仍将维持人均能源消耗的高水平

发达国家从1980年以来，GDP总值增加了两倍多，占世界总值的比例也从70.8%增加到79.7%，但能源总量仅增加11.03×10^{8} t，人口仅增1.2亿，占世界人口比重从14.9%降到12%。占世界能源的消费比例基本稳定在60%左右，人均能耗发达国家超过欠发达国家4倍，而世界能耗第一大国美国为8.44 t标油/人，是低收入国家人均的8倍。

对于发达国家，随着工业化和技术进步的进程，服务业在经济中所占比重不断加大，能源强度将呈下降趋势，但是人均能源消耗仍将继续增长，而且远高于发展中国家的人均消耗量。但对于尚未完成工业化进程的发展中国家，由于人口增长速度快，而能源消费水平低，仍然需要发展能源密集型产业，因此能源强度还会继续上升。

(三) 发展中国家将对世界能源消费提出巨大挑战

目前，世界能源消费结构面临一个划时代的变革和挑战。在过去的历史中，世界能源消费与GDP的增长都主要发生在发达国家，这种结构势必随着发展中

① IEA，Renewables Information，2003。

国家的崛起而受到严重挑战。在产业重化工和快速城市化的发展背景下，发展中国家的能源消费弹性系数已进入较高的特殊增长时期，预计到2025年，发展中国家的能源消耗总量将超过发达国家。

目前，中国人均化石燃料能耗仅为2001年全球人均能耗值的66.1%（而印度还不及中国的50%）、发达国家人均能耗的1/6弱，如果经过20～30年的发展，中国人均达到发达国家能耗的一半（总能耗约为36.69×10^{8} t标油，按15亿人计算），仅中国和印度两国就可能接近目前整个世界的能耗，如果印度以及其他发展中国家用20～30年到发达国家1998年50%的能源水平（人均2.5 t标油），整个世界能源消耗量将达到200×10^{8} t标油以上。

据IEA的预测，如果30年后所有发展中国家用油量都达到人均1 t（发达国家目前水平的几分之一），发达国家人口与用能耗量都保持不变，即使再乐观的能源发展结果，都不能维持如此巨大的消费量。[①]

第2节　能源配置的典型分析

一、价格控制

价格控制理论主张被规制产业的价格上涨不能高于通货膨胀率（即零售价格指数RPI），对于技术进步带来的劳动生产率（用X表示）和价格变化，通过剩余的索取以换取信息不对称所带来的影响，促进生产率的提高。从理论上讲，使用价格上限规制可以以分散化的方式、通过让企业自己选择定价而得到相应的价格结构，发挥出资源配置的正效应。[②]

但在实践中，实施价格上限也将限制价格达到其正常水平，在价格上限的作用下，能源的消费水平将高于没有价格上限的正常水平；同时，从供给方来讲，价格的提高是资源得到节约的动因，而低价格则会导致资源的过度使用，而一旦生产的边际成本达到价格上限的水平，不管需求水平多高都将会停产。因此只要价格上限是长期的，产出将会比没有管制时减少，并且大部分产出将在最初几年内被消费掉。

这种价格上限对供求双方的影响将使能源的配置产生一定扭曲：[③]

① 在价格控制下能源向替代品转换的时间提前，意味着消费者不能在其愿

---

① Renewables Information，IEA，2003。

② 参见刘学敏．中国价格管理研究——微观规制和宏观调控．北京：经济管理出版社，2001：96。

③ 参见汤姆·泰坦伯格．环境与自然资源经济学．北京：经济科学出版社，2003：148-149。

意支付价格水平下，得到生产者供给的全部；

② 这种转变是突然的，相伴随的是价格突然跳跃至更高的水平，导致在利用替代产品的技术还没有得到充分发展时，替代就已经发生了。

另外，由价格控制产生的不连续的技术跳跃增加了消费者的支出。消费者被能源人为的低价格所吸引，将会投资于使用能源的各种设备，然而在替代发生后却发现市场上已买不到相应的能源。

如图 7-1 所示，当市场价格低于价格上限时，会影响人们的经济行为，这种资源的重新分配又反过来影响最初几年的价格。

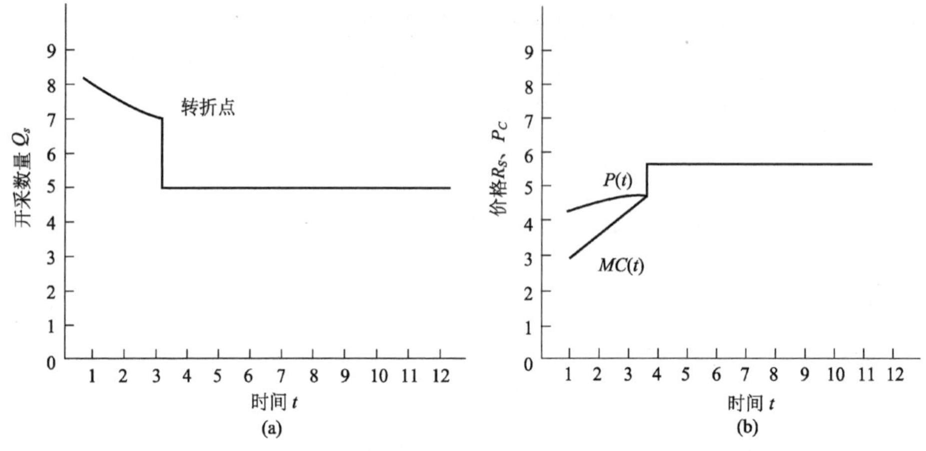

图 7-1 价格控制下能源开采量(a)和价格变化(b)

价格控制还会引起其他一些问题，由于价格控制不是永久不变的，它会随着国家政策的突然改变而发生不可预见的变化。当价格上限解除时，价格突然上升的情况会使能源生产者预期价格上升，从而减产来等待高价位的来临。这种情况对消费者来说是非常不利的。

通过供需双方对外部条件变化的反应可以看出，能源的价格控制对市场机制带来种种问题，政府的这种控制在于利益的重新分配，这种分配和政治激励可以用消费者和生产者剩余来加以解释。

从图 7-2 中可看出，市场均衡配置数量为 Q^*，均衡价格为 P^*，国家的净收益等于 $A+B$，A 为本期消费者获得的消费者剩余，B 为生产者获得的生产者剩余。

假设现在设置一个价格上限，由于排除了抬高价格的可能，边际使用者成本将减少，引起生产者的供给曲线向右下方移动，此时产量增加到 Q_C 而价格下降到 P_C，本期消费者剩余从面积 A 增加至面积 $A+B+C$；与此相对应，一些未来的消费者的状况将趋于恶化，因为价格上限将使能源以较快的速度消耗，使本来可以使用低价能源的未来消费者不得不使用更加昂贵的替代品，未来消费者的

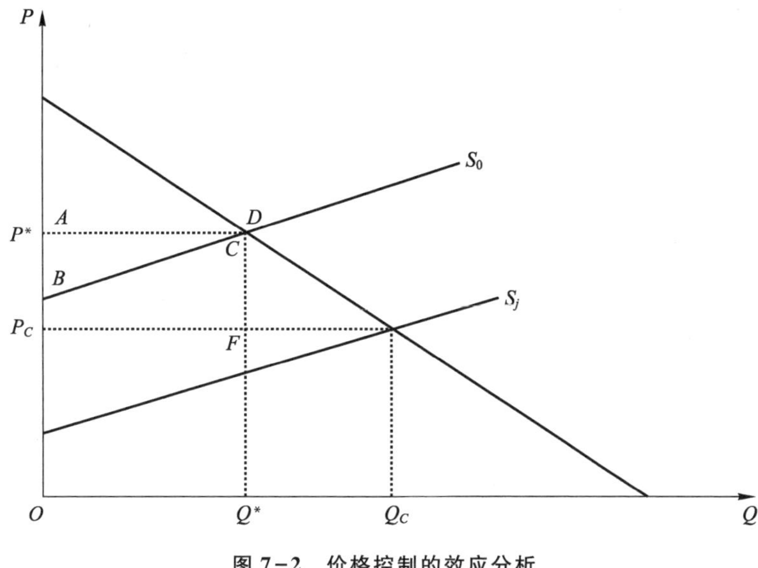

图 7－2　价格控制的效应分析

剩余将大大减少。

从图 7－2 图形上看，如果区域面积 $D>B$，生产者的利益也会增加，但从长期来看并非如此，因为如果供给者增加产量，他们将失去价格控制时的稀缺性租金（D 区域不包括稀缺性租金），因此，当考虑稀缺性租金时生产者的净利益是减少的。

通过分析可以看出，稀缺性租金作为一种机会成本在能源分配过程中起着重要作用，可以保护未来消费者，当政府将稀缺性租金作为一种从生产者转移到消费者的收入时只会引发更多的问题。由于可以换取选票和现实政治利益，价格控制是有政治吸引力的，但它的低效率破坏了能源的分配状况。

二、国际卡特尔

世界能源市场是一个不完全竞争的市场。以石油为例：世界石油储量的 77％和原油产量的 40％以上来自国际卡特尔——“石油输出国组织”（OPEC）。[①] 卡特尔组织通过减少原油供给、提高原油价格来榨取更多的稀缺租

① OPEC 成立于 1960 年，它的成立被视为石油输出国为了应付石油过剩和价格下跌而设立的应急性组织。当时，一些国际石油团体大幅度地降低税务中介价格，以此减少主要生产国的国家收入。因此，OPEC 应运而生。目前，该卡特尔的成员数增加到 13 个，相继出现过下列战略要点：协调有关石油开采的国家立法，特别是统一开发与税收；各成员国都成立国家石油公司，以便与国际石油康采恩相抗衡；通过国立公司接管资本股份使国家参加外国石油康采恩；提高税收；通过接管外国石油公司的全部股份使其国有化；规定石油出口的法定价格；统一生产定额以防止供过于求，等等。

金,以较低的生产数量和较高的价格减少社会从资源得到的净福利,尽管有助于遏制原油资源的过快开采和耗竭,但却推迟了向替代资源的转换。由于缺乏有效的竞争,能源卖方的垄断导致了低效率配置。

影响卡特尔的因素很多,但有四个较为特殊的因素:OPEC 石油在长期和短期的需求价格弹性;石油的需求收入弹性;非 OPEC 成员国的石油供给;OPEC 成员的利益一致性程度。

(一) 需求的价格弹性

需求价格弹性决定需求对价格变化的反应,当需求弹性小于 1 时,价格上升会导致收入增加,收入增加的数量取决于需求价格弹性的大小。一般说来,需求价格弹性越小,组成卡特尔所获得的收益越大。

原油需求的价格弹性取决于储存的可能性和替代资源的可得性,这些选择机会越多,石油的现金支出越小,需求的价格弹性越大。由于调整需要时间,原油需求的价格弹性在长期比短期更大。这为卡特尔价格设定了上限。

替代资源的可得性也很重要,充足的、价格不过高的替代能源供给限制了卡特尔提升价格的空间。尽管替代能源很昂贵,新技术的完善并大规模应用于市场需要花费很长的时间,有的还会引发环境问题,但从实践来看其转换似乎是平滑的。

(二) 需求的收入弹性

需求的收入弹性反映原油需求对世界经济增长的敏感程度。当价格不变时,收入增加,石油的需求也增加,从而为卡特尔提价创造了更大的可能性;在其他情况相同时,需求收入弹性越高,价格上升得越高,使需求变为零(在没有替代时)或价格上升到替代资源的价格水平就越快。

另一方面,收入弹性也反映需求对经济周期的敏感性。收入弹性越大,需求对经济周期越敏感,经济衰退引起的需求减少越多,对卡特尔的压力越大。

(三) 其他供给者的影响

由于会影响卡特尔对市场的控制,因此卡特尔在制定价格时必须考虑非卡特尔供给者的行为。

卡特尔通过限制产量来确定一个价格使其利润最大化(将非卡特尔供应商的产量也计算在内),非卡特尔供应商不能直接来制定价格,但他们可以自由选择产量来使自己的利润最大化,其产出水平会对卡特尔的价格战略产生影响。因此,对于卡特尔来说,其最优战略就是在初期限制其销售量,让其他供应商消耗其储量,经过一段时间卡特尔再提高价格占领市场。

如果非 OPEC 供应商在高价格下增加供给(产量足够大),会引起 OPEC 市场份额的下降,垄断力的下降必将引起价格下降,此时的石油市场接近于竞争状态。1979 年 OPEC 的石油产量占世界市场的 50%左右,而在 1986 年其市场份额曾下降到 30%左右,虽然在此期间世界石油产量整体下降了约 10%,但卡特尔面临的竞争压力巨大,石油价格也最终下降。美国进口石油的平均价格从 1981 年的 36.52 美元/桶降至 1986 年 1 月的 25.94 美元/桶。卡特尔之所以不能维持高价格,是因为每个成员无法承受所面临的巨大减产份额。①

(四) 成员国利益的协调问题

当市场上只有一个供应商,他会一心去达到自己的目标而不用考虑有其他供应商的行为,但如果是一个拥有众多成员的卡特尔组织,就不会有这样的自由。虽然卡特尔的目的是维持一个所有成员共同遵守的垄断高价,从而使整个卡特尔的利润极大化,然而每个成员与整个集体的动机可能会存在偏差,或多或少成员都有降价销售、偷窃伙伴市场份额的强烈动机,因此对供应商来说组成一个有效的卡特尔并非易事,但如果可能组织成功,卡特尔的获利能力是惊人的。由于卡特尔对消费国家将产生非常高的成本,潜在的禁运就给正常的自由贸易投上了一层威胁,因此卡特尔赋予了成员国很大的影响力,当其国家收入用来购买或制造武器时,其经济力量也就转化成了政治力量。

此外,OPEC 成员对价格和产量决策的认可和遵守程度也影响其成败,这与各国石油储量的大小有关,如沙特石油储量大约占 OPEC 探明储量的 33%,即使单独行动,其产量变动也会影响世界价格,但由于原油需求的长期价格弹性比短期价格弹性高,因而注重原油的未来需求,不主张提价过高;相反,储量少的成员国则希望在短期内尽量把资源稀缺租耗尽。

三、能源配置的其他问题

(一) 能源利用的不确定性

由于人们认知能力的有限性和认识信息捕获成本太高,人们将那些无法预料或难以测度的变化称之为不确定性。而能源利用的不确定性无疑对能源储量确定、能源利用方式与途径选择、能源利用规模与范围的确定、投入政策、定价政策、环境政策都有着重大影响。自然资源不确定性主要是:②

① 参见汤姆·泰坦伯格. 环境与自然资源经济学. 北京:经济科学出版社,2003:156。

② 参见罗必良,王玉蓉. 自然资源利用的不确定问题. 生态经济通讯. 1994。

1. 能源需求的不确定性

如果无法形成确定的未来预期,加之人口压力,人们就会倾向于尽可能地增加目前的消费能源,而某一时期的决策不可避免要减少未来的机会,因此未来能源需求的不确定性在不断增大。

2. 技术上的不确定性

如果对新技术的有害影响缺乏充分了解,会鼓励过早地应用这些技术,从而导致严重的机会成本;对未来可能的新技术预见过于乐观时,将使可耗尽资源的开采率过高,使未来付出很高的代价;如果对技术过于悲观,则将使资源开采率过低,减少机会收益。

3. 资源供给的不确定性

包括资源储量的不确定性、资源回收与重复利用的不确定性、替代资源出现的时间与利用规模的不确定性等。

4. 资源价格的不确定性

如果资源所有者预计开采出来的资源价格会下跌,他们可能会增加现期开采率,加剧预期价格的下降;反之,延期开采又会减少现期资源供给,加速预期的价格增长。

5. 资源财产权的不确定性

当资源产权或其收益权缺乏保障时,会加速资源的消耗或开采速率;当行为主体的资源利用活动产生外部不经济或外部经济而又不能得到补偿时,它会分别加速资源的利用或导致资源利用不足;在社区产权情形下,"公共产权"的利用总是趋于过早耗竭;等等。

另外,世界化石能源的可用量也存在巨大挑战。根据 BP 世界能源统计报告资料,按 2002 年产量计算,全世界煤炭的储采比为 230 年(中国为 110 年),世界范围石油的储采比为 40 年,天然气的储采比为 60 年。按目前的经济发展方式、消费方式,即使全世界其他国家都维持现状,仅中国和印度两个国家(约占全球人口 40%)20 年后能源消费量的增长就将对世界化石能源的可用量形成巨大挑战。如果考虑在此期间整个世界能源消费量还在不断增加的话,这个挑战将更加严重。

(二) 高投入和高成本

建设电厂,石油、天然气管道以及其他能源供应设施等都需要大量资金。研究表明,如果世界能源消耗继续以每年 2%左右的速度增长,2000—2020 年能源供应需要 11 万亿~13 万亿美元投资,2020—2050 年需要 26 万亿~35 万亿美元(按 1998 年美元计)。这意味着每年需要能源生产和转换投资 5 000 亿~10 000 亿美元,相当于 20 世纪 90 年代每年投资的 2~4 倍。

更为重要的是，发展中国家由于产业结构、发展阶段、技术和体制等方面的原因，短缺与浪费并存。一方面，短缺资源的价格一般低于其实际的经济社会价值；另一方面，浪费使有限的资源所获得的产出减少，为实现一定的消费水平和消费结构，不得不投入更大数量的经济资源，这加剧了资源的短缺，提高了成本。例如，目前我国重点钢铁企业吨钢能耗比国际水平高40%，电力行业火电煤耗比国际水平高30%，万元GDP耗水量比国际水平高5倍，万元GDP总能耗是世界平均水平的3倍，如此高的资源消耗和如此庞大的需求，只有彻底转变发展方式才能最终解决发展中的能源问题。

据IEA分析，由于能源利用的低效和浪费，加上政府取消能源价格补贴，能源支出在许多家庭中所占比例很高，很大一部分世界人口将继续支付高额能源费用。在乌克兰，能源费用占家庭支出的比例达到40%；在美国，贫困家庭的能源支出占其收入的12%～26%。

(三) 空气污染

传统燃料会产生大量的空气污染，随着油气能源紧缺，煤炭占一次能源的比例将会增加，酸雨可能增多，CO_2 的排放量也会加大。

化石燃料造成的空气污染不仅损害公众健康，并且破坏生态系统。在人类活动(与自然活动相对应)产生的大气污染物中，能源生产和使用造成的 SO_2 排放占85%，悬浮颗粒物排放占45%，铅排放占41%，碳氢化合物排放占40%，NO_2 排放占20%。

由于燃烧效率低下，缺乏有效的污染控制，东南亚城市的悬浮颗粒物浓度比世界卫生组织(WHO)规定水平高2～5倍，铅、CO_2、氮氧化物、挥发性有机物浓度也超出安全范围，在此环境下，室内空气污染每年使全世界180万人过早死亡，比户外空气污染造成的死亡高3～4倍；在印度，室内空气污染每年导致50万妇女和儿童过早死亡，比死于疟疾、艾滋病、心脏病、癌症等主要疾病的总人数还要多；如果将中国城市因空气污染引起的人员死亡的影响转换成经济损失，则该损失超过工人平均收入的20%，接近500亿美元(约占GDP的7%)；在哈萨克斯坦，由于大量生产石油、天然气、煤和铀，致使空气、土壤和地表水的污染都十分严重，正面临着一场由能源污染造成的公众健康问题和生态危机。

(四) 全球气候变暖

根据联合国政府间气候变化专业委员会(IPCC)的研究，近年来空气中的 CO_2 浓度比过去42万年来任何时候都高，其增长速度至少在过去2万年来是前所未有的，大气中的 CO_2 和其他温室气体正迅速增加并引起全球气候变暖(图7-3)。能源相关活动(主要是化石燃料的燃烧)产生的排放，占人类活动产生

CO_2 总量的 78%，甲烷则占 23%，而 CO_2 和 C 两种气体造成的全球气候变暖占所有温室气体的 80%。如果目前这种能源供求趋势在 21 世纪继续下去，全球气候将会显著变暖。2050 年世界 CO_2 排放量将再增长 2～2.5 倍，到 2100 年，平均地表温度将升高 1.4～5.8 ℃。

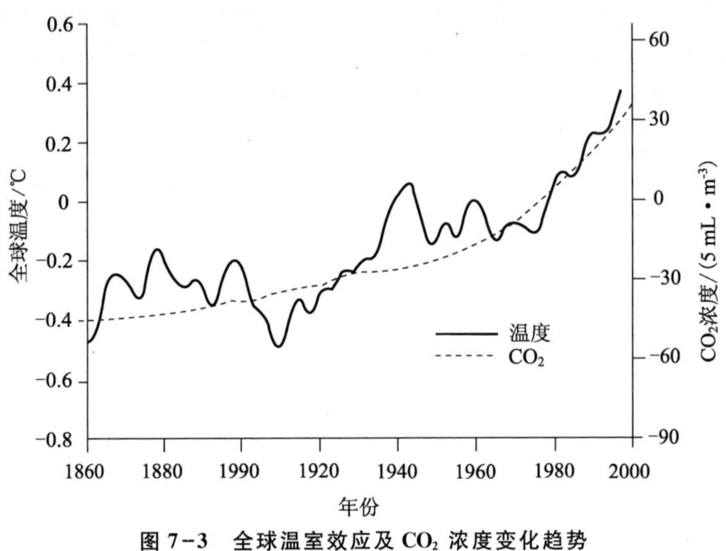

图 7-3 全球温室效应及 CO_2 浓度变化趋势

(IEA,2000)

全球变暖已经开始造成一系列负面影响，气温升高将造成海平面升高，引起低地地区的洪涝灾害并淹没岛屿国家，这会使上百万的人举家迁移；导致更频繁的气候灾害如干旱、洪水和热浪等，世界范围内由此造成的经济损失已经比 20 世纪 50 年代扩大了 10 余倍；全球变暖还将加快传播疟疾和登革热等传染性疾病；造成冰川后退，极地冰冠收缩，并危及珊瑚礁、环礁、红树林、北半球和热带的森林等脆弱的自然系统，这将对人类提出严峻挑战。

(五) 化石能源难以替代

常规石油生产一旦达到顶峰，由于剩余储量开采难度越来越大，石油产量会以每年 3%左右的速度下降。如果没有足够数量的替代燃料出现，石油产量降低后，其价格就会飙升。能源的未来取决于科学上不确定性的解决，这些资源渗透到市场的程度取决于相对成本和消费者的接受程度。新系统比老系统常常可靠性较低，价格较昂贵，如果每个消费者都拖延这种转换，新产业将不可能得以很快地发展；同时，新能源利用的外部性也必然带来相应的成本与风险。

作为常规石油生产的自然延伸，世界油页岩、油砂等非常规石油资源的蕴藏量十分丰富，但大规模开发的成本很高，而且造成环境大面积破坏，温室效应严重，并不是一种理想的石油替代燃料；不管用何种办法用煤转化油效率都太低，基本上要消耗 4～5 t 煤炭才能得到 1 t 油，即使找到大规模有效合成煤变油的办法，受资源的束缚，全球 9 000 多亿吨煤炭也仅能生产 2 000 多亿吨油，仅比当前世界的油多一点，绝不够支撑世界未来的巨大需求；而气体直接用于内燃机效率大大低于液体油使用的效率，其携带既不方便，也不安全；从风能、水能、太阳能等再生能源讲，由于其稳定性普遍较差、分布不均衡、获得效率不稳定、投资过高，其对石化能源的替代还存在着许多问题；从核能利用来讲，可供核电生产的铀资源十分丰富，但核电的未来是不确定的，由于安全问题，即为了提供安全系统而增加了规制要求，新的核电厂的建设将变得相当昂贵，它相对于煤的经济优势也消失了，因此，核能一直受到经济和政治压力的困扰。

(六) 能源消费的不公平

据联合国发展计划署(UNDP)提供的资料，与能源储量的不均衡相比，能源消费更不均衡。整个西方七个主要发达国家 6.058 亿人，占全球人口的 9.8%，却大约消耗世界全部化石能源的 45%；而 OECD 国家人均耗电量比东亚国家高 13 倍，比撒哈拉以南非洲国家高近 65 倍(不包括南非)，比南亚国家高 26 倍。

无论是在工业化国家还是发展中国家，一国之内能源消费水平也有显著差别。美国富裕家庭比贫困家庭消耗的能源多 75%，中国 4 个最富裕的沿海省城市家庭消耗的能源是内陆省贫困家庭的 2.5 倍，类似差异在巴西、印度、墨西哥等国同样存在。

商品能源消费的不均衡，使得各国的温室气体排放及对全球变暖的影响也不均衡。1995 年，全世界人均耗能最多的 20%人口，排放了占全球 63%的 CO_2，而人均耗能最低的 20%人口仅排放了 2%。

传统的能源政策强调增加工业化国家和发展中国家富裕居民的能源使用，较少考虑为贫困居民提供商品能源，改善能源服务。全世界近一半人口居住在发展中国家的农村，他们绝大部分用不上电和现代炊事燃料。至 20 世纪 90 年代，全世界仍有 20 亿人用不上电，在印度，只有不到 30%的农村家庭能用上电，绝大部分农村家庭使用传统生物质燃料做饭。

(七) 价格和税收障碍

在传统能源日益紧张的情势下，许多发达国家和发展中国家政府仍在为传统能源提供津贴，如美国政府在 1968—2000 年期间为石油公司提供了价值大约 1 400 亿美元的税收鼓励；1998 年，印度的农业用户一般只需每度电支付 0.5 美分，相当于平均电力供应成本的 1/10。补贴过的能源价格降低了消费者节约能源的经济动力。

即便没有补贴，能源价格也很少能够反映社会上与能源生产和利用相关的全部成本，不包含为了保护石油供应的军费支出，或由于阶段性石油价格冲击造成的经济波动等的社会成本，不包含汽油生产和燃烧时产生的环境成本，这导致了能源的过度消耗。

税收政策也会妨碍能效技术的大量投资。在美国，企业可以在计算其所得税前从收入中扣除能源成本，然而投资成本却必须经过许多年折旧，有时候长达30年，这就使得企业更不愿意实施能效项目。

(八) 政治障碍

一些有影响的行业会反对并阻碍提高能效的政策性行为。例如，煤和石油的生产者以及能源密集型企业反对向化石燃料或CO_2征税。汽车制造商反对车辆节能标准或对“油老虎”征税。这些企业的利益对政治有很大的影响力，并且会受利益的驱使阻碍实施那些可能对他们不利的政策。

同时，由于石油和天然气生产存在着垄断，油价和天然气价都大大高于边际成本，油价和产量在很大程度上取决于重要产油国的经济和外交政策，因此石油和天然气的价格存在着很大的不确定性。

第3节 能源安全与政策

一、能源安全的重要性

能源是现代人类生存和发展所依赖的基础资源。随着世界经济的发展和工业化、城市化程度的提高，世界对能源的需求不断增多，能源资源的不确定性尤其是能源供给的不确定性，迫使人们必须进行必要的储备，以备将来不时之用。如何保证国家的能源安全成为近年来世界各国政府高度关注的一个问题，成为关系到各国生存和发展的关键性战略性问题。

能源安全的概念是由西方发达工业国提出的。20世纪70年代，随着阿拉伯国家石油的禁运，第一次全球石油危机的爆发，给许多工业化国家造成了巨大的经济损失。以美国为首的西方发达国家在1974年成立国际能源署(IEA)，正式确立了以稳定石油供应和石油价格为核心的能源安全理念和目标。

在以供应安全为主要出发点的传统能源安全观中，能源储备的主要目的有战略物资储备、国家安全储备、市场风险储备、稳定供求关系和抗御自然灾害等。近年来，能源安全被不断赋予越来越多的新内涵。《京都议定书》(1997)重新界定了能源安全的概念，在国家能源发展战略中，增加了能源的使用不应对人类自身生存与发展的生态环境构成威胁的要求。能源供应、经济竞争力和环境质量成为保障国家能源安全的三个基本要素。

二、能源供求与国家安全

从现实情况看，能源进口会产生一定的追加成本，但市场往往不能反映出这种成本的存在。能源安全是典型的国家利益问题，而企业做出商品进口决策时，一般很难将国家公共利益考虑在内。因此当由市场决定能源进口量和本国生产量之间的均衡时，一般会导致总消费量过多，国内供给量过少，造成对能源进口的过度依赖。图 7-4 将对能源储备、国家安全的意义进行具体分析。

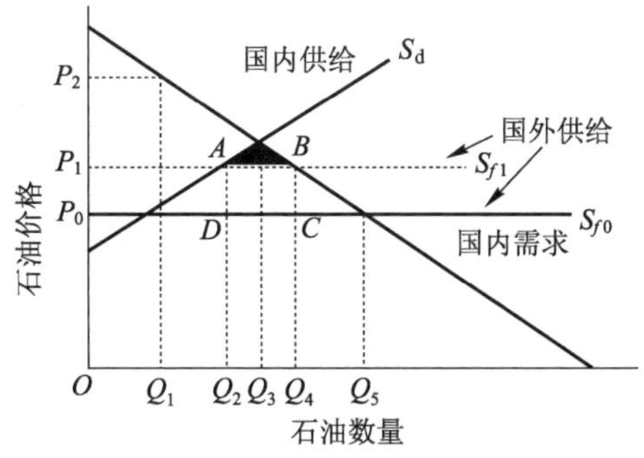

图 7-4　能源供求与国家安全分析

图 7-4 中，国内石油进口量不会影响国际石油价格；与国内需求曲线相交的国内长期供给曲线 S_d 向右上倾斜，表示如果有足够开发的时间，国内供应将随价格的升高而增加；两条进口供给曲线为世界市场价格，而 S_{f1} 包括世界市场价格加风险成本或保险费，反映进口造成的附加的国家安全成本；S_{f0}、S_{f1} 与横轴平行，表明保险费是一常数。

在不考虑国家安全的情况下，市场的需求总量为 Q_5，其中 Q_1 为国内供给，$Q_5 \sim Q_1$ 则依靠进口。然而考虑到国家安全成本，市场需求将减少至 Q_4，其中 Q_2 为国内供给，$Q_4 \sim Q_2$ 为进口，相比于需求，Q_2 的份额太小，这样国家能源安全成本将面临问题。S_d 是在有足够时间来开发资源时的国内供给曲线，当禁运发生时，全部消费量将由国内提供。从长期看，总消费量可能达到 Q_3，但是从短期看，将没有足够时间去开发所需的增加资源，供给曲线会在 Q_1 点垂直，完全没有弹性，市场价格将会上升至 P_2 以维持供求平衡。这就是说，禁运开始时，消费者剩余的损失是巨大的。

能源的自给自足是否是最优，主要取决于考虑国家安全的进口供给曲线 S_{f0} 的位置，如果 S_{f0} 低于 S_d 和需求曲线的交点，则完全的自给自足肯定不是最优的，自给自足（即消费 Q_3、进口为 0）的效率明显小于有效配置水平 Q_4，效益损失为图中阴影部分。

在现实中，即使存在禁运的可能，各国还会进口，因为一般情况下依赖进口的风险成本低于自给自足所增加的成本：

一是禁运有一定的偶然性和不确定性，禁运所造成的损失取决于禁运发生的可能性、频繁程度和时间长短，即 S_{f0} 的位置取决于禁运发生可能性的高低。

二是国内可建立战略性储备以减少由进口引发的国家安全成本，这些措施的成本越低，S_{f0} 的位置越低。

三是增加国内生产完全的自给自足虽然减少了短期风险，但也同时减少了可供未来使用者享用的资源产量，增加了长期风险。

对于进口的脆弱性，可以通过政府调控使脆弱性成本降到尽可能低的程度，如从较少利益冲突的国家进口是比较安全的。然而即使建立了战略能源储备，风险租金也不可能为 0，即 S_{f0}、S_{f1} 不会重合。因此，政府需要了解有效的消费水平和进口的有效份额，考虑建立有效率消费水平的与有效率的进口水平之间的均衡，选择一些行之有效的政策。

同时，为了化解风险，节能是常用方法。要完成既定的能源节约，可征收能源使用税，使税后的需求曲线向左移动，以降低消费（所有的能源消费），增加净收益，但不能使进口达到有效水平，因此能源消费税不能作为单独使用的政策手段。

另一种可行战略是对国内供给进行补贴。从图上看，补贴将使国内供给曲线向右移动。结果是减少了总消费中进口的份额，但不能减少总消费量，因此补贴手段也不会单独使用。

进口关税和进口配额也是政府可以选择的手段。如果征收 $S_{f0}-S_{f1}$ 数量的进口关税，或者设定数量与 Q_4-Q_2 相等的进口配额，都将使价格从 P 上涨到 P_1，总消费量将减至 Q_4，进口为 Q_4-Q_2，因此当关税或配额手段使用得当并配合上述各种政策时，可以达到有效配置的状态。

当然关税或配额的使用在提高公共效率的同时也会引起收益再分配现象，关税提高了进口石油的成本，而配额减少了国外石油的进口量，这将导致国内市场石油的价格上升。价格上升促使国内生产者扩大生产，并获取更多的利润。因此对于国内生产者剩余的影响是值得注意的。

三、能源安全及能源经济政策

能源安全及能源经济政策的实施是一个有机的战略体系，科学有效的能源政策能够正确引导全社会的能源消费行为、消费结构、产业结构和技术进步，促进最优战略能源储备规模的建立。

(一) 建立能源供应的安全预警机制

在能源日益紧张的情势下，要把能源发展战略、能源经济贸易战略纳入国家经济安全战略的宏观指导下，增强对能源战略的宏观决策能力；强化成品油市场监测、供应预警、应急措施、联动机制、应急预案等机制建设，形成完善的石油供应安全预警体系（如单位时间石油供应低于计划的80%启动预警系统、低于70%采取紧急措施和应急预案等），及时跟踪国际市场石油供需动向信息，跟踪分析各种可能对国家能源安全产生影响的因素，为国家能源安全战略的筹划提供依据；要密切关注国际政治、经济、军事发展趋向和国际安全环境的变化，及时准确地预测并把握非常事态可能发生的时机、方式、区域、规模及影响，控制或削弱其可能对国家构成的风险，减少油荒和国内油价波动的突然性和偶然性因素，使油价波动对国民经济的影响降到最低。

(二) 加快国家能源战略储备体系建设

能源战略储备是指用于国家战略之需的能源储备，其目的是缓解能源供应短缺对经济发展的影响，既抵御国际石油市场价格波动的风险，还可防范敌对国家或集团的制约和威胁。

国家能源战略储备应由政府统筹规划，科学论证，合理布局，分步实施，形成符合国情的能源战略储备体系；应制定能源储备的相关法规和优惠政策，加大商业储备，进而提高国家石油战略储备规模；对国家能源战略储备的建设、维护、使用要做出明确规定，健全和完善能源战略储备管理体系；同时，国家应积极参与石油期货交易，用市场手段规避石油价格风险。

(三) 石油进口和投资渠道的多元化

能源安全不单单是经济问题，也是政治问题。因此政府应着眼拓展海外能源市场，加强石油进口的风险比较分析，有针对性地增加和减少一些地区的进口量，确保能源进口渠道的全方位、多元性，因此政府必须积极开展能源外交，开展区域性能源合作，通过市场和外交手段规避进口风险；同时，国家要制定相关政策，鼓励、扶助国内石油企业积极参与国际石油资源合作开发，在充分利用海外油气资源市场的同时，与产油国及国际石油财团一起参与石油市场的加工与销售，实现利益共享，风险同担；增加管线石油运输和陆上石油运输在进口总量中的比例，提高本国船运公司的运输能力，提高海军实力，减少石油进口中的风险隐患，降低石油进口风险。

(四) 统一管理原油和成品油的出口

在市场经济下,能源生产企业会为了高额利润而增加出口,对此,国家应建立科学合理的能源进出口制度,防止能源过度外流,避免本国能源市场供应紧张情况下仍大量出口的反常现象,确保国家能源供应安全。

为保证国内能源供给,国家应制定相应的补贴政策和措施,如利用上游石油生产企业的盈利来承担下游加工企业的亏损;同时应强制要求下游石油化工企业,在高油价时期不得擅自减产、限产和停产;促进海洋油气资源勘探开发技术水平的提高,保障国家的成品油供应安全。

(五) 提高能源利用效率,实现经济转型

目前,在各国能源消费严重失衡的同时,发达国家与发展中国家的能源利用效率也呈现严重失衡的状况,如中国能源和原材料成本在国内产品的生产成本中约占75%,GDP单位能耗量是主要发达国家水平的3~10倍,造成我国国民经济的总体竞争力较低,许多产品缺乏市场竞争力。加入WTO后,随着各国环境保护要求和能效标准的不断提高,国外机电产品已普遍采用"能效标识"制度,形成实际的"绿色贸易壁垒"。因此,提高能源利用效率,实现经济转型关系到我国工业产品的国际竞争力和生存空间。

(六) 调整能源消费结构,减轻环境和风险压力

能源消费是造成环境污染的主要原因,尤以发展中国家为重。由于多年来煤炭占我国一次能源消费总量的70%左右,目前每年CO_2的排放量已占全球总排放量的15%以上,全国82%的城市、国土面积的40%出现不同程度的酸雨,57%的城市颗粒物超过国家限定值,已成为全世界区域环境污染最严重的国家之一。

由于环境保护和温室气体减排的压力,要实现可持续发展,相对于现在的能源格局和趋势必须有效调整能源消费结构,大力利用天然气和太阳能、风能和地热能等可再生能源。

国际能源贸易有很多不确定因素,国际能源价格的不断动荡、进口能源的依存度过高,将增加各国能源安全的不确定性和风险。因此,调整能源消费的内外结构,降低能源供应对国际能源市场的依赖程度成为能源安全建设要考虑的重要因素。

(七) 推进节能新技术开发,充分利用可再生能源

面对能源强度指标,各国节能降耗的潜力巨大。因此国家要抓好重点行业

的节能降耗，明确各行业节能降耗的标准、目标和政策措施；要积极研制和推广节能技术，鼓励节能技术的开发、应用和推广，发展节能环境保护产业和环境保护设施，促进绿色生产，不断优化终端能源结构；增加节能关键技术的R&D投入，加快技术演化的步伐；从税收、价格、产业政策等方面建立完善激励机制，实行有利于可再生能源发展的优惠政策，促进可再生能源的开发利用。

思考题

1. 试述世界能源利用现状及趋势。

2. 画图并阐述价格控制下政府对利益的重新分配。

3. 试述国际能源垄断组织——卡特尔的市场行为，并列举你所知道的实际案例。

4. 画图并阐述能源供求与国家安全。

5. 试述能源安全的战略意义，并阐述能源经济政策。

第8章　土地资源的经济问题

土地资源是自然资源中最基本的资源，而且是一个与人类活动有关的自然-经济综合体。本章主要阐述与土地资源相关的经济问题，包括土地资源的经济特性、供求关系、价格理论、集约利用、规模利用、区位利用和持续利用问题等。

第1节　土地资源概述

一、土地资源的特性

(一) 土地资源

土地是陆地表层具有一定厚度的特定的物质能量系统，它以特定的岩石-地貌-成土母质复合体为骨架，并由特定的气候、水文和生物群体等要素相互作用形成的一种相对独立的历史自然综合体。

土地资源在资源经济学中是指在土地总量中，目前和未来人们依靠一定的技术和生产力条件能为人类所利用，以创造财富并产生经济价值和社会效益的那部分土地。土地资源是自然资源中最基本的资源，而且是一个与人类活动有关的自然-经济综合体。土地资源是人类生存的主要场所和不可缺少的物质条件，也是农业的基本生产资料。土地资源具有一定的时空性，即在不同地区和不同历史时期的技术经济条件下，所包含的内容可能不一致。如大面积沼泽因渍水难以治理，在小农经济的历史时期，不适宜农业利用，不能视为农业土地资源。但在已具备治理和开发技术条件的今天，沼泽就是农业土地资源。

土地资源与土地的关系，是部分与全体的关系。由于人们目前还很难确定哪些土地是绝对不能利用和创造财富的，因此，土地和土地资源两个概念经常是相互通用的。

(二)土地资源的自然特性

土地资源的特性是指作为人类的基本生产资料和生活资料的土地所固有、区别于其他生产资料和生活资料的特殊属性。一般认为,土地资源的基本特性包括自然特性和经济特性。其中,土地资源的自然特性是土地资源自然属性的反映,是土地资源本身所固有的,与人类利用土地资源并没有必然联系。

1. 土地资源是自然的产物

土地资源是大自然的产物,是自然恩赐于人类的,早在人类诞生前就已存在,而不像其他生产资料那样是劳动的产物。人类能创造其他财富,却不能创造土地。不过,人类虽然不能创造土地,但却能改良土地或破坏土地。

2. 土地资源位置的固定性

土地资源的空间位置是固定不动的,它不能位移,也不能被搬动。任何一部分土地和其他部分土地的位置关系都是固定的,这是土地资源成为不动产的基础。土地资源位置的固定性,既给人类提供了利用各种土地资源的可能性和生存发展的基础,也限制了人类利用土地资源的区域性。人们对于土地资源的利用只能就地利用。

3. 土地资源总量的有限性

大自然创造了土地,使人类轻而易举地享用到土地带给我们的一切,也使很多人以为土地资源是无限的。事实上,土地资源总量是有限的,它既不能增加也不能用其他物质所代替。地球表面的总面积是 5.1×10^{8} km^{2},其中陆地面积 1.49×10^{8} km^{2},占地球总面积的29.2%。土地面积自地球形成之日就是如此,虽然历经多次地质变化(如火山、地震、造山运动等)而改变了土地的形态,但其总面积基本保持不变,从而造成了土地资源的自然供给缺乏弹性。人类所能做到的只是改变地形地貌,却无法增加土地资源的总量。土地资源的有限性,制约了人类进行生产和生活的范围,要求人们必须科学合理地利用土地资源。

4. 土地资源区位的差异性

土地资源的位置是固定的,而地球上各处的光、热、大气、水分、植被等条件又有差别,因而各区域的土地资源质量、生产力和经济价值便存在着差异,这就造成了土地资源区位的差异性。土地资源区位的差异性是确定土地利用方向和各类土地等级及其价值的客观依据。地球上任意两块不同位置的土地,无论是土壤的自然性质,还是经济性质,都存在着差异。随着生产力水平的提高和人类对土地利用范围的增大,这种差异逐步扩大。为了取得最佳的土地利用效益,我们必须因地制宜地利用不同的土地资源,确定合理的土地利用结构与方式。

5. 土地资源利用的可持续性

土地资源与其他生产资料(如机器、厂房等)不同,只要按照自然规律,科学合理地利用土地，不断改良和增加地力，土地资源就可以持续利用并不断提高产出率，而其他生产资料在使用过程中都会由新变旧，都会受到磨损，直到报废。但是，土地资源的持续利用是有一定条件的。如果人类不科学合理地开发利用土地，也会造成土地生态系统的破坏，使土壤肥力和土地生产能力下降，受到大自然的惩罚。

(三) 土地资源的经济特性

土地资源的经济特性是以土地资源的自然特性为基础的，是在人类对土地资源的利用中产生的，它主要表现在以下几个方面：

1. 土地资源供给的稀缺性

土地资源供给的稀缺性不仅表现在土地资源供给总量与土地需求总量的矛盾上，而且还表现在由于土地资源位置固定性和质量差异性所导致的某些地区(如人口密集区、经济发达地区)和某种用途(如农业用地、矿业用地)的土地资源供给的有限性上。由于土地资源的稀缺性日益增强，土地供求矛盾日益尖锐，导致一系列土地经济问题的产生。

2. 土地资源边际报酬的递减性

一般情况下，在土地资源经营中，报酬(收入)会随着投入的增加而增大。但是，这是有一定的限度的。在技术水平不变的条件下，在单位面积土地上投入物化劳动和活劳动达到一定程度时，就会产生土地资源边际报酬(收入)下降的现象。当土地开发的边际成本超过边际收益时，土地资源产生的收益开始递减，即报酬(收入)增加的比例低于投入劳动力与资本的增加比例。因此，在一定的技术和经济条件下，必须寻找出合适的投资强度和恰当的投资结构，不断改进技术，以便提高土地资源利用的经济效益，并防止出现土地资源报酬递减的状况。

3. 土地利用方向变更的困难性

土地资源具有多种用途，可生产多种产品。但当土地一经投入某项用途之后，要改变其利用方向在一定条件下是相当困难的。不用说建筑用地变成农用地的困难，就是农业用地用途变更也是相当困难的。首先，由于土地自然条件的限制，不同的土地类型生产条件有很大差异。如丘陵地一般宜林，而湖泊水面一般用于水产养殖。其次，在形成某种土地利用方式的过程中已经投入了大量的人力和物力，如果改变用途，可能造成大量的投资无法收回。因此，在确定土地利用方向时，必须科学慎重地决策，做出合理的土地利用规划。

4. 土地利用后果的社会性

土地资源是自然生态系统的重要组成部分，土地与其他自然因子相互连接相互影响。如果某个区域的土地资源利用不合理，不仅会影响本区域内的土地自然生态环境和经济效益，而且会影响到邻近地区甚至整个国家和社会的生态环境和经济效益。因此，土地利用的后果会产生巨大的社会影响。例如，在一块土地上建设一座垃圾焚化炉，可能会对周边地区的空气质量产生影响。因此，政府部门在规划土地利用时，必须要以全社会代表的身份，对全部土地进行宏观的管理、监督和调控，以保证土地利用的科学、合理和可持续。

二、土地资源的功能和分类

（一）土地资源的功能

土地资源是人类生存和发展的物质基础，具体的土地功能主要表现在①：

1. 承载功能

土地是非农业部门如建筑业的地基、场所和操作基础，是一切建筑物的载体，它为人类提供了居住、休闲、娱乐和第二、三产业的场所。居民点用地、交通和水利用地都是土地承载功能的具体体现。

2. 生产（养育）功能

土地为地球上生物的生长发育和人类生存发展提供了必要的环境条件和功能，如土壤中含有的各种营养物质以及水分、空气等。土地的养育功能充分体现于第一性和第二性生产之中，为人类生存提供必需的农畜产品。

3. 资源（非生物）功能

土地是各种建筑材料、矿产资源和动力资源（如石油、煤炭、水利、天然气等）的仓储场所。没有土地，没有这些丰富的自然资源，人类就无法进行采矿业和加工业生产，人类也无法生存和发展。

4. 生态景观功能

土地是一种环境资源，可以为人类提供舒适性和美学价值。自然保护区和各种旅游景点都是土地资源景观功能得以发挥的利用方式。

（二）土地资源的分类

土地资源的分类标准有许多种，不同的分类标准可以满足不同的分类需要。按现实的经济用途和可能的经济前景，我国土地资源的主要分类如下：

1. 农用土地

农用土地包括直接用于农、林、牧各类生产的土地。农用土地可以进一步划分为：

（1）耕地：是指种植农作物（包括粮食作物、经济作物、蔬菜作物、饲料作物

① 王伟，邓蓉，何伟．土地经济学．北京：中国农业出版社，2006。

等)的土地。

(2) 园地:是指集中连片种植,覆盖度在0.5以上或每单位面积有收益的株数大于合理株数70%的多年生草本和母本作物用地,包括果园、苗圃、桑园、茶园、橡胶园、药用植物园及其他经济作物园等。

(3) 林地:是指生长乔木、灌木、竹类等主要用于林业生产的土地,不包括居民绿化用地,以及铁路、公路、河流、沟渠的护路、护岸林。

(4) 草地:是指长年生长草本植物、覆盖率在15%以上的土地。

2. 非农业生产用地

非农业生产用地包括农业以外各项生产事业所用的土地,并可以作进一步分类如厂矿用地和交通用地。

3. 城乡居民点用地

城乡居民点用地包括城乡居民点的生产和生活用地。

4. 水域

水域(水面)包括内陆水域及水利设施占用土地,不包括滞洪区和垦殖3年以上的滩地、海涂中耕地、林地、居民点、道路等。水域进一步可以分为河流、湖泊、水库等。

5. 特殊用地

特殊用地主要包括休息用地(名胜、古迹、公园、疗养用地等)、自然保护区和军事用地。

6. 未开发利用或难以开发利用的土地

未开发利用或难以开发利用的土地主要是指荒草地、盐碱滩、沼泽地、沙地、裸地、裸岩、石砾地等。

第2节 土地资源的供给与需求

一、土地资源的供给

地球上的土地并非全部都可以利用。土地供给是指地球所能提供给社会利用的各种生产和生活用地数量。土地供给是可利用的供给,它具有两方面的含义:

其一,在一定的技术和经济条件下,地球上已有的对人类有用的各种土地的数量,包括现在已经利用的土地资源量和将来可供利用的土地数量;

其二,在各种土地的实际利用数量中,可供某一项用途使用的土地数量,常常是随着人口数量和经济条件的变化而有所变化。

土地的供给可以分为自然供给和经济供给两大类。自然供给是指地球即大自然提供给人类可资利用的土地资源总量;经济供给则是在现有条件下人类可实际投入利用的各种土地资源量,它只是自然供给中的一部分。

(一) 土地资源的自然供给

土地资源的自然供给又称为土地的物理供给,是指土地资源自然可供人类利用的部分,包括已利用的土地资源和后备的土地资源。土地资源的自然供给是固定不变的,是无弹性的供给,它不会因任何人为因素或经济因素而增加或减少。但是它会受一些因素的制约:

① 适宜于人类生产生活的气候条件;

② 一定的交通条件;

③ 适宜于植物生长的土壤质地和气候条件;

④ 具有可供人类利用的生产资源,如淡水资源。

(二) 土地资源的经济供给

土地资源的经济供给是指在土地资源自然供给的基础上,投入劳动进行开发以后,成为人类可直接用于生产、生活各种用途的土地供给。因此,土地资源经济供给是土地资源自然供给中的人类实际利用部分,是土地资源的有效供给。土地天然就能满足人类需要的可能性不大,只有经过人类加工、改造以后,才能充分满足人类的各种需要,这样土地只有从自然供给状态转变成经济供给状态,才能为人类所利用。因此,土地资源的经济供给是动态的、有弹性的供给。

影响土地资源经济供给的因素包括:

1. 自然供给

土地的自然供给从根本上限定了土地经济供给的变化范围,它是经济供给的基础和前提。

2. 价格水平

土地价格水平直接影响土地的经济供给,土地价格上升,供给增加;某类社会产品价格上升会导致该类产品生产所需土地价格的上涨,从而会刺激这类土地的经济供给量增加。

3. 经济发展

经济发展影响着土地的供给数量,如经济发展会引起土地投入增加,从而会增加土地的供给。

4. 技术因素

土地的经济供给与人类利用土地的能力有关,而技术在很大程度上决定了人类利用土地的能力。

5. 制度因素

如某些政策会限制某些土地的供给(如保护耕地的政策,限制林、牧、副、渔用地的供给),某些政策则会扩大某些土地的供给(如鼓励补贴政策,扩大林地、绿地的供给)。

在人类利用土地的过程中,随着人口的增加和经济的发展,扩大土地的经济供给活动在持续不断地进行着,并已成为贯穿在土地利用活动中的重要目标。土地经济供给的增加不仅包含总量的增加,而且还包括利用效益高的某种土地在数量上的增长,以及在一定面积上产出的增长。前者是土地经济供给的直接增加,而后者则是土地经济供给的间接增加。

(三)土地资源自然供给与经济供给的关系

土地资源的经济供给和自然供给之间既有联系又有区别,它们的关系是:

第一,土地资源的自然供给是土地资源经济供给的基础,土地资源经济供给只能在自然供给的范围内变动。

第二,土地资源自然供给是针对人类的生产、生活及动植物的生长而言的,而土地资源的经济供给则主要针对土地具体的不同用途而言的。

第三,土地资源的自然供给是静态的,无弹性的,而土地资源的经济供给是动态的,有弹性的,并且不同用途土地的供给弹性是不同的。

第四,人类难以或无法增加土地的自然供给,但可以在自然供给的基础上增加土地的经济供给。

二、土地资源的需求

人类的生存和发展需要以土地作为生存场所,需要土地资源为人类提供粮食、衣物和住房等。土地资源的需求是指人类为了生存和发展,利用土地进行各种生产和消费活动的需求。人类对土地的需求主要是农业用地需求和非农业用地需求两大类。

(一)农业用地需求

人类对农业用地的需求主要是需求农业土地的光、热、水、动物、植物、微生物及土壤等为人类提供食物、衣料及其他生产原料,具体表现在:

1. 耕地需求

耕地是土地资源的精华,是农业生产不可替代的生产资料。影响耕地需求的因素有人口的增长、土地生产率的提高以及国民经济的发展等。

2. 园地需求

园地是集约经营多年生的草本或木本作物的用地。人类对园地的需求主要是食物需求和非食物需求。非食物需求主要是指人类需要土地提供如橡胶、蚕桑等重要原料。

3. 林地需求

人类对林地的需求主要表现在以下两个方面：一是对木材的需求，二是对林地生态功能的需求。在自然界中，森林是最大的生态因子，它在调节生态系统平衡方面起着不可替代的作用。这些作用表现在涵养水源、调节大气环境、减少干旱和洪涝灾害等。影响林地需求的主要因素有对木材的需求、林木的生态功能等。

4. 牧草地需求

牧草地是指生长草本植物为主的饲用植物，能用于经营畜牧业的土地。人类对牧草地的需求，首先在于它能提供畜产品，随着人类生活水平的不断提高，对肉、蛋、奶等副食品的需求不断扩大；其次，牧草地在保护土地资源、维护生态平衡、防止水土流失方面也有着重要的作用。

（二）非农业用地需求

非农业用地需求主要是指人类对土地提供居住、交通、工作、科学、文化娱乐功能等的需求。随着人口的增长和经济的发展，人类对建房、修路以及其他各种设施的需求会增加，因而对非农业用地的需求也不断增加。另外，社会生产力水平的提高也会导致人类对非农业用地需求的增加。这主要是因为社会生产力水平提高了，人们用于生产生活必需品的劳动所占比重减少了，而相应增加了对发展、奢侈、娱乐等方面的劳动。此外，产业结构的变化也会影响土地资源的需求。一方面，各产业及各产业内部各行业的用地标准和用地数量不同，对土地资源的需求数量也不同；另一方面，各产业在发展初始阶段、发展兴盛期和衰弱期对土地资源的需求也不完全相同。

三、土地资源的供求平衡

土地资源作为一种特殊商品，既受一般商品供求规律的制约，又有与一般商品不同的特殊供求平衡关系。

在一般情况下，当经济社会长期处于稳定发展状态时，土地资源的供给和需求都有弹性，土地资源的供求关系遵循一般商品的供求规律：地价上升，则供给量增加，而需求量减少；地价下降，则供给量减少，需求量增加。在图 8-1 中，纵轴表示土地资源的价格即地价，横轴表示土地资源的数量。图中，土地资源供给曲线 S_1 与需求曲线 D_1 相交于 E 点，市场达到均衡。此时，土地资源的价格为

P_1，土地资源的均衡量为 Q_1。当土地资源数量小于 OQ_1 时，土地资源供不应求，这将导致土地资源价格上升，供给量增加，数量向 OQ_1 靠拢。当土地资源数量大于 OQ_1 时，则土地资源供过于求，这时，土地资源价格下跌，供给量减少，也会向 OQ_1 移动。

在图 8-1 中，当土地资源供给量（S_1）不变，如果政府采取刺激土地需求的政策（如放宽土地投资的贷款限制或减免房地产交易租费），使土地资源需求量增大，需求曲线由 D_1 增加到 D_2 时，土地资源的价格由 P_1 上升到 P_2；反之，当需求量下降时，土地资源价格则会下降。因此，在土地资源供给不变的情况下，需求的变动带来土地资源价格的变动是同向的。当土地资源需求量（D_1）不变，如果政府采取措施增大土地供给（如取消农用地保护制度），供给量由 S_1 增加到 S_2，此时土地资源价格下降；反之，如政府采取农用地保护制度，土地资源供给量下降，土地资源价格就会上升。因此，在土地资源需求不变的情况下，供给的变动带来土地资源价格的变动是反向的。当土地资源供求都发生变化时，土地资源均衡价格的变化难以确定，需要结合需求和供给变化的具体情况来决定。

土地资源作为一种特殊的商品在许多方面都具有特殊性，土地资源的供求关系有时也表现出其特殊性。

在特定的范围内，可以利用的土地资源有一定的限度，土地资源的供给量是固定的。这样土地资源的供给曲线是一条直线（图 8-2），土地资源的需求曲线是一条向右下方倾斜的曲线。图中供给曲线 S 与需求曲线 D_1 相交于 E 点，决定了土地资源的均衡价格为 P_1。随着人口的增长和经济的发展，人们对土地资源的需求不断增加，而土地资源的供给不能增加，这样，土地资源的价格就有不断上升的趋势。土地资源的需求曲线由 D_1 增加到 D_2，土地需求增加，而土地资源的供给仍然为 S，S 与 D_2 相交于 F，决定了土地资源价格为 P_2，P_2 高于 P_1。

图 8-3 是特殊的土地资源供给曲线，它表明土地资源在一定范围内也遵循

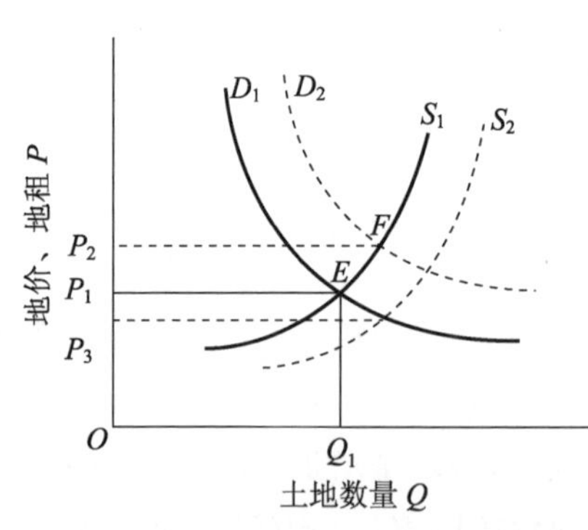

图 8-1 一般状态下的土地供求平衡

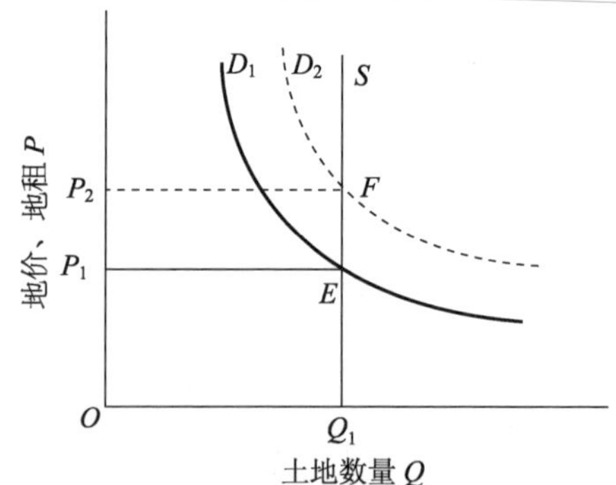

图 8-2 土地供给量不变时的土地供求平衡

一般商品的供给规律，即价格上升，土地资源供给增加。但土地资源自然供给总量是有限度的，超过这个限度，不管价格如何上涨，也不能再增加土地资源的供给。

图 8-4 是一种特殊的土地资源需求曲线，它反映土地购买者把土地作为投机对象，他们购买土地的目的是期待土地涨价以后能通过出售土地而获利。当土地的价格很低时，投资者在短期内很难将它们以更高的价格卖出，所以购买者很少；而当土地的价格较高时，由于更容易卖出更高的价格，投资者能获取利润的希望较大，所以购买者很多。

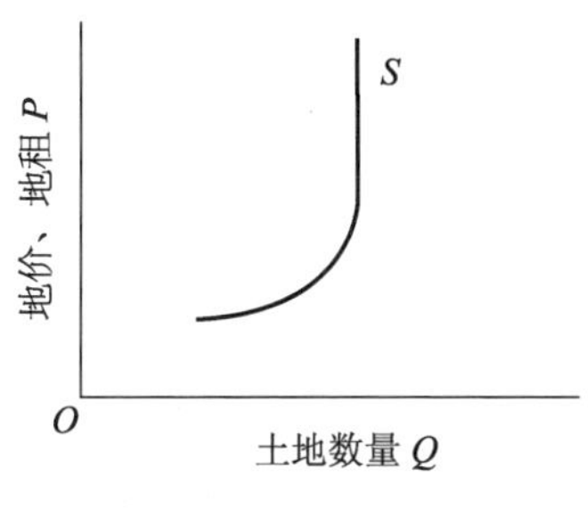

图 8-3　特殊的土地供给曲线

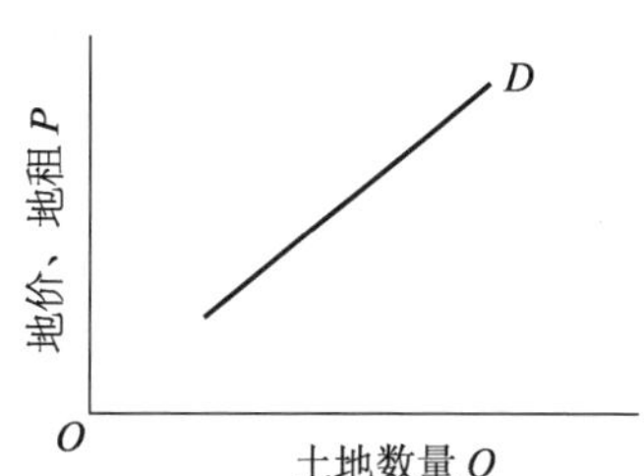

图 8-4　特殊的土地需求曲线

土地供求关系的另一种特殊形式是有价无市：(1) 只有土地供给及土地价格，却没有需求者；(2) 只有对土地的需求者及地价水平，而没有土地供给。这两种情况都不能实现土地交易，所以有价无市，这类情况在经济萧条时期和经济高速发展时期比较常见。

随着我国城市化和社会经济的发展，工业、商业和住宅用地的需求会不断增加，但这类土地的供给是非常有限的，最终将会导致这类土地的价格上升。针对我国目前的经济发展水平还不够平衡这一情况，需要政府积极参与对土地供求关系的调节。

四、有效解决土地资源供需矛盾

(一) 协调耕地与建设用地的关系

土地资源的稀缺性与人类对土地需求的无限增加性，决定了土地供应和需求之间的矛盾是不可避免的。这个矛盾最集中反映在农业用地与非农建设用地，或简称为农业用地与建设用地之间的数量比例结构上，而农业用地主要是耕地，所以土地供应与需求矛盾的解决，实际上就是要协调好耕地保护与建设用地供应之间的关系。

1. 保护耕地

保护耕地就是保护我们人类最基本的生命线。国务院总理温家宝在其政府工作报告中明确指出一定要守住全国耕地不少于18亿亩(1.2×10^{8} hm^{2})这条红线。建设用地的扩展必须以保护耕地为前提,不能盲目发展、扩大。所谓盲目发展,盲目扩大,指的是扩展的时机不合适,或者是扩展的地点不合理、不适宜,或者是扩展的方式、空间结构不合理。要控制盲目发展和扩展的盲目性,必须按照"供给决定需求"的土地利用总方针去解决。另外,还要深入研究土地供给计划,包括时限、地点和数量,尽可能为经济建设提供宽松的环境。

2. 促进非农经济建设包括城镇的扩展

我国工业化水平、城市化水平目前还比较低,工业需要进一步发展,城市化水平要提高。因此,需要增加城镇数量,扩大城镇规模,这是社会经济发展的客观要求。而经济建设和城镇规模的扩大必然需要增加用地。因此,建设用地与耕地保护就有一个协调和彼此规划衔接的问题。我国目前对于耕地保护的政策是要对耕地实行总量动态平衡。所谓耕地总量动态平衡,就是适当变动耕地的现成数量和空间分布。在局部地区,在某个短的时段,可能出现失衡现象,但在全局上,在总体规模上,对耕地要控制好,总量上要达到平衡的要求。

3. 保护环境

一定要保护好农业环境,保护好农田的质量。要禁止向耕地排放不符合标准的城镇污水、废气、烟尘,禁止向耕地和农用水体倾倒垃圾、废渣、油类物质和剧毒废液等,确保农田不受污染。

(二) 提高土地资源综合效益

在区域规划中,研究土地的供给问题,实际上就是土地资源在不同部门之间的分配问题。它包括两个相互关联的方面,即合理分配有限的土地资源,尽可能提高土地资源的利用效益。土地资源的供给应当从区域整体的角度,从社会、经济、生态三方面的效益综合来考虑。

土地利用的综合效益包括:生产效益,产量和生产力的持续增长和稳定性;经济效益,赢利、节约、低成本;生态效益,环境质量优化和资源持续利用;社会效益,生活质量的提高、文化活动的满足等。

土地资源的数量是有限的,而各个部门对用地的要求越来越大,部门间的土地竞争势必愈来愈剧烈。为了节约用地,充分提高用地综合效益,土地供给宜遵循以下基本原则:

1. 以土地资源的基本特点为依据

土地资源的自然属性,决定了它适宜利用的方向。虽然就现代科学技术而言，人类有能力创造一种适宜的生境，以满足某种特定利用类型的需要，但是人造的生境，一是投资大，二是其面积必然受到极大的限制。因此，土地的供给，特别是涉及农业土地的供给，必须以土地资源自身的特点为依据。

2. 根据区位条件，因地制宜

各个地方区位特点不同，社会经济发展需求不一样，要根据具体的区位条件，因地制宜安排各类用地。如在城市的近郊区，或称为内边缘区，农业用地受城市影响较大，土地利用具有过渡性和动态性特点，非农业建设用地比例高，用地供给要与城市发展相配套，体现城市规划精神，为城市规划提供用地保障，不能强调农业生产和生活资料的自给。而在城市远郊区，或称外边缘区，土地利用要考虑满足城市居民“菜篮子”的需要，宜建立商品农副产品生产基地，土地利用结构也许是以耕地为主，但菜地占耕地的比例较高，土地供给时，宜重点安排蔬菜、水产、鲜花、水果和其他农副产品生产用地。

3. 注意与环境的协调发展

土地供给应在发展生产、保护环境、建立良性生态平衡的前提下，谋求人口、土地资源和环境之间的协调发展。土地是非再生资源，失去了土地，就意味着失去了生存之本。土地资源分配时，要尽可能节约非农业用地，保护优质土地资源，以保护人类生存所需食物生产的空间和社会经济发展的良好环境，即既要充分发挥土地生产潜力，又不会破坏土地本身和周围环境。

4. 统筹安排各部门各行业用地

社会经济各部门的用地，彼此间既有相互争夺的一面，又有相互促进的一面。农业用地与非农建设用地之间，农业用地内部之间，非农建设用地内部之间，既有相互争地的矛盾，同时相互之间又是相互联系、互为条件的。如农用地为工矿用地提供生产原料，交通用地为工农业生产、产品提供运输通道，城镇用地为工农业生产提供流通、交换场所和消费场所。这些关系构成了各部门各行业用地之间复杂的联系。一个地区的土地利用要能取得较好的社会、经济和生态效益，需要统筹兼顾，按照地区的总体发展目标，统一安排各部门各行业用地的数量和空间布局。

第 3 节　土地资源的价格理论

一、土地资源价格的形成

土地资源是一种特殊商品，土地资源价格的形成与一般商品有所不同。

(一) 马克思主义地价形成理论

马克思的地价形成理论是在批判地继承古典政治经济学地租理论的基础上提出的，它是以劳动价值论、生产价格论和剩余价值论为理论基础的，认为自然状态的土地虽然不是劳动产品，没有价值，但有使用价值，并存在价格；土地价格的实质是地租的资本化，土地的价格是由地租和土地还原利率所决定的，土地租金是出租土地的资本化收入，土地资本的利息、折旧和真正的地租一样，都构成了土地所有者的收入，从而都决定土地价格。

(二) 土地收益理论

土地收益理论认为，决定土地价格高低的根本原因在于土地所提供收益的多少，土地价格是土地收益即地租的资本化。这里的土地收益是指

① 正常情况下的土地收益。所谓正常情况是指有较好的生产能力，正常的经营管理能力和正常的年份。

② 处于最佳利用方向的土地收益。土地具有多种用途，评估土地价格时，一般用其处于最佳利用方向的土地收益。如城市中某宗闲置土地，可以有商业、居住和工业等多种用途。评估该宗地价格时应在产生最大收益用途下进行。

③ 土地的纯收益。土地的纯收益是总收益扣除生产成本及一切赋税后的剩余值。

土地的收益是确定土地价值的基础，土地价格就是土地收益的资本化。用公式表示为

$$V=\frac{R-C}{r} \tag{8-1}$$

式中：V 为土地资源的价格；R 为土地收益；C 为土地预期总成本，包括各种税收、运营成本、建筑物折旧费等；r 为土地还原利率。

关于土地收益和土地价格的关系，不是土地价格决定土地收益，而是土地收益决定土地价格。在对土地的实际估价中，各种各样的模型大都是以这一原理为依据，都是 $V=a/r$ 的各种变化形式。

(三) 土地供求理论

土地供求理论认为土地价格的决定因素是土地资源本身的供给和需求。这种观点认为土地价格的成因，是土地的效用、土地供给的相对稀缺性和有效需求的不断增长相互作用的结果。土地价格与土地供给量成反比，与需求量成正比。

二、土地资源价格的评估

土地资源价格评估是指专业人员按照一定的土地评估目的，遵循科学的土地估价原则、程序与方法，对土地资源的市场价格进行测定。

土地资源价格评估的作用在于：

① 有助于土地交易的顺利进行。对土地进行估价，是土地公平交易的基础。

② 有助于企业投资决策。土地估价是资金融通的手段，决定着各种生产要素的投资数额。

③ 有助于土地市场的完善和管理。

④ 有助于国家征地工作的顺利完成。

土地资源价格评估的基本方法有市场比较法、收益还原法、成本逼近法、剩余法和基准地价系数修正法以及路线价法[①]。

(一) 市场比较法

市场比较法的理论基础是市场替代原理，它将待估土地与具有替代性的，且在近期市场上交易的类似土地进行比较，并对类似土地的成交价格作适当修正，以此估算待估土地的价格。根据经济学原理，人们在追求效益最大化时，对于具有相同效用的多个物体，必然选择其中价格相对便宜的一个；对于具有相同价格的多个物体，则必然选择其中效用较大的一个。市场比较法就是通过对具有替代关系的类似土地的交易价格进行比较，求得待估宗地价格。此方法主要用于地产市场发达、有充足的具有替代性的土地交易实力的地区。市场比较法的基本公式为

$$V_D = V_B \times A \times B \times D \times E \tag{8-2}$$

式中：V_D 为待估宗地的价格；V_B 为比较实例宗地价格；A 为待估宗地情况指数/比较实例宗地情况指数；B 为待估宗地估价期日地价指数/比较实例宗地交易日期地价指数；D 为待估宗地区域因素条件指数/比较实例宗地区域因素条件指数；E 为待估宗地个别因素条件指数/比较实例宗地个别因素条件指数。

在具体分析时，上述公式可表示为

$$V_D = V_B \times \frac{100}{(\quad)} \times \frac{(\quad)}{100} \times \frac{100}{(\quad)} \times \frac{100}{(\quad)} \tag{8-3}$$

---

① 王克强，王洪卫，刘红梅．土地经济学．上海：上海财经大学出版社，2005：202－212。

式中:第一个分式表示以正常买卖情况或待估宗地估价情况指数为100时,要确定比较实例的交易情况指数;第二个分式表示以比较实例成交时的价格指数为100时,要确定估价期日时的价格指数(如价格上涨或下跌情况);第三个分式表示以待估宗地的区域因素指数为100时,要确定比较实例的区域(区位)因素指数;第四个分式表示以待估宗地的个别因素指数为100时,要确定比较实例的个别因素指数(如环境状况等)。

(二) 收益还原法

收益还原法又称收益资本化法和收益法。它是依据替代与预测原理,把土地资源作为一种自然资产,着眼于其未来的预期收益或租金,以适当的还原利率或社会贴现率折为现值,即可转化为土地资源的价值。参据此法还可以派生出收益倍数法和购买年法。其基本理论公式为

$$P=\frac{a_1}{1+r_1}+\frac{a_2}{(1+r_1)(1+r_2)}+\cdots+\frac{a_n}{(1+r_1)(1+r_2)\cdots(1+r_n)} \tag{8-4}$$

式中:P 为土地资源价值的基本值;$a_1,a_2,\cdots,a_n$ 为各年的收益或租金;$r_1,r_2,\cdots,r_n$ 为各年的还原利率。

假定未来各年的收益或租金和还原利率都相等,即

$$a_1=a_2=\cdots=a_n=a;r_1=r_2=\cdots=r_n=r;$$

则上述公式变为

$$P=a[(1+r)^{-1}+(1+r)^{-2}+\cdots+(1+r)^{-n}]$$

两边乘以$(1+r)^{-1}$,则上式变为

$$P(1+r)^{-1}=a[(1+r)^{-2}+(1+r)^{-3}+\cdots+(1+r)^{-n-1}] \tag{8-5}$$

由(8-5)式-(8-4)式,得

$$P[(1+r)^{-1}-1]=a[(1+r)^{-n-1}-(1+r)^{-1}]$$

两边再乘以$[-(1+r)]$,得

$$rP=a[1-(1+r)^{-n}]$$

当 $n\to\infty$时,$(1+r)^{-n}\to 0$,所以有

$$P=\frac{a}{r}$$

(三) 成本逼近法

成本逼近法是以开发土地所耗费的各项费用之和为依据,再加上一定的利润、利息、应缴纳的税金和土地增值收益来确定土地价格。

成本逼近法的基本地价公式如下

土地价格＝土地取得费＋土地开发费＋
税费＋利息＋利润＋土地增值收益
＝土地成本价格＋土地增值收益

或

土地价格＝(土地取得费＋土地开发费＋税费)×
(1＋资金利息率＋资金利润率)×(1＋土地增值收益率)

成本逼近法一般用于新开发土地、工业用地的价格评估。成本逼近法是从投资成本角度来考察土地的价值,但其不能完全反映土地的真实价值。因为一宗土地的价格高低,主要取决于在土地未来利用中所产生的收益大小,而不是取决于对这块土地投资改造的费用大小。如一宗填海造地形成的土地,其投资改造成本较大但当地市场行情有可能低于这一成本价格;而一宗没有投资改造的土地,其市场价格可能很高。

如果待估土地适合运用成本逼近法进行价格评估,可以按照下列步骤进行:

(1) 确定土地取得费:主要表现为取得农村集体土地而发生的征地费用,或是为取得城镇国有土地而发生的拆迁安置费用。各项费用以当地正在执行的征地标准和实际发生的客观费用来确定。

(2) 确定土地开发费:土地开发费是为使土地达到一定的开发建设条件而投入的各项客观费用,主要包括宗地内外的土地开发费用。

(3) 确定各项税费、利息和利润:利息为土地取得费利息和土地开发费利息之和,即

利息＝土地取得费利息＋土地开发费用利息
＝土地取得费用×[(1＋利息率)^{n}－1]＋
土地开发费用×[(1＋利息率)^{m}－1]

利息率可根据同期银行不同年期贷款利息率确定;m、n 为年份。

投资利润＝(土地取得费＋土地开发费＋
各项税费)×合理利润率

(4) 确定土地增值收益：

$$土地增值收益=(土地取得费+土地开发费+税费+利息+利润)\times 土地增值收益$$

(5) 确定土地成本价格：土地取得费、土地开发费、税费、利息及利润、土地增值收益之和，就是土地的成本价格。

(6) 价格修正：确定最终价格。

① 年期修正

$$K=1-\frac{1}{(1+r)^n}$$

式中：K 为年期修正系数；r 为土地还原利率；n 为土地使用权年限。

② 个别因素修正。在估价实践中，估价师可根据实际情况，结合宗地在区域内位置和宗地条件进行个别因素修正。

③ 成熟度修正。

(四) 剩余法

剩余法的基本依据是人们对土地进行投资通常是希望在未来能获得收益，投资能够带来的潜在收益的多少决定了土地价格的高低。剩余法的理论依据与收益还原法基本相同，都是对未来剩余收益的计算。收益还原法中的地租或土地纯收益，是对土地收益的非土地因素扣除，而剩余法则是直接从资本化后的价格扣除非土地因素的贡献。

剩余法的基本公式为

$$V=A-(B+C+D+E)$$

式中：V 为待估土地的价格；A 为总开发价值或开发完成后的不动产总价值；B 为整个开发项目的开发成本；C 为投资利息；D 为开发合理利润；E 为正常税费。

剩余法主要应用于有开发价值的土地估价，一般有以下几种类型：

① 待开发土地的估价；

② 待拆迁改造的再开发房地产的估价；

③ 仅将土地或房产整理成可供直接利用的土地或房地产的估价；

④ 现有新旧房地产中地价的单独评估，即从房地产价格中扣除房屋价格，剩余之数即为地价。

(五) 基准地价系数修正法

基准价系数修正法是利用城镇基准地价和基准价修正系数表等评估结果，

按照替代原则，就待估土地资源的自然条件和社会经济条件等与其所处区域的平均条件相比较，并对照修正系数表选取相应的修正系数对基准价进行修正，进而求取待估土地资源在评估期日时的价格。它主要应用于已公布基准地价成果的城镇。

基准价系数修正法的基本公式为

$$土地价格=基准地价\times(1+\sum 修正系数)\times年期修正系数$$

式中：$\sum$ 修正系数是指除年期修正以外的修正系数之和，包括区域因素、交通便捷度、基础设施完善程度、宗地环境条件等。年期修正系数计算如下

$$y=\frac{1-\left(\frac{1}{1+r}\right)^{m}}{1-\left(\frac{1}{1+r}\right)^{n}}$$

式中：y 为宗地使用年期修正系数；r 为土地还原率；m 为从估价基准日起待估宗地可使用年期；n 为该用途土地法定最高出让年期。

(六) 路线价法

路线价法是根据土地价值高低随与街道距离的增大而递减的原理，在特定街道上设定单价，依此单价配合深度百分率表及其他修正率表，用数学方法来计算临街同一街道的其他宗地地价的一种估价方法。其中：

(1) 临街深度：是指宗地离开街道的垂直距离。

(2) 可及性：指宗地距城市各类设施的接近程度。

(3) 标准宗地：指从城市一定区域中沿主要街道选定的深度、宽度和形状标准的宗地；

(4) 标准深度：标准宗地的临街深度。

路线价法的基本计算公式为

$$宗地总价=路线价\times深度百分率\times宗地面积$$

如果宗地条件特殊，如宗地属街角地、两面临街地、三角形地、梯形地、不规则形地等，则需依下列公式计算

$$宗地总价=路线价\times深度百分率\times宗地面积\times其他条件修正率$$

或

$$宗地总价=路线价\times深度百分率\times宗地面积\pm其他条件修正额$$

深度百分率可依据“四三二一”法则来确定。所谓“四三二一”法则是指将标准深度100英尺(1英尺=0.3048 m)的普通临街地，与街道平行区分为四等份，即由临街面算起，第一个25英尺的价值占路线价的40%，第二个25英尺的价值占路线价的30%，第三个25英尺的价值占路线价的20%，第四个25英尺的价值占路线价的10%。如果超过100英尺，则需“九八七六”法则来补充，即超过100英尺的第一个25英尺的价值为路线价的9%，第二个25英尺的价值为路线价的8%，第三个25英尺的价值为路线价的7%，第四个25英尺的价值为路线价的6%。

第4节 土地资源利用的经济问题

土地资源是人类赖以生存与发展的物质基础，人类对土地资源的开发和保护都是为了更好地利用土地，土地利用是人类占有土地的最终目的。土地资源能否被合理利用，关系着人类现在和未来的发展。

土地利用是人类通过与土地结合获得物质产品和服务的经济活动过程，这一过程是人类与土地进行物质和能量的交流、转换过程。人类对土地的利用，是利用组成土地的各种自然因素，包括空气、土壤、水分、海拔、地形、地貌、生物等。人类利用土地的目的是为了满足自己生存和发展的需要。土地利用是一个技术问题，随着科技水平和生产力水平的提高，人类认识土地资源各种因素的水平逐步提高，土地生产率也进一步提高。土地作为最基本的生产要素与其他要素结合后进入生产过程，它和其他生产要素一样，在利用中必须服从一定的经济规律，这样才能取得良好的经济效益。

一、土地资源利用的基本环节

土地资源利用包含多个环节，主要的有土地勘测、土地规划、土地开发、土地使用、土地保护和土地整理，即涵盖土地直接利用的前期活动和土地开发、使用之后的后续活动。其中：

“土地勘测”是指通过调查、测量、分类、统计等途径掌握未知土地的数量、质量和分布等情况，并对土地利用的现状进行分析。土地利用现状分析包括现有土地的开发程度、土地利用结构和土地利用效益的分析。土地勘测是开展土地利用的一项基础性工作。

“土地规划”，即土地利用规划，是在总结过去土地利用经验的基础上，对土地资源进行合理开发、利用和保护的总体设计。土地利用规划属于土地利用的前期准备工作，为土地资源开发利用指明方向。它既包括对未利用土地的开发利用设想,也包括对已利用土地的合理调整及挖掘土地潜力的措施。

"土地开发"是指对未利用土地加以清理、整治,使其可投入使用的行为。对于基建用地是指实现"七通一平"。"七通"包括道路、上、下水、排污、电力、电讯、热力,"一平"指场地平整;对于农地则是指完成道路、排灌系统建设和土地平整等各项工程。

"土地使用",即狭义的土地利用,包括将土地投入农业耕作、非农建设等。

"土地保护"指依据自然生存规律采取各项保护措施或在利用土地时,停止采用原来的破坏性措施,保持、维护土地的环境效能,保护、提高土地的生物生产能力,使之能持续为人类所利用,其具体做法有退耕还林、植树造林、减少农药用量、减轻草场载畜量、改进耕作制度等。

"土地整理"的含意较广,既包括对已经遭受破坏的土地的使用价值的恢复,又包括对土地进行改造以改善其使用价值或改变其用途,往往还包括对原有土地进行再开发等。

二、土地资源的集约利用

土地资源的集约利用是指在土地上合理投入劳动、资本和技术,以获取土地资源最大报酬的一种经济行为。土地资源的有限性和人类社会发展对土地资源的无限需求迫使人类集约地利用土地。土地集约利用的程度通常以集约度来衡量。集约度是指单位土地面积上所投入的资本和劳动的数量。所投资本和劳动越多,集约度越高;反之,集约度越低。"土地报酬递减规律"是通过对土地投入和产出关系的研究,来回答如何进行土地投入以获取最大报酬问题的,为土地资源的集约利用提供了重要的理论依据。

"土地报酬递减规律"是指在一定的生产技术条件下,在一定面积的土地上连续追加某种要素的投入,而其他的生产要素投入量不变,那么这种要素单位投入量的报酬增量是递减的。根据"土地报酬递减规律",在要素投入的第一阶段,增加土地投入会引起报酬的递增,但在此阶段,可变要素投入不足,而不变要素的潜力又没有得到充分挖掘,因此,没有达到土地资源的集约利用,是一种粗放经营的形式。随着可变要素的继续投入,进入要素投入的第二阶段,可变要素和不变要素将达到一个最佳比例,这时如果继续投入可变要素,就会造成可变要素的过多投入,不变要素发挥的作用将会越来越小。此时,土地资源得到集约利用。在第三阶段,增加要素的投入会引起总报酬的减少,可变要素投入过多,超过了土地的承受能力,是一种资源的过度利用。因此,可变要素和不变要素之间达到一个合理的比例是非常重要的。

随着人口的增长和社会经济的发展,人类所需农产品越来越多,因而土地的稀缺性就越来越突出地表现出来。为了减少土地的使用，对土地实行集约经营也就成为必然选择。实行土地资源的集约经营，就是要增加单位面积土地上可变资源的投入，以提高土地利用的集约度。因而，人们通常把单位面积土地上使用大量的可变资源投入（即劳动力、资本）的经营称为集约经营，而把单位面积土地上使用少量的可变资源投入的经营称为粗放经营。

土地利用的集约经济是指适度强化单位面积土地的投入密度和利用密度，从而节约用地并提高用地的集约效益。

要做到土地资源的集约利用，应该把握好以下几点：

一是要正确认识土地资源的投入量。在达到最佳投入点以前，由于加大可变生产要素的投入量会引起报酬的递增，因此，应该继续增加可变生产要素的投入，这将会对土地的产出有明显的作用。在达到最佳投入点以后，继续加大可变生产要素投入不会增加报酬，反而会导致总产出的下降。因此，要限制增加可变生产要素的投入量，否则会造成资金和人力的浪费。

二是正确把握土地利用的集约度。企业经营只有在某一个正确的经营集约度水平上才能获得最高经济效益，过度的集约经营会招致损失，而不适度的粗放经营也不能获得最大的经济收益。现代经济学将集约度的最高限度称为利用的集约边际，将集约度的最低限度称为利用的粗放边际。土地利用的集约边际是指在同一单位土地上不断增加可变资源投入量而提高土地集约度的界限，它实际上是指某块土地在利用中所达到的临界点，在该点所用的资本和劳动的投入成本与其收益刚好相等。土地利用的粗放边际是指不断扩展耕作范围的经营界限，即在最佳条件下土地的产出只能补偿其生产成本。要对土地进行集约利用和经营，需要在集约边际和粗放边际之间选择合适的度，这要看具体的经营目的。如果经营的目的是为了获得最大利润，就以“边际收入＝边际成本”来确定最佳投入点；如果经营的目的是为了获得最大的物质产品，并且又有充足的投入，则应以“边际报酬等于零”为最佳投入点。

三、土地资源的规模利用

土地规模报酬研究的是土地规模变化和土地报酬变化之间的关系。土地规模报酬变化可以分为三种情况：

① 土地规模报酬递增，土地规模报酬的增长幅度大于土地规模的扩大幅度；

② 土地规模报酬不变，土地规模报酬的增长幅度等于土地规模的扩大幅度；

③ 土地规模报酬递减，土地规模报酬的增长幅度小于土地规模的扩大

幅度。

土地资源的规模利用，就是尽可能地使土地利用处于报酬递增的阶段，至少也应该在报酬不变的阶段，而不是报酬递减的阶段。

一般来说，土地规模报酬的变化呈现如下的规律：当土地从很小的规模开始逐步扩大时，往往处在土地规模报酬递增的阶段。继续扩大土地规模，会经历土地规模报酬不变的阶段。这个阶段可能比较长，也可能比较短甚至不出现。在这一阶段以后，若继续扩大土地规模，就会进入土地规模报酬递减的阶段。这种现象反映在单位产品平均成本上就会有：在土地规模报酬递增的阶段，单位产品平均成本随着土地经营规模的扩大而不断降低；在土地规模报酬不变的阶段，单位产品平均成本保持不变；在土地规模报酬递减的阶段，单位产品平均成本随着土地经营规模的扩大而不断上升。由于产出水平的扩大，或者说生产规模的扩大而引起的产品平均成本的降低就是规模经济。土地利用的规模经济是指通过用地单位规模的扩大，取得规模优势提高规模效益。

在企业经营的层次下，土地规模经济表现为较大土地规模的经营能够取得较大的经济效益，或者能够增加收入，或者能够降低成本，提高利润率。除了企业层次，土地资源的规模利用还与大片土地的综合开发、城市用地规模等区域性问题有关，而且所带来的经济利益，不仅体现在利润的增加上，也体现在劳动和土地的生产率提高，或者宏观经济和社会效益的提高上。

我国目前农业发展总体水平还处在传统农业阶段，以人力和畜力为主要动力的耕作方式仍居主体地位。土地经营规模过小、农业劳动生产率低下是造成农民收入难以提高的根本性问题。实行适度规模经营，是推进农业的市场化、产业化、专业化、现代化和国际化的内在要求。农业土地适度规模经营，是指在我国现行的土地制度和经营条件下，能够取得最佳土地规模效益的农业土地经营规模。农业土地适度规模经营所要求的土地规模并不是固定不变的，它是一个相对的、动态的尺度。

四、土地资源的区位利用

区位是指某一经济事物或经济活动所占据的空间场所以及该场所与其周围事物之间的经济地理关系。土地的区位，就是指土地分布的地区或地点。区位是一个综合的概念，除解释为地球上某一个事物的空间几何位置外，还强调自然界的各种地理要素和各类社会经济活动之间的相互联系和相互作用在空间位置上的反映。

区位是制约农业或城市经济发展的重要因素。农业或城市的发展定位和规模选择总是要考虑地理位置、自然资源、固有的经济条件等因素的。某一个地方具有区位优势就有利于其不断吸引人口与资本向该地方聚集，从而体现出集聚经济效益和区位经济优势。区位经济优势的表现形式有三种类型：第一种表现为地理区位优势，就城市发展来说，地理位置处在沿海、沿江的地区，或是临近已有大城市，这种地理区位优势都促进新兴城市的快速发展；就农业生产来说，农民种什么作物将取决于其耕地与农产品消费地（市场）的距离，生产地和消费地之间的距离影响着农业的产品方向、经营种类、经营方式和强度上，如距离市场较近的地区适宜种植园艺作物，而距离市场较远的地方适宜种植粗放经营的农作物。第二种表现为交通区位优势，新兴城市通常都临近地铁、公路、水路等交通干线，或依托港口、机场、火车站等交通枢纽；交通位置直接影响着农产品的运输费用，影响着农业用地的配置。第三种表现为资源区位优势，许多资源集聚区域伴随着资源的开发都形成了城市，城市的最初发展也都是依托于资源的采掘业和加工业，但伴随着这类城市自然资源的枯竭，城市的经济结构必须逐渐转型，否则城市的发展必然受到抑制。

土地资源区位效益的实质是位置级差地租。由于存在距离和空间位置的差异，相对于同一个消费市场，不同位置上的相同面积的土地利用价值不同，利用方向和集约经营程度也不同，其结果必然产生经济效益的差异。这种由于距离产品消费中心位置不同而产生不同的土地收益，就是土地位置级差地租。对于城市工商业而言，因为他们所处的区位直接影响其产品的生产成本和销售量，这也就直接影响到其经济效益。区位效益理论在很大程度上支配着城市各项用地的空间安排。由于生活、工作、教育和医疗等公共服务设施水平不同，也由于集聚效益的影响，人口和商业往往会向大城市及其中心区集聚。

因此，土地利用的区位经济需要对于不同区位的土地进行有针对性的利用，做到不同用地的合理配置，从而取得最大的区位效益。

五、土地资源的持续利用

土地资源的可持续利用是整个经济、社会可持续发展的基础。土地资源与其他资源相比，是最能体现可持续发展战略理论的一种资源。土地资源可持续利用是指土地资源的利用不能对后代的持续利用构成危害，即土地资源的利用既要满足当代人的需求，又不要影响人类后代的发展需要。土地资源可持续利用包含两层含义：土地资源本身的高效持续利用；土地资源与社会其他资源相配合共同支撑经济、社会的持久发展。

具体来说，土地资源可持续利用包括：

一是在资源数量配置上与资源的总量稀缺性高度一致。土地具有稀缺性，土地的供给在一定时期内相对于需求是有限的，因而有限的资源必须得到合理的配置，尽量将其分配到社会效益、生态效益和经济效益都高的项目中，并要安排好各种组合比例关系。

二是在资源的质量组合上应与资源禀赋相适应。不同生产项目对土地资源的品质要求不同，而丰度高、品位高的土地资源极其有限，因而应把优质的土地资源安排到对资源品质要求高的生产项目上。

三是在资源的时间安排上要与资源的时序性完全相当。尽管土地的经济供给是有弹性的，但是从长远来看，它最终要受到无弹性的自然供给的硬性约束，从而归根到底是无弹性的。土地资源虽然是有限的，但后备资源的开发可以适当增加可利用的土地资源，因而应考虑资源开发利用的延续性，避免资源集中过量消耗，导致资源供给断档。

四是土地资源配置应当考虑区域差异，要考虑构造有序的区域配置机制，建立区域间资源的流动规则，资源配置要反映各地区特点，激发各地区的发展活力。

总之，土地资源可持续利用，要求土地资源配置在数量上具有均衡性，在质量上具有级差性，在时间上具有长期性，在空间上具有全局性，最终实现土地资源自然持续性、经济持续性和社会持续性的统一。

思考题

1. 什么是土地资源？简述土地资源的自然属性和经济属性。
2. 简述土地资源的功能和分类。
3. 简要说明土地资源的自然供给与经济供给之间的关系。
4. 如何评估土地资源的价格？简要分析各种评估方法。
5. 如何实现土地资源的规模利用、集约利用、区位利用和持续利用？

第9章 森林资源的经济问题

本章讨论森林资源的经济问题。我们将在对森林资源的分类和特点进行基本分析的基础上，讨论森林资源供求中的经济问题，进而综合分析如何高效地配置森林资源以及经济林轮伐期的确定。

第1节 森林资源概述

森林是以乔木为主体的生物群落与其环境因素相互作用构成的生态系统。广义的森林资源是指森林生态系统中一切生物资源及其所在的非生物环境，包括森林、林木、林地以及依托森林、林木、林地生存的野生动物、植物和微生物及其生态服务。狭义的森林资源是指以乔木为主体的森林植物组成部分。森林资源具有一定的生物结构，并形成特有的生态景观和生态环境。随着人们对环境资源问题的认识，特别是对可持续发展问题的认识加深，森林生态系统的生态功能服务的资源属性也日益明显。反映森林资源数量的主要指标是森林面积和森林蓄积量。考虑其生态功能服务资源属性，森林资源的质量指标除了单位面积蓄积量外，还应考虑各种结构指标。

一、森林资源的功能

森林资源是地球上重要的可更新资源，是国民经济建设中最重要的原材料之一。森林资源的功能主要表现在：[①]

（一）木材和林副产品的利用

木材是林业部门的基本产品，人们的生产生活和经济建设都离不开木材。据统计，全世界平均生产1 t纸需要木材3.5～5.5吨立方米，我国平均每开采

① 参见陈大夫．环境与资源经济学．北京：经济科学出版社，2001：70-80。

100 t 煤约消耗 1.3 m^3 坑木。人们日常生活中所用的工具、家具、文化用品等也都离不开木材。木材以外的产品(林副产品)如树皮、树脂、树油、树实(果实)、森林中的野生动物、野生植物等也在人们生产生活和国民经济建设中占有重要的地位。

(二) 涵养水源

森林资源的涵养水源功能主要表现在 4 个方面：

① 树冠截留；

② 减少地表蒸发；

③ 森林土壤吸水、储水和渗透；

④ 减少地表径流。

据前苏联专家测算，落叶松林分、其他松类林分、云杉林分的树冠截留量分别为总降雨量的 15%、20%～32%、40%～60%。

(三) 固土保壤，防止土壤侵蚀和沙化

森林资源通过调节降水、降低风速、落叶覆盖地表和根系对土壤的锚固作用(10 mm 根径的抗控力为 96～281 kg/cm^2)以及所形成的整体环境，可以有效地防止土壤侵蚀、固土保壤、防止沙化。

(四) 供氧固碳功能

森林可以吸收空气中的二氧化碳(CO_2)，通过光合作用生成葡萄糖等碳水化合物，同时释放出氧气(O_2)。森林资源的供氧固碳机能，直接影响一个地区、一个国家乃至全世界的空气质量，对全球气候变化也有较大的影响。

(五) 净化空气

森林不仅可以吸收空气中的二氧化硫(SO_2)、氟化氢(HF)、氨气(NH_3)等有害气体，而且还具有吸滞烟灰和粉尘的功能，起到净化空气的作用。

(六) 保护生物多样性

森林是陆地生态系统的主体，在森林中不仅有大量的野生动物，还有种类繁多的植物和微生物，是陆地上最重要的基因库和多种濒危动植物的栖息场所。

二、森林资源的分类

森林资源按照不同的划分条件,有着不同的分类[①]:

(一) 按起源与演变划分

森林资源按照其起源与演变可以划分为天然林资源、人工林资源和天然次生林资源。天然林资源是指未经人工栽植也未加有效的管理和干预的森林资源;人工林资源是人们以营利为目的的进行商业经营,并以一定的投入而经营成功的森林资源;天然次生林是天然林经人工采伐或破坏后,又经自然恢复起来的森林资源。

(二) 按其物质结构层次划分

森林资源按其物质结构层次可以分为林地资源、林木资源、林区野生植物资源、林区野生动物资源、林区微生物资源和林区环境资源。

(三) 按其与社会经济活动的关系划分

根据森林资源与社会经济活动的关系,可以将其划分为经营性森林资源和非经营性森林资源两类。经营性森林资源是指具有经营价值,即投入人力、物力、财力后,可获得经济产出的那部分森林资源;非经营性森林资源是指那些尚不具备经营价值或者暂不具备经营条件的森林资源。对非经营性森林资源,只能进行非营利性的经营管理。

(四) 经济学分类

在经济学上,森林资源可分为物质性资源和非物质性资源。物质性资源是指以物质形态而存在的森林资源,以林木资源为主,还包括林下植物、野生动物、土壤微生物等资源;非物质性资源包括森林资源为人类提供的旅游服务、调节气候等生态服务以及森林资源提供的基因库和生物多样性保护价值等。

三、森林资源的特性

森林资源作为一种特殊的自然资源具有其自身的特性。

---

① 参见高岚,等.森林资源评价理论与方法研究.北京:中国林业出版社,2006。

（一）可再生性

森林资源的可再生性是指它在一定的条件下具有自我更新、自我复制的机制，具有循环再生的特性。它包括森林资源整体的再生性和其中各种资源的再生性。前者包括天然更新、人工更新、人工促进天然更新等，而后者则体现在具有周期性的叶、花、枝、果、根、树皮等各方面的生长发育上。通常情况下，森林资源可在采伐后通过及时造林、更新、培育新林等手段实现再生产。森林资源的再生性保障了森林资源的长期存在，能够实现森林效益的永续利用。

（二）再生的长期性

一棵树达到它的最大材积可能需要近一个多世纪的时间。森林资源的木材生产周期人工林一般为 10～40 年，天然林达 100～200 年。森林资源造林生产周期长，意味着资本周转慢，投资风险较大。因此，森林资源所具有的可再生性与结构、功能的稳定，只有在人类对森林资源的利用遵循森林生态系统的自身规律，不对森林资源的利用产生不可逆的破坏的基础上才能实现。

（三）有较大的外部经济性

森林资源的外部经济性是通过森林资源的多种公益性生态服务功能所体现出来的。森林资源具有调节气候、涵养水源、防风固沙、保持水土、改良土壤等方面的多种生态防护效能，是地球表面陆地生态系统的主体。

（四）产品转化的巨差性

一个国家或地区拥有丰富的森林储量并不意味着木材的高产量，因为木材生产的储量要大于年生产量，二者之间存在一个数量差距。以立木生产为例，森林资源储量与年采伐量之比最少为 17∶1，最多为 50∶1 或略高一些，这种高比率影响到许多方面的开支如护林费用等，导致巨额资金的占用。

（五）稀缺性

森林资源的稀缺性表现在其总量的有限性和公众对其较高的需求的矛盾上，这是根本的原因。另外，稀缺性也与培育森林资源对土地的较强依赖性有关，土地是有限稀缺的，适于培育森林的土地就更为有限。

（六）系统性

由于森林资源的系统性，森林的一项功能的实现可能引起其他功能的损失。森林资源的开发利用，有可能会导致其功能维持的生态平衡失调。因此，在森林资源的开发利用或经济评价中，必须对其进行综合考察。

第2节 森林资源的供给与需求

由于森林资源在国民经济建设和公共福利事业中的重要作用，使得森林资源的需求和供给表现出与其他任何一种普通商品不同的特性。森林资源公益效用的存在和发挥作用，使得人们除对森林资源具有一般物质商品的物质效用需求外，还具有公益效益的社会需求。森林资源本身的特点及其经营的特殊规律性，决定了森林资源的需求与供给也具有自己独特的特点。①

一、森林资源的需求

(一) 森林资源的需求

森林资源是一种商品，它有着与一般商品相同的需求特性，其需求受消费者的购买欲望和购买力的双重影响。对森林资源的商品需求是指森林资源消费者在森林资源市场上表现出来的，是具有购买森林资源欲望和购买力的数量。

由于森林资源具有多种功能，人们对森林资源的需求也表现出多样性。人们对森林资源的需求除表现为一般的森林资源物质产品的需要和购买外，还表现为对森林资源公益效益的非物质追求。即使就人们对森林资源物质产品的需求而言，也是各不相同的。有对森林主产品，即林木资源的需求，也有对森林副产品，即森林内的各种野生植物、动物和微生物等的需求。人们对林木资源的需求也因不同林种、不同树种而不同，对林副产品的需求也随着许多具有经济价值的野生森林动植物的发现而发展得越来越丰富多彩。

由于森林资源存在外部经济性，人们对森林资源的非物质效益的需求，正随着科学技术的发展和人类认识水平的不断提高而变得越来越重要。这种认识正由无意识转向有意识、由破坏型转向保护型。对森林资源各种有用效益的需求，除一般的防风固沙、涵养水源、净化空气、美化环境、维持生态平衡等功能效益的需求外，还有许多人们目前尚未认识到的新的需求。在一定意义上说，这些需求是无限多样的。人类对森林资源的这种需求的多样性，是所有其他物质产品和资源没有的。同时，这种需求多样性的存在，决定了森林资源经营决策受到多重因素的制约。人们为满足某项需求而开发利用森林资源时，必须考虑该项需求的满足可能造成的损失。

---

① 参见蒋敏元. 森林资源经济学. 2版. 哈尔滨：东北林业大学出版社，2004。

(二) 影响森林资源需求的因素

森林资源的需求主要受到下列因素的影响和制约：

1. 社会生产力发展水平

社会生产力发展的水平影响着森林资源商品购买力的形成，从而决定着森林资源市场商品需求量的大小。当社会生产力发展水平较高时，经济加速建设、社会消费的不断提高都会对森林资源产生更高的需求。

2. 森林资源的价格

森林资源价格是影响森林资源需求的一个最直接、最主要的因素。同一般商品一样，森林资源商品的需求量会随着价格的上升而减少，随着价格的下降而增加，即森林资源的需求量与森林资源价格成反比变化。

3. 相关产品的价格及其供给量

相关产品价格及其供给量的变化，同样会直接地对森林资源商品需求产生影响。如塑料制品，铝合金窗、架、门等产品，当其价格降低且供给量增加时，必然冲击木材产品市场，从而导致对森林资源商品的需求减少。

4. 森林资源消费者收入的变动情况

森林资源消费者(企业)收入的变动将直接影响其购买森林资源商品的购买力，从而造成森林资源商品需求的变化。如果消费者的收入较高，其购买力就较强，从而对森林资源的需求也就会增加。

此外，森林资源生产者(企业)的生产能力及其效率、森林资源消费者(企业)的生产能力及其生产效率、森林资源产品消费者的消费心理的变化等，都会对森林资源的需求产生直接或间接的影响。

(三) 森林资源的个别需求曲线

森林资源个别需求量是指在一定的时间内，某一消费团体或家庭在一定的森林资源销售价格下愿意并能够购买的森林资源数量，用 Q 来表示。一般来说，森林资源的需求量主要取决于以下几个方面的因素：森林资源的产品价格(P_0)、相关产品价格(P')，预期森林资源的价格(P_1)、团体或家庭收入(Y)、消费团体或家庭的个别偏好(P)等。森林资源产品的价格、森林资源相关产品的价格以及消费者收入情况对森林资源需求量的影响，在前面已经讨论过。对未来价格的预测，也可能对森林资源需求量产生重大影响：如果森林资源产品的预期价格要上升，森林资源消费者可能大量抢购，扩大森林资源产品的生产资源储备量；如果森林资源产品的预期价格要下跌，森林资源消费者可能会适当减少森林资源的购买量，控制森林资源产品的生产，待价格进一步下跌后再购买，再组织大规模的生产。个人偏好对森林资源需求量也有明显的影响，个人对森林资源产品偏好的增强或减弱，对森林资源产品的需求也会随之增强或减弱。

在一定时间内，某个别团体或家庭在各种可能的价格下愿意并能够购买的商品性森林资源数量，用图形表示出来即形成森林资源的需求曲线，如图9-1所示。

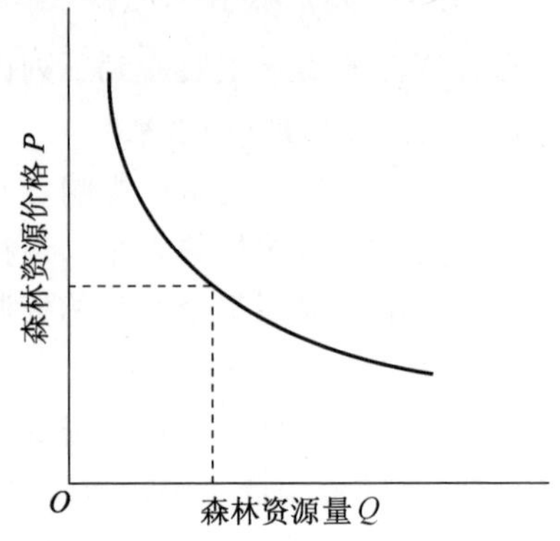

图 9-1 森林资源的个别需求曲线示意图

(四) 森林资源的市场需求曲线

森林资源的市场需求量是指森林资源市场上所有团体或家庭对森林资源产品的总需求，也就是森林资源商品市场上所有个别需求量总和起来所构成的需求量。图9-2中，假定森林资源商品市场上只有三个需求者，其需求曲线分别为 D_1、D_2、D_3，则它们总和的市场需求曲线为 D。由图可知，森林资源市场需求曲线上任一价格点上切线的斜率也均小于相应价格点的任何个别需求曲线上切线的斜率。

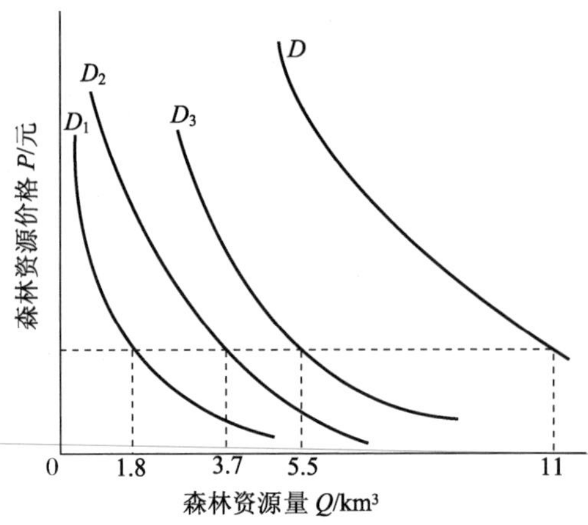

图 9-2 森林资源的市场需求曲线示意图

但是，由于森林资源的存在和生长具有特殊的功能和效益，人们对这种公益需求，不表现为物质产品从生产者到消费者的直接转移，因而脱离了一般商品的经济关系，无法在传统的市场需求理论中进行讨论。为了便于分析，相对于森林资源物质商品的市场需求，我们称这种对森林资源公益效益的直接需求为社会需求，或"软需求"。它是随着社会工业化的发展而为人们越来越重视的一种生理和心理上都必不可少的需求。

二、森林资源的供给

(一) 森林资源的供给

由于森林资源具有多种效益及其本身特有的属性,其供给特点与其他资源也有所不同:

1. 供给多种性

同一片森林资源,不管其经营的主要目是什么,它都可以自发地向人类提供满足主要需求以外的一些其他需求。如人们经营商品性森林资源的主要经营目的是为了生产木材,但森林资源同时也在向人类提供生存所必需的大量氧气,也发挥着保持林区水土和涵养水源的功能,还为野生动物的生长、繁衍提供了生存和发展的场所。同样,公益性森林资源除了为人类提供水土保持、加固土壤结构、防止土壤流失的功能外,同时还具有吸收二氧化碳、释放氧气的功能。因而,同一片森林资源,总是具有多种供给以满足人们多种需求的特点。

2. 供给能力对价格变动的延迟反应

森林资源生产周期长,这个特点决定了森林资源价格的变化对森林资源的可供给量的影响需要一定的时间。一片用材林从营造到被采伐利用,长的可能上百年,最短的也在二三十年。森林资源的自然生产过程使得人们很难在较短的时间内大幅度地提高森林资源的生产量,或采用减产的办法来快速适应价格的变化,从而保证需求与供给的平衡。当森林资源价格的降低时,在短期内,森林资源经营者可能会采用拒绝出售其生产品,用减少供给的办法来避免因价格的降低而减少的收入。但当价格降到一定限度并成为稳定格局后,森林资源经营者在不可能再等来价格再度回升的情况下,也只能按该价格出售其森林资源商品了,否则他将会面临更大的损失。因此,无论价格上升还是下降,所引起的森林资源供给能力的增加或减少,都具有一定的延迟性。

3. 供给的有限性

一方面,由于森林资源的生长需要较长的周期,地球上能提供给人类利用的森林资源是有限的。另一方面,由于森林资源的物质产品的多效用性,随着社会经济的发展,人类对森林资源的需求会越来越大。尽管随科学技术的发展,有些替代产品出现,但森林产品在作为某些生产用途上的特殊品质和特性是其他替代物质难以比拟的。较大的森林资源物质产品的需求,造成了森林资源供给的巨大压力。由于森林资源需求的多样性和森林资源供给的有限性,造成了森林资源的长期短缺。

4. 供给方向取决于社会需求

一般商品的生产和供给，主要取决于生产和供给过程中的收益的可取性。但森林资源的供给方向既要取决于生产和供给中的经济因素，又要考虑社会及公众的心理追求因素，更主要的是要考虑公益效益的需求和发挥。如我国木材的供求矛盾相当突出，即使在商品性森林资源日趋短缺的情况下，国家还是划出了大片森林作为自然保护区，其目的就是为了保护自然生态环境的需要，这是社会经济发展对森林资源提出的更高层次的需求。

(二) 影响森林资源供给的因素

影响森林资源供给的主要因素有：

1. 社会生产力发展水平的影响

社会生产力发展水平的提高，可以促进森林资源生产经营的商品化、集约化和科学化，从而可以在更高的基础上来提供社会消费所需的森林资源。

2. 森林资源的价格

森林资源价格是影响森林资源供给量的最直接、最主要的因素。同一般商品一样，森林资源商品的供给量会随着其价格的上升而增加，随着价格的下降而减少，即森林资源的供给量与森林资源价格成正比变化。

3. 森林资源生产者(企业)的生产能力及其效率

如果森林资源生产者有着较高的生产能力，就可以向社会提供较多的森林资源产品。

此外，森林资源的供给还受到国家的政治经济形势和资源政策的影响。

(三) 森林资源的个别供给曲线

森林资源的个别供给是指在一定的时期内，某一个森林资源经营者(企业)所能向社会提供的商品性森林资源的数量，用 S 表示。从经营者的角度来看，是否愿意向社会提供森林资源商品及愿意提供的数量，主要取决于森林资源产品的价格、相关产品的价格和对未来森林资源价格的预测值等因素。森林资源价格的未来预测值，可以对短期内的森林资源价格产生重大影响。如果价格看涨，森林资源经营商(企业)就会囤积产品。

在一定的时期内，某个森林资源经营商在各种可能的价格下愿意并且能够出售的森林资源商品数量，用图形表示出来，即为森林资源供给曲线，如图 9-3 所示。

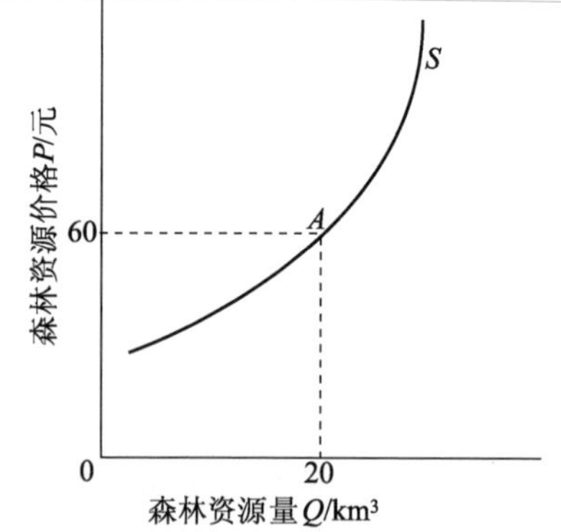

图 9-3 森林资源个别供给曲线示意图

(四) 森林资源的市场供给曲线

森林资源的市场供给量是指森林资源商品市场上所有生产者(企业)愿意并能够提供的森林资源总量,也就是各个森林资源经营者(企业)可能提供量的总和。森林资源的市场供给曲线可以用图 9-4 来表示。图中列出了有三个森林资源个别供给情况下的森林资源市场供给情况示意曲线。S_1 为第一个森林资源经营者的供给曲线,S_2 为第二个森林资源经营者的供给曲线,S_3 为第三个森林资源经营者的供给曲线,S 为森林资源市场供给曲线。从图中可以看出,森林资源市场供给曲线上任何一个价格水平上的切线斜率均小于相同价格水平上的任何个别供给曲线上切线的斜率。

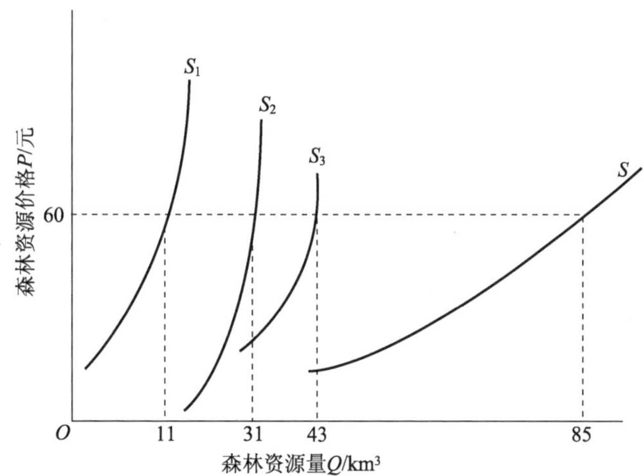

图 9-4　森林资源市场供给曲线示意图

三、森林资源的供需平衡

(一) 森林资源供求的变动

森林资源的供求量除受森林资源市场价格影响外,还受到诸多其他因素的影响。当影响森林资源供给量(或需求量)的因素中的一个或几个发生变动时,仅由森林资源市场价格决定的供给量(或需求量)也就会发生变动,从而使得整个供给(或需求)曲线发生移动。图 9-5(a)表示由于社会生产力水平的提高增加了森林资源的供给能力,原供给曲线 S 向右移动到 S'。图 9-5(b)表示由于消费者收入的增加所导致的森林资源需求的增加，原需求曲线由 D 向右方移动到 D'。

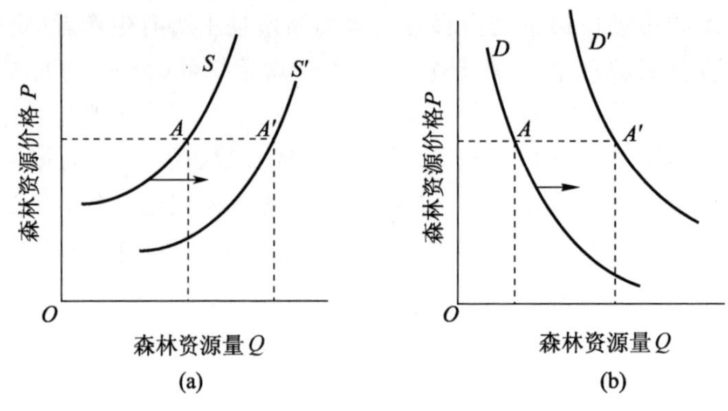

图 9-5 森林资源供求变动示意图

(二) 森林资源商品供求矛盾及其运动规律

森林资源商品供求矛盾及其运动规律同其他商品一样有其共性，但也有其独特的特点。

森林资源商品的供求关系同其他一切商品的供给和需求之间的共性表现在：森林资源供给决定着森林资源需求的物质对象，森林资源需求又决定着森林资源供给的目的和发展方向。

森林资源商品供求矛盾及其运动规律不同于其他商品主要表现在：

第一，由于森林资源生产和森林资源消费的分离，加之森林资源商品生产具有长期性，森林资源商品需求大都是由对森林资源产品的派生需求间接推算出来的。森林资源商品现在的供给能力是过去一定时期内的生产投入形成的，而现在的生产投入只能形成将来某一时期的生产和供给能力。

第二，由于森林资源在生长过程中会受到各种自然灾害的侵袭，即使是过去一定时间内对现在需求预测准确，并进行了适量的投入，但由于森林资源在生长过程中的损失，也会造成现在森林资源商品供给能力的不足。

第三，由于森林资源的生产是土地经营业，社会上能用于森林资源生产和扩大再生产的林业用地有限，因而现在可能形成的未来某一时期的最大生产能力与未来的需求量之间可能有一段无法弥补的差距，从而必然造成未来森林资源供给不足的矛盾。

森林资源的供求矛盾，造成市场上森林资源商品供求之间会出现不一致，表现为森林资源商品市场的供不应求或供过于求的不平衡状况。在森林资源商品供求矛盾运动过程中，矛盾双方的主次关系也可能不断地发生变化。当商品性森林资源较多，市场上森林资源商品供给充足，甚至供过于求时，就会发生森林资源销售的困难，森林资源需求一方也就成为供求矛盾的主要方面，并对森林资源市场的发展起支配作用。这时购买者在森林资源市场上就处于有利地位，森林资源需求在很大程度上支配着供给，决定着森林资源供给的实现程度和发展方向。相反，如果森林资源市场上商品性森林资源供给不足，就会出现供不应求的状况。这时，森林资源消费者的需求得不到充分满足，供给一方就成为矛盾的主要方面，并对森林资源市场的发展起决定作用。由于森林资源供给决定着森林资源需求的满足程度，在森林资源市场上，销售者就处于有利地位。森林资源供给和需求矛盾主次关系的变化，反映了供求矛盾双方地位的交替变化。

(三) 森林资源价格对供求平衡的调节作用

森林资源的供求平衡，是指森林资源市场供给量和需求量正好相等。供求平衡时的森林资源市场供求量，是通过市场价格和价值(一般生产价格)的关系来反映出来的。市场价格不仅仅被动地受供求关系的作用而围绕价值上下波动，而且通过市场竞争，市场价格对生产(供给)和需求起着调节作用，从而使供求往均衡方向运动。当市场上森林资源价格高于其价值或生产价格，并且对未来价格变动预测值保持不变时，森林资源经营者(企业)将在可能的条件下在经营区增加造林量，扩大未来森林资源的供给量。在森林资源需求量不变的前提下，供给量的增加，市场价格会下跌；如果森林资源经营者预测将来森林资源价格会下跌到生产价格以下并保持这一水平的话，他就会减少造林量以减少将来的市场供给量。这时，由于森林资源供给相对于需求有所减少，结果森林资源的市场价格又会回升。这种过程不断反复，只有当森林资源市场价格等于其生产价格以后，森林资源供给量才会达到稳定。当然，这种稳定是在经常波动中的稳定，此时森林资源的市场供给量也正好等于需求量。

森林资源的市场价格不仅可以调节森林资源的供给量，而且也可以对需求发生影响，使供求同时变动，实现森林资源的供求平衡。当森林资源价格上涨，从而迫使目前森林资源需求减少，并引起未来供给的增加，直到供求大致相等。反之，如果森林资源市场价格下降，就会导致需求增加，以及未来供给量减少，直至供求大致平衡。在其他条件都正常的情况下，森林资源价格机制的这种调节机能在大多数时期还是能使森林资源市场保持大致的平衡。

因此，所谓森林资源供求平衡，是指森林资源商品市场价格等于其生产价格时，市场上森林资源的供给量和需求量的关系。森林资源供求达到平衡时，森林资源的市场价格必定已与其生产价格相吻合；森林资源的市场价格已经接近或达到与生产价格相等，也就意味着森林资源的供求已接近或达到平衡。

第3节 森林资源的配置

人类开发利用森林资源是为了获取木材和其他多种林产品，并利用森林资源多种物种生态自然力发挥的多种功能。森林资源相对于人类的需要来说显得不足，这种情况被称为森林资源的稀缺性。由于森林资源有多种用途，于是就有必要对其各种用途进行权衡比较。森林资源配置就是根据人们需求的具体情况，把稀缺的森林资源分配到各种用途中。配置的核心是处理好大自然赐予人类有限资源与人类社会经济发展需求无限之间的永恒矛盾，自觉地调控好人与森林资源之间的关系。也就是说，要按照生态经济原则对森林资源进行调控管理，从而有效地保护和开发利用森林资源，最大限度地增加森林资源，提高森林资源生态功能，促进生态动态平衡。

一、森林资源配置的主要类型[①]

(一) 森林资源的部门配置

森林资源的部门配置，即森林资源在林业不同部门之间的分配。目前，我国林业部门主要有：营林业与森林资源开发部门、林产工业与其他工业部门、森林环境资源开发部门等三个基本生产部门；林区基础建设系统、商业服务系统、林政管理与经济调节系统、信息与科技部门等四个派生部门。森林资源在林业部门的优化配置，将会促进林业生产各部门协调地发展，有利于形成合理的林业部门结构。

(二) 森林资源的区域配置

森林资源的区域配置，即森林资源在不同区域之间的分配。森林资源在区域之间的优化配置，可以使各个区域扬长避短，有利于各个区域发挥自己的优势，生产当地条件最好、成本最低的林产品。不同的区域互相交换，取人之长，补己之短，整个社会就能通过区域间的分工，得到更多的林产品。

(三) 森林资源的企业配置

森林资源的企业配置，即森林资源在不同企业之间的分配。森林资源在企业之间的优化配置，能使效率最高的林业企业得到最充分的森林资源供应，从而

---

① 参见邱俊齐.林业经济学.北京：中国林业出版社，1998。

可以用同样多的森林资源生产出更多的森林产品。

二、森林资源配置的主要方法

森林资源配置需要一定的方法来实现的。按照决策过程的特点可以将资源配置的方法划分为几类。

(一) 分散决策

分散决策配置方法完全是依靠市场机制来分配森林资源和产品。产品价格随市场供求关系的变动而变动,生产要素的所有者既是产品的供给者又是产品的需求者,他们根据市场的价格信号独自作出决策。

(二) 集中决策

集中决策配置方法由中央计划部门来决定生产什么产品,怎么生产和怎样分配产品等问题。各种森林资源用于何种用途与其价格关系很小,各种产品的价格也不是由市场供求力量均衡时所形成的,而是由中央计划部门来制定的。这种指令性的计划价格,只能间接地对资源配置和产品分配问题起调节作用。

(三) 分散决策与集中决策相结合

这种配置方法是由分散决策的配置方法和集中决策的配置方法混合而成的。严格来说,现实中没有纯粹的分散决策的配置方法或集中决策的配置方法,而只有这两种配置方法的混合物。有的国家在某些时期市场的比重大一些,计划的比重小一些;而另一些国家则可能相反。

三、林业生产要素的配置

林业生产要素包括资本要素、劳动力要素、林地要素、森林资源要素、技术进步以及国外资源。

(一) 林业生产要素的特点

与其他产业相比,林业生产主要要素的经济学特点是:

1. 资本要素

林业资本投入时间长、周转慢,这是由森林资源生产的长周期性所决定的;林业生产除了一个轮伐期结束的时序点上的收益外,在林业生产的漫长过程中几乎没有直接收入,反而要连续不断地追加资本投入;由于林业生产的周期长,林业资本收益的风险较大，这些风险包括自然风险（环境恶化、自然灾害）、社会风险（林木被盗等）、经济风险（价格波动等）、政治风险（政策变动、战争因素等）。

2. 劳动力要素

林业生产过程是自然再生产过程和经济再生产过程相互交织的过程，林业劳动力使用具有季节性；林业劳动力工作的地点不固定，流动性大，具有分散性；林业劳动力专业化程度低，综合性强；林业劳动力具有兼业性质。

3. 森林资源要素

森林资源要素特点主要表现在：林地报酬递减性、林地供给具有稀缺性和林价变动缓慢。

（二）林地要素配置中农林界限地的确定

人们对土地的利用通常是以追求土地价值（或地租）最大化为目的的。土地所能产生经济效益的能力取决于多种因素，包括土壤肥力、离市场距离（或交通方便与否）、坡度和可利用程度等。土地的质量或所能产生经济效益的能力可被看做是这些因素或土地特征的组合。

为了说明在各种用途中土地的分配以及农林界限地的确定，简单起见，我们只分析其中一个因素的特征：离城市中心的距离。一般而言，离城市近的土地比离城市中心远的土地利用的集约程度要高。图 9-6 表示在其他特征不变，仅使离城市中心距离这一土地特征发生变化的情况下，土地地租的变化情况。图 9-6表明，由于其他特征相同，土地所能产生的地租随着离城市中心距离的增长而降低。在离城市中心近的地方（*AB* 段），土地作为商业和民用的价值最高。在离城市中心较远的地方（*CE* 段），土地用于林业生产的效益最佳。农业则介于二者之间（*BC* 段）。

图 9-6 还可以帮助我们理解土地使用的变化。能否使土地价值最大化（或地尽其力），最终取决于各种土地利用选择的收益和成本。例如，当林业生产的净收益（地租）与农业生产的净收益相比要高时，不管这是由于木材价格上涨，社会对非木材价值（生态效益）需求增加，林业的生产成本降低，或农产品价格下降，更多的农业用地就会被转化成林业用地。我国目前大量林地被占用或改变用途，则是因为在这些林地进行林业生产所带来的净价值比其他用途所带来的净价值要低。

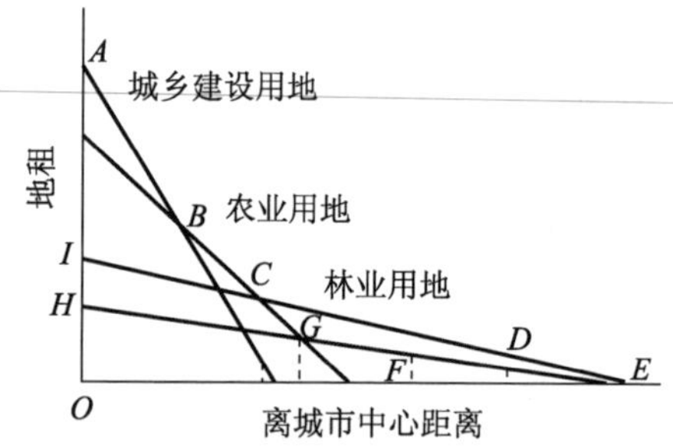

图 9-6　土地地租与其离城市中心距离的关系

林业生产的粗放边际是林业不能再产生收益或所产生的收益要比使土地用于其他用途所产生的收益低的那一点。林业生产有两个粗放边际。一个粗放边际决定了经过采伐的林地是否应该用人工造林的方式进行连续性林业生产；另一个粗放边际决定现有森林本身是否应该被采伐。这两个粗放边际被称作林业连续经营的粗放边际和原始森林的粗放边际。由于原始森林的生产成本很低，在相同投入的情况下，采伐这些森林可以盈利，但对采伐迹地重新人工造林则不一定在经济上合算。所以，连续经营的粗放边际比原始森林的粗放边际要小。在图 9-6 中，连续经营和原始森林的粗放边际分别由 D 点和 E 点表示。所以，在 CD 段的林地上进行采伐和人工造林均能盈利，在 D 点采伐后进行人工造林不盈不亏。在介于 DE 之间的林地上进行采伐能盈利，但若用人工造林则经济上不划算，所以采伐后要依靠天然更新。而 E 点之外的林地上的森林则不宜采伐。

(三) 林业生产函数与林业生产要素配置

林业生产函数表示的是林业生产要素的投入与林产品的产出之间的数量关系。如木材的生产函数表示的是木材的产量与投入的林业用地和林业劳动力的关系。林业生产函数用数学表达式可表示为

$$Q=f(x_1、x_2,\cdots,x_n)$$

式中：Q 代表林产品的产出量；x_1、x_2，…，x_n 代表各种生产要素的投入。

当只有一种投入的林业生产要素可变动，其他投入的生产要素不变时，林业生产函数可简单地表示为

$$Q=f(x)$$

在一些特定的条件下，林业再生产中林产品的产出量与某种可变林业生产要素的投入量之间可能成正比关系，即表现为直线关系。每增加一个单位的变动林业生产要素的投入量，相应的会成比例增加一定数量的林产品产出量。例加，在技术要求许可的范围内，苗木产出量同林木种子播种量的关系是一种直线关系，苗木产量随播种种子量的增加成比例增加，直到达到亩圃的最大允许生产株数。

在一般情况下，某一林业生产经营投入的林业生产要素增加，所引起的林产品产量的变化呈递减或递增的趋势，也就是每增加一个单位的可变投入，相应增加的林产品产量越来越少或越来越多。此时，林产品的产出与投入的林业生产要素便呈现出一种曲线变化关系。例如，单位面积立木蓄积量与造林密度，或与施肥量之间就表现为一种曲线关系。刚开始，林木生产量随着施肥量的增加而有增加趋势；当施肥量到一定数量时，林木生产会随施肥量的增加而呈递减趋势，此时呈现出负报酬现象。整个生产过程中施肥量与林木蓄积生产量之间呈

现曲线关系。

(四)我国森林资源的配置

1. 要尽量保证森林资源在全国的相对均匀分布

林业经营的对象主要是森林资源,而森林具有多种效益,除了经济效益外,更重要的是生态效益和社会效益。森林资源配置要充分地发挥森林资源的生态效益和社会效益,必须使森林资源在区域上均匀地分布。

2. 要促进商品林业和非商品林业协调发展

现代林业具有林产品生产和保护性资源经营的双重性,按照林业分工经营的原则,分别由商品林业和非商品林业承担,采取不同的管理政策、管理制度和经营技术。但是,商品林业与非商品林业又互相影响,相互制约和相互促进,只有二者按比例协调的发展,才能推进现代林业整体发展。

3. 要推进林业生产的集中化与专业化

目前,我国林业企业以中小型企业为主,这种企业规模不利于提高资源的利用率,资源浪费较大。

4. 要设法在资本相对不足的条件下充分发挥劳动力充裕的优势

第4节 森林采伐的经济问题

轮伐期是一种生产经营周期,它表示林木经过正常的生产发育到达可以采伐利用为止所需要的时间。在林业生产中,为了经营工作方便,常把若干个有相同特点的林分组成一个集合,统筹安排各项经营活动。因此,轮伐期就是一个经营单位系统内主伐的时间序列。时间序列到达顶点,一个轮伐期就完成了。轮伐期的确定是一个关键的林业经济问题,这种选择确定了资本从森林资本形态转化为货币资本形态的时间,它还决定了为保持一定生产水平而必须维护的森林蓄积量。

一、商业人工林

商业人工林的经营管理类似于一般生产的经营管理。商业人工林资源属于可再生商品性资源,研究其可持续利用问题主要是确定该资源的最佳采伐期和最大可持续收获量。下面我们以单个轮伐期的林业模型和无穷轮作林业模型来分析林木采伐的最佳时间和最大可持续收获量。①

① 参见罗杰·珀曼,马越,詹姆斯·麦吉利弗雷,等.自然资源与环境经济学.北京:中国经济出版社,2002:290-292。

(一) 单个轮伐期的林业模型

单个轮伐期的林业模型需要满足几个假设条件：

① 林分中只有一种树种，而且该林分中所有的林木都是同时营造、同时采伐，一旦被采伐后就不再重新造林，即只有一个轮伐期：播种、成材、采伐。

② 土地没有其他用途，即机会成本为零。

③ 造林成本、边际采伐成本和林木的毛价格在整个期间保持不变。

④ 森林只通过其生产的木材才具有价值，它的存在（或被采伐）不具有外部性。

林木的采伐价值随着树木的生长而增大，但不可能无限增大，树木最终会衰老和死亡，由此会降低商业价值。为了获取最大的利润，林场主需要确定一个最优的采伐时间，在该时期采伐能使木材利润的现值达到最大。

在特定林龄采伐林分的利润等于木材采伐所产生的价值减去造林成本和采伐成本。如果森林在林龄 T 时进行皆伐，那么利润的现值为

$$(P-C)S_T\mathrm{e}^{-iT}-k=pS_T\mathrm{e}^{-iT}-k \tag{9-1}$$

式中：S_T 为在 T 时间可以采伐的木材材积[①]；P 为被采伐木材的销售价格；C 为被采伐木材的采伐成本；i 为消费贴现率；p 为被采伐木材的净价；k 为林场的初始投资。

获得最大利润现值的决策就是分析 T 为何值时可以使 $pS_T\mathrm{e}^{-iT}-k$ 的值达到最大。为了达到最大值，我们对(9-1)式求关于 T 的导数，并将其商设为零。

$$\frac{\mathrm{d}}{\mathrm{d}T}((pS_T)\mathrm{e}^{-iT}-k)=\frac{\mathrm{d}}{\mathrm{d}T}((pS_T)\mathrm{e}^{-iT}) \tag{9-2}$$

$$p\mathrm{e}^{-iT}\frac{\mathrm{d}S}{\mathrm{d}T}-ipS_T\mathrm{e}^{-iT}=0$$

所以

$$p\frac{\mathrm{d}S}{\mathrm{d}T}=ipS_T \tag{9-3}$$

或者

$$i=\left(\frac{\mathrm{d}S}{\mathrm{d}T}\right)\Big/S_T \tag{9-4}$$

所以，当材积的生长率与个人贴现率相等时，利润的现值达到最大。

---

① 木材材积是指各种木材（包括原条、原木、板方材）的体积，以 m^3 为计量单位。

通过分析单个轮伐期的森林模型，可以得出森林采伐的最佳时间依赖于所采用的贴现率。当贴现率增加时，林分采伐的时间将缩短，以保持未经贴现的净收益的变化和贴现率之间的平衡。林木采伐的最佳年龄对于利率水平的敏感性可能较大。

(二) 无穷轮作林业模型

单个轮伐期的森林模型在一些方面可能是脱离现实的。其中最重要的一方面是，该模型把采伐作为一个静态变量，而不是一个无限循环采伐和重新植树中的一个动态变量。实际上，林分被采伐后，如果土地没有其他用途，理性的林场主将会考虑下一个营林周期。

假设林场主不仅希望采伐的树木净效益现值最大化，而且还希望林场的土地可持续总产出的净效益现值最大化。为了确定无穷轮作情况下的最佳轮伐期，首先要确定无穷轮作模式下收益最大化的现值函数。

假定造林成本 k，木材的毛价格 P，单位木材的采伐成本 C 在整个期间保持不变，木材的净价格 $p=P-C$ 也保持不变。

利润的净现值可以表示为

$$\begin{aligned}\Pi=&[pS_{(t_1-t_0)}\mathrm{e}^{-i(t_1-t_0)}-k]+\mathrm{e}^{-i(t_1-t_0)}[pS_{(t_2-t_1)}\mathrm{e}^{-i(t_2-t_1)}-k]+\\&\mathrm{e}^{-i(t_2-t_0)}[pS_{(t_3-t_2)}\mathrm{e}^{-i(t_3-t_2)}-k]+\\&\mathrm{e}^{-i(t_3-t_0)}[pS_{(t_4-t_3)}\mathrm{e}^{-i(t_4-t_3)}-k]+\cdots\end{aligned}\tag{9-5}$$

所以

$$\Pi=\frac{pS_T\mathrm{e}^{-iT}-k}{1-\mathrm{e}^{-iT}}\tag{9-6}$$

如果已知 p、k、i 的值和木材的生长函数 S_T，就可以求出任一轮伐期内净收益的现值。同样，为了得到最大的净收益现值，最佳的轮伐期长度 T 可以通过对上式求导得到

$$p\frac{\mathrm{d}S}{\mathrm{d}T}=ipS_T+i\Pi\tag{9-7}$$

该式被称为 Faustmann 法则，它间接地决定了价格和成本保持不变的无穷轮作模型的最佳轮伐期。其中 Π 项是土地的立地价值，即林木生长的空地的价值。

进一步可以得到 Hotelling 动态效率条件

$$\frac{p\left(\frac{\mathrm{d}S}{\mathrm{d}T}\right)}{pS_T}=i+\frac{i\Pi}{pS_T}\tag{9-8}$$

通过分析无穷轮作林业模型表明：在最佳轮伐期的情况下，材积生长的回报率(方程的左边项)等于与木材生产有关资金利率加上与立地价值有关的资本利率。

二、多用途森林

森林资源除了木材价值外，还能产生多种非木材效益。在选择究竟如何对其经营和何时进行采伐时，应当重视森林资源的多种用途。假设林地属私人所有，而且林场主可以享有木材及其他林产品的价值。

假定从空地造林零时计算，NT_T 代表造林 T 年后非木材效益的非贴现价值，在第一次轮作期 T 的整个期间，非木材产品价值流的现值是

$$N_T = \int_{t=0}^{t=T} NT_t \mathrm{e}^{-it} \mathrm{d}t \qquad (9-9)$$

加上木材效益，第一个轮伐期内森林所具有的全部价值的现值为

$$PV_1 = (pS_T - k)\mathrm{e}^{-iT} - k + N_T \qquad (9-10)$$

对于相等间隔期的无限连续轮作来说，全部现值可表示为

$$\begin{aligned} \Pi^* = & [PS_T\mathrm{e}^{-iT} - k + N_T] + \mathrm{e}^{-iT}[pS_T\mathrm{e}^{-iT} - k + N_T] \\ & + \mathrm{e}^{-2iT}[pS_T\mathrm{e}^{-iT} - k + N_T] + \mathrm{e}^{-3iT}[pS_T\mathrm{e}^{-iT} - k + N_T] + \cdots \end{aligned} \qquad (9-11)$$

为了使木材和非木材效益的净现值最大，经过求导可以得到最佳的轮伐期条件

$$p\frac{\mathrm{d}S}{\mathrm{d}T^*} + N_{T^*} = ipS_T + i\Pi^* \qquad (9-12)$$

该公式表明非木材效益会在两个方面影响轮伐期：

① 在任何轮伐期内，非木材效益的现值流都在上式中得到体现。由于其他项相同，N_{T^*} 为正，表明$\frac{\mathrm{d}S}{\mathrm{d}T}$减少，意味着轮伐期的延长；

② 正的非木材效益使土地的价值从 Π 增加到 Π^*，从而增加了在该地造林的机会成本，这样将缩短轮伐期。

因此，当考虑包括森林资源的非木材效益时，最佳轮伐期可能缩短、变长或不变。如果森林资源非木材效益流在森林轮伐期内保持不变，最佳轮伐期不受影响。如果森林资源非木材效益随林龄的增大而迅速增加，最佳轮伐期将延长。极少情况下，森林资源非木材效益发挥作用的大小和时间的可能会导致：不对林分进行砍伐才是合理的，如国家森林公园等。

思考题

1. 阐述森林资源不同于其他资源的特性。

2. 阐述森林资源生产要素的配置。

3. 讨论森林资源的供求特点。

4. 受到下列因素影响:(1) 造林成本增加,(2) 采伐成本增加,(3) 木材毛价格增加,(4) 贴现率增加,讨论最佳轮伐期将如何变化?

第 10 章　矿产资源的经济问题

本章讨论矿产资源开发利用中的经济问题。在对矿产资源的分类和特点进行基本分析的基础上，讨论矿产资源供求中的经济问题以及矿产资源的配置问题，进而综合分析如何对矿产资源进行可持续利用。

第 1 节　矿产资源概述

一、矿产资源及其特征

(一) 矿产资源的含义

矿产资源是指各种成矿物质在地质作用下形成的赋存于地壳内部或表面的具有开发利用价值的自然富集物。它既包括在当前技术经济条件下可以开发利用的天然物质(储量)，也包括在未来几十年中能具有经济意义的天然物质资源，同时还包括根据地质理论推断可能存在的且具有经济价值的天然物质潜在资源。

矿产资源是一种非常重要的不可再生资源，对于人类社会经济的发展具有极为重要的作用。矿产资源的开发和利用是人类诞生与发展的基本条件，是人们生活资料的重要来源，又是极其重要的生产资料。矿产资源是国民经济发展的重要物质基础，也是衡量国家经济实力的标志之一，并日益成为现代国际经济发展的支柱。据统计，全世界有 95%以上的能源来自矿物燃料，80%左右的工业依靠矿产品为原料。①

矿产资源的开发利用，受科学技术、社会需求、经济条件、政治军事形势以及环境保护等因素的影响。从数量上看，它会随着这些条件或因素的变化而变化。

---

①　参见沈满洪．资源与环境经济学．北京：中国环境科学出版社，2007。

因此,矿产资源既具有客观存在的自然物质的属性,又具有社会、经济、政治,乃至军事的属性。

(二)矿产资源的特征

矿产资源有着区别于其他资源的自然特征和经济特征。

1. 矿产资源的自然特征

矿产资源的自然特征是指在自然界展现出来的特征,它不受政治和经济的影响,主要表现在以下几点:①

(1) 成矿的长期性与不可再生性:矿物元素聚集成具有经济利用价值的矿床,是一个漫长的地质历史过程。据研究,现在世界上无论储藏量和开采量都最大的铁矿,多形成于距今26—30亿年、18—26亿年的太古代、元古代时期,成矿期均以亿年计算。因此,从人类世纪的角度来看,矿产资源是不可再生的。

(2) 矿产聚集过程的共生性与伴生性:大多数矿产都不是单独产出,而是以多种矿物相伴出现的。其基本原因有两条,一是具有近似地球化学性质的成矿元素,在成矿过程中的相聚作用;二是多元成矿条件相互叠加,使不同来源的成矿物质聚集,形成多组分的综合性矿床。

(3) 区域分布的不均匀性:全球各地矿产资源丰缺不齐,贫富不均。世界上许多已知矿产分别集中在地壳的某些地区而形成著名的成矿区域,成矿区域的范围常与一定的大地构造单元、一定的构造-岩浆带或一定的构造-岩相带相符合。可以说,在世界上称得上矿产齐全的国家是不存在的,没有一个国家的矿产资源能够完全做到自给自足。

(4) 赋存状态的隐藏性和成分的复杂多变性:绝大部分矿床都隐藏在距地表一定深度,甚至很大深度以下的地壳深处,而且在自然界中绝无完全类同的矿床。这个特点就增加了矿产资源勘探和开发利用工作的复杂性和艰巨性。

2. 矿产资源的技术经济特征

矿产资源的技术经济特征是指人们在矿产资源的开发与利用过程中所展示的社会经济方面的特征。矿产资源作为天然的生产要素是人类社会经济系统的有机组成部分,其经济特征体现在:

(1) 不可再生性(可耗竭性):矿产资源是在漫长的地质作用下生成的,它不像土地资源,可以反复使用,具有长效性,也不像森林资源,砍伐后可以人工种植,具有可恢复性。矿产资源一旦被开采利用,开采一部分就少一部分,直到完全耗尽为止。所以,矿产资源是一种耗竭性资源,对其开采就是一种“破坏性”的使用。

(2) 稀缺性和相对有限性:矿产资源的不可再生性决定了矿产资源的稀缺

---

① 参见康静文,等.矿产资源学.北京:煤炭工业出版社,2002。

性和相对有限性，决定了人类在社会生产活动中必须十分注意合理地开发、利用和保护矿产资源。

（3）动态性：矿产资源受地质、技术和经济条件制约而具有动态性，现阶段发现的矿产和探明的储量只能反映现阶段人类对自然的认识，随着地质工作的不断深入和科学技术的不断进步，人类对矿产资源开发利用的广度和深度会不断扩展。

（4）分布不均衡性：各种矿产资源在地理分布上的不均衡状态，对资源的合理配置及生产力的合理布局，对国际矿产品市场、资源形势以至于国际政治、经济关系都有着重大的影响。

二、矿产资源的分类

矿产资源的分类是根据矿产资源的性质、用途、形成方式及其相互关系而分别排列出的不同次序、类别和体系。它反映出人类在一定历史时期内识矿、找矿、采矿的生产实践水平、科技发展水平和认识水平。

① 根据矿产资源的成因和形成条件，可以将矿产资源分为内生、外生和变质矿产三大体系。

② 根据矿产资源的物质组成和结构特点，可以将矿产资源分为无机矿产和有机矿产。

③ 根据矿产资源的产出状态，可以将其分为固体矿产、液体矿产和气体矿产。

④ 根据矿产特性及其主要用途，可将其分为能源矿产、金属矿产、非金属矿产和水汽矿产。

⑤ 按照矿产资源生成和赋存的不同领域可以划分为陆地资源、海洋（底）资源和外星资源三大类。

第 2 节　矿产资源的需求与供给[①]

矿产资源的需求

矿产资源直接作为消费品是较少的，一般都是作为工业生产资料进入加工并多次在各加工环节转移，最后形成人们需要的最终产品。换句话说，矿产资源一般不属于最终产品，而是用作生产最终产品的投入。因此，对矿产资源的需求

① 参见李祥仪，李仲学．矿业经济学．北京：冶金工业出版社，2001。

是一种中间需求或者导出需求。中间需求在很大程度上受到下列因素的影响和制约:

一是最终需求。与中间产品(某种矿产资源)有关的最终产品需求的增减,会相应地引起该中间产品需求的增减。

二是生产技术。生产技术的变化,对中间需求有着较大的影响。当生产技术使某投入要素的生产率得到改善时,该要素的需求就会增加;而当生产技术使某投入要素的替代要素的生产率得到提高时,则对该要素的需求就会减小。

三是投入要素比例。当某要素对其他投入要素的比例增加时,生产成本亦会增加,产量会随之减少,对该要素的需求也就相应地会减小。

四是其他要素的价格。一方面,某投入要素的互补要素价格的升降,会引起对该要素需求的减小或者增大。另一方面,替代要素价格的升降,也会引起对该要素的需求相应地减小或者增大。

矿产资源作为中间产品,其需求弹性受矿产资源占最终产品成本的比例、最终产品的需求弹性以及矿产资源的可替代程度等因素的影响。若某矿产资源占最终产品总成本的比例大,则该矿产资源的需求趋向富于弹性。反之,若某矿产资源占最终产品总成本的比例小,则该矿产资源的需求趋于缺乏弹性。一般而言,最终产品的需求弹性越大,有关的矿产资源的需求弹性也越大。但是,最终产品的需求弹性对矿产资源的需求弹性的影响程度取决于矿产资源占最终产品总成本的比例。矿产资源的可替代性对其需求弹性亦有较大影响。矿产资源的替代品越多,则该矿产资源的需求弹性越大;反之,某矿产资源的替代品越少,则该矿产资源的需求弹性越小。矿产资源的可替代性又取决于生产工艺技术、生产成本、技术规程、政策等诸多因素。

二、矿产资源的供给

矿产资源的不可再生性(耗竭性)决定了矿产资源是有限的。矿产资源供给是因矿业对矿产资源需求的响应引起的。可供矿业实现这种响应的时间长短,对矿产资源供给有较大影响。在短期内(比如说3年时间内),矿业的采选冶能力不会超过已有的生产能力。因此,矿产资源的供给能力在短期内不可能增加。在中期内(比如说3～10年时间内),矿业的生产能力可以通过对已知矿床建设新矿山而得到提高。在长期内(比如说10年以上的时间内),矿业的生产能力还可以通过开发新勘查项目所发现的矿床而得到扩大。

矿产资源的供给在短期内具有低价时弹性大、高价时弹性小的特点。当矿产资源供给达到矿业生产能力时,供给接近于完全缺乏弹性。对于能够废旧利用并且具有较大二次市场的某些金属矿产,上述规律不复存在,因为废旧利用趋于使矿产价格下降。

矿产资源的供给在长期内是累计产量的函数。一方面,随着累计产量的增大,资源可能变得稀缺,由此导致矿产资源供给减少,矿产资源价格上升。另一方面,地质勘察与技术进步对长期矿产资源供给的影响作用却恰好相反。矿产资源价格的上升,趋于使地质勘察工作加强,资源存量得到补充,产量增加;技术的进步,会使矿产利用率提高,矿产替代品增多,对矿产资源的需求量减少。所以,矿产地质勘察工作与技术进步,趋于导致矿产资源价格下降。

三、 矿产资源供求的影响因素

(一) 矿产资源需求的影响因素

矿产品作为生产资料,其需求与工业生产密切相关:

① 矿产新应用领域的研究成果,例如新合金的研制成功会增加对有关矿产资源的需求。

② 加工工艺技术的改进会降低有关矿产资源的比消耗。例如,电镀较热镀减少锡的比消耗。因此,技术变化可能减少对有关矿产资源的需求。

③ 替代品影响矿产资源的消费。替代品的出现会降低对矿产资源的需求。

④ 消费者的消费习惯对某些矿产的需求有一定的影响。例如,随着化妆品消费量的增加,对钒的需求量亦会相应地增长。

⑤ 法律、政策等对某些矿产资源需求的影响。例如,环境保护政策要求使用无铅汽油,因而会减少对铅的需求;对燃煤排放二氧化硫、粉尘的限制,会影响对煤、石油及天然气的需求量。

(二) 矿产资源供给的影响因素

影响矿产资源供给的重要因素是生产成本,而矿产资源的生产成本又受地质、技术和社会经济等因素的制约。地质因素有储量、矿床产状、赋存深度、规模、地质构造、矿岩力学性能、矿石品位及选冶性质、矿产共生情况等。技术因素包括采选技术水平、效率、技术密集程度、生产能力等。社会经济因素包括资金来源、矿区基础设施、法律政策以及政治经济形势等。

影响矿产资源供给的另一个重要因素是矿产资源储备,包括商业储备和战略储备。商业储备可以处于生产与交换的各个阶段。在采选企业,常有精矿储备;在冶炼厂,可能储备精矿亦可能储备金属,或者兼而有之;在加工制造工厂,一般有一定量的金属储备。商业储备的原因,可以是生产对原料的需求,也可以是运力不足,还可以是为了等待有利的市场行情。

另一种重要的商业储备场所是矿产交易市场，这样的储备对矿产资源市场起着重要的调节与稳定作用。矿产资源储备量受货币利率的影响，高利率趋于减少矿产储备。当然，对于特定的矿产生产与销售环节，常有一个技术要求的最小储备量。只有超过这个最小量的储备，才会对矿产资源市场及价格产生影响。战略储备是国家政府出于政治、国防等因素考虑而实施的储备。主要的战略储备矿产有铬、锰、镁、锡、钨、锑、钴、石油等。美国是实施战略储备政策最早、储备矿产品种最多、数量最大的国家。

此外，矿产废旧利用水平亦是影响矿产资源供给的因素。废旧矿产的利用可以增加矿产的供给水平。

四、矿产资源市场预测

矿产资源市场预测是矿业经济决策过程中的一个重要步骤。预测的目的在于分析矿产资源市场经济变量间的相互关系及影响因素，评估因素的变化对市场的潜在作用以及预测矿产资源市场的未来状态。市场预测方法大致可以分为三类。

第一类是统计分析法。它是通过分析价格、产量、消费等市场变量的历史数据，得出未来的发展趋势。统计分析法的形式很多，如线性回归、非线性回归等。统计分析法的特点是便于实施，预测费用低。此类方法可用于短期预测，但难以预测价格、需求及供给等市场属性值的突变。

第二类预测方法是因果分析法。这类方法可以识别市场发展变化的因果关系，因而能够较好地预测未来情况，尤其是预测可能的突变点。典型的因果分析模型有经济计量模型和工程过程模型。利用这些模型预测市场，较统计分析法耗时多、费用高。

第三类预测方法是主观推断法。它是一类定性分析方法，主要依靠专家经验对未来市场进行预测。此类方法的特点是可以较好地考虑法律、政策、技术变化等因素对市场行为的影响，但是缺乏定量方法的严密性。

第3节 矿产资源的配置

矿产资源是人类社会生存和发展的物质基础，是国计民生的根本依托。它不仅能为人类带来巨大的物质财富，而且对保证社会经济的持久繁荣具有不可替代的作用。然而矿产资源是自然资源中典型的不可再生资源，开采一点就少一点。前代人对不可再生资源的过度消耗，意味着后代人就较少地占有不可再生资源。此外，当代人对矿产资源的过度开采，会直接损害人类赖以生存的生物圈,破坏生态平衡,造成人居环境的侵蚀和污染,从而直接损害后代人的切身利益。

为了保证矿产资源的合理开发、达到可持续利用的目的,我们必须要对矿产资源进行合理的配置。依照美国经济学家保罗·萨缪尔森的定义:"资源配置是将资源(生产要素)在各种潜在用途上进行分配,以生产出一组特定的最终产品的经济方式"。因此,矿产资源配置可以理解为将矿产资源在各种潜在使用(开采)主体间的分配。

一、矿产资源的配置准则

合理的矿产资源配置一般要遵循经济性准则、可持续性准则、生态性准则和空间性准则。①

(一)经济性准则

矿产资源配置的经济性准则指的是谋求矿产资源开发利用过程的经济效益。实现这一准则的根本途径有两个:一是追求相同数量资源消耗实现经济效益目标的最大化,即资源的产出效率;二是追求实现既定经济发展目标的资源消耗最小化,即资源的利用效率。前者取决于地区产业结构和加工深度;后者则与地区产业的技术状态、资源加工利用水平密切相关。

(二)可持续性准则

资源配置的可持续性准则是为了谋求矿产资源在时间维度上的可持续供应。这一目标准则追求的不仅仅是现有资源存量的代际分配和代际公平,而是谋求资源系统本身的动态平衡,实现资源存量在数量、质量、结构、价值等方面的保质和增值。

(三)生态性准则

资源配置的生态性准则是为了谋求矿产资源开发、利用、消费过程中对生态环境损害的最小化。矿产资源在整个开发利用过程中对生态环境存在着多种形式的污染和破坏,如水体污染、噪声污染、泥石流、滑坡等影响类型。生态性准则要求矿产资源开发利用过程中对环境的污染和干扰强度必须小于环境的自然净化能力和自然调节能力,即矿产资源开发的规模和速度,要小于生态环境对矿业活动的承载度。

① 闫军印,赵国杰,孙卫东. 基于可持续发展的区域矿产资源配置问题研究. 生态经济,2006:5-9。

(四) 空间性准则

资源配置的空间性准则是谋求矿产资源供给来源的全球化整合。市场经济体制的建立,经济全球化进程的加快,使我们完全有能力和有可能从国际资源大市场的角度来规划资源的供给。当然,这种规划是建立在区域资源存量保证,地区资源储备安全,本地区资源开发企业的成本、税收、利润等与外部获取在质量、代价、风险性等因素权衡利弊的基础上的规划和选择。

二、矿产资源的配置方式

矿产资源的配置方式主要有三种:[①]

(一) 市场配置

矿产资源的市场配置是由市场机制决定矿产资源在不同的使用主体之间的分配。配制的主要依据是价格,主要条件是竞争。市场配置矿产资源能充分体现矿产资源的价值,可以避免国有资产的流失,增强矿产资源使用(开采)者珍惜保护矿产资源的意识。市场配置矿产资源有利于建立公正、公平、公开、高效的企业发展环境。在理想的市场条件下,各采矿主体为使利益最大化,会根据自身的条件和掌握的信息做出正确的或最优的决策,通过竞争使市场达到均衡价格,实现有效配置,保证矿产资源充分发挥经济效益。

但是,市场配置方式并不是完善的,也存在一些缺陷,主要表现在:

① 信息的不完备和垄断的存在,可能歪曲了矿产资源的成本价格信息;

② 外部性的存在使得市场的价格和产量的成本不完全或不正确,不能正确反映开采成本和所得的收益之间的关系;

③ 经济利益主体凭借已有的资本攫取更多的矿产资源,导致矿产资源的垄断。垄断的直接结果是不充分的自由竞争,使价格缺乏弹性,不能及时反映经济的变动情况。如垄断者可能囤积资源,使矿产资源出于闲置状态。

(二) 计划配置

矿产资源的计划配置是由政府的计划制定者决定矿产资源的分配,他们按照自己对国民经济目标的看法进行决策。在这种情况下,矿产资源配置取决于政府的开发计划和分配管理人员的偏好,而不反映真正的市场需求。由于缺乏成本约束和经济效益的核算,易造成矿产资源的利用不充分和浪费,使矿产资源

---

① 王世军. 矿产资源配置方式分析. 中国矿业,2005,14(11):42-44。

配置不合理和低效。计划配置对矿产资源使用(开采)者的产权界定不清,矿产资源的价值得不到体现,使其不重视自己财产利益的保护,不珍惜矿产资源,不能有效地经营矿产资源资产,限制了企业创新能力和科技进步,使矿产资源利用率难以提高。同时造成非法采矿者盗采国家和矿山企业已占用的矿产资源,甚至有的矿山企业私自出卖矿产资源或者和非法采矿者勾结以从中获利,导致矿产资源开发秩序的混乱。当需求主体和利益多元化时,矿产资源的国家所有得不到体现而造成国有资产流失,并且易产生寻租和腐败现象。

(三) 混合配置

矿产资源的混合配置是计划配置和市场配置相结合的配置方式。它由国家(政府)提出采矿权(矿产资源)的出让计划,通过市场竞争决定矿产资源使用(开采)主体的分配方式。同时,放开二级市场,变转让审批制为登记备案制,使采矿权能够自由流转。混合配制的根本目标是为了综合市场配置与计划配置的优势,实现资源配置和经济结构的优化,使有限的资源在一定的时间和空间范围内能发挥最大的效益,促进社会经济长期稳定和谐发展。

三、矿产资源跨时期有效配置模型

从经济学的角度来说,矿产资源高效率配置的社会目标是为了达到矿产资源利用净效益现值的最大化,也就是使各个时期使用矿产资源的净效益现值之和达到最大。对不可再生的矿产资源来说,资源配置就是如何合理分配不同时期的资源使用量。下面我们分析矿产资源在不同情况下的配置模型。

(一) 矿产资源在两个时期的配置

两个时期的矿产资源配置模型有三个假设条件:

① 矿产资源在两个时期内的储量是充足的,即第一期的消费不会影响第二期的消费数量;

② 矿产资源的边际开采成本不变,即第一期和第二期的边际开采成本相等;

③ 两个时期内对矿产资源的消费需求不变。

两个时期的矿产资源高效率配置的条件就是找出时期 1 的资源配置量 Q_1 和时期 2 的资源配置量 Q_2 的所有可能性组合($Q_1+Q_2=Q$)点,通过比较这些点,选出净收益现值最大的资源配置组合。研究表明:要满足净收益现值最大的条件,只要使时期 1 最后一单位资源的边际收益现值等于时期 2 最初一单位资源的边际净收益现值。

两个时期的矿产资源配置模型是建立在健全的市场机制和合理的政府调节

政策基础上的。由于矿产资源是稀缺的，现在的使用必将减少未来使用的机会，所以还必须考虑由于资源稀缺所产生的额外边际成本，即边际使用成本。边际使用成本是指在边际上失去的机会成本现值，即放弃将来使用一定量资源的净效益现值。由于矿产资源的总量是固定和有限的，现在使用的越多，将来使用机会减少的就越多。因此，今天决定使用一定数量的资源，就意味着放弃将来使用该资源的净效益。边际使用成本和资源分配的大小都会受到贴现率的影响。贴现率越大，边际使用成本就越小(即放弃的将来使用资源所获净效益的现值越小)，那么当代人会比后代人可以利用更多的资源，越往后可利用的资源越少。在平衡现在和将来的资源使用中，较高的贴现率给予将来较小的权重，它使得资源使用偏重于现在。所以，贴现率的大小，表明了当代人对边际使用成本的评价和代与代之间的资源配置。贴现率反映的是资金的报酬率，一般表示为无风险报酬率、风险报酬率和通货膨胀率三者之和。

目前中国矿业权评估，一般不考虑通货膨胀率，无风险报酬率的选取参照2002年2月21日起执行的5年期存款利率(2.79%)，风险报酬率一般取3%～5%，故采矿权评估采用的贴现率为7%；而探矿权评估所采用的贴现率为10%～12%，对于鼓励勘查开发的矿产资源的探矿权评估取值12%，限制勘查开发的矿产资源的探矿权评估取值10%。

因此，在一个有效的市场中，资源的配置不但要考虑边际开采成本，还要考虑边际使用成本。如果不存在资源稀缺，市场上的最低资源价格就等于边际开采成本。如果资源稀缺，市场上的最低资源价格就等于边际开采成本加上边际使用成本。如果边际开采成本不变，矿产资源在两个时期有效配置的结果是边际使用成本逐渐上升，矿产资源的消费量逐渐下降。

(二) 矿产资源在多个时期的配置

多个时期的矿产资源配置假设需求和边际开采成本仍保持不变，只是将上述模型的时间由两个时期延续到多个时期。矿产资源的开采量和消费量会随着时间的增长而呈现出递减的趋势。图10-1表示的是矿产资源的总边际成本和边际使用成本(总边际成本与边际开采成本之差)随时间变化的曲线。从图中可以看出，尽管边际开采成本保持不变，但边际使用成本是随着时间的增加而不断增加的。边际使用成本的增加反映了矿产资源稀缺程度的增加和资源消

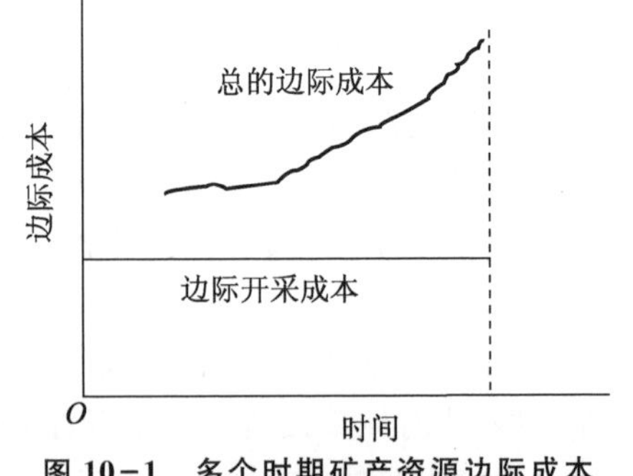

图10-1 多个时期矿产资源边际成本与时间的关系
(引自马中，1999)

费机会成本的提高。随着时间的延续,与边际总成本相对应的是,矿产资源开采量随着时间的延续逐渐降低到零。在这一点上,总边际成本等于人们愿意支付的最高价格。因此,总边际成本是随着边际使用成本的增加而增加的,最终实现了资源的供给和需求同时为零。

(三) 有可替代资源的矿产资源配置

当矿产资源存在不可再生的资源替代时,矿产资源配置的方式是不可再生的矿产资源随着时间的延续会实现矿产资源和替代资源间的相互替代。但无论怎样替代,只要人们存在着边际支付意愿,两种不可再生的资源最终都会被耗竭,只是相对减缓了资源的耗竭速率。

如果可替代的资源是可再生的资源时,在有效的资源配置中,会实现不可再生的矿产资源向可再生资源的过渡。刚开始,可再生资源的边际开采成本较高,高于矿产资源的边际开采成本,其结果是加速人们对矿产资源的开采,直到矿产资源的总边际成本等于可再生资源的边际开采成本,人们才停止开采矿产资源,转入开采可再生资源。

(四) 边际开采成本递增时的矿产资源配置

上述分析都假设矿产资源的边际开采成本不会随着时间的增长而发生变化。这个假设是不符合实际的。在实践中,随着时间的推移,矿产资源的品位会不断下降,赋存条件好的矿产资源逐渐被耗竭,劣等资源相继被纳入开采之列,矿产资源的边际开采成本随着时间的推移会不断增加。如矿物品位的降低和采掘深度的加大都会带来开采成本的增加。

边际使用成本是一种机会成本,它是反映放弃将来边际净收益的机会成本。随着边际开采成本的增加,未来开采发生的机会损失就会减少,边际使用成本就会减少。换句话说,边际开采成本越大,说明越来越多的资源已被开采,未来从资源节省中获得的净收益就会越小,因而边际使用成本也就越小。最后,如果边际开采成本足够高时,以至于对资源的提前消费根本不会影响未来对资源的使用。此时,边际使用成本为零,总边际成本就等于边际开采成本。因此,如果边际开采成本不变,矿产资源的储量会最后被开采完;而在边际开采成本不断增加的情况下,某些资源可能会因为边际成本太高而最终被保留下来。

综上所述,有效的矿产资源配置过程可以归纳为:如果矿产资源的边际开采成本不变,且资源的数量有限时,如果出现了更好的替代资源,应该向替代资源平稳过渡;如果没有替代资源就应该节约使用资源。而当边际开采成本不断升高时,由于边际开采成本的不断增加,有可能使矿产资源得到可持续利用,而不会最终被耗竭。

四、矿产资源最优耗竭理论①

矿产资源最优耗竭理论是关于矿产资源最优耗用速度和条件的理论。哈罗德·霍特林和罗伯特·索洛认为要达到矿产资源最优耗竭状态需要具备两个条件:

第一,矿区使用费随时间推移须以与利率相同的速度增长,亦即资源任何时点上机会成本应均为零,这实际上是资源最佳存量条件,并被称为霍特林定律(Hotelling rule)。

第二,资源品价格等于资源品边际生产成本与资源影子价格之和,这实际上是资源最佳流量或最佳开采条件。

对于第一个条件,矿区使用费与资源稀缺性租金、边际使用成本的内涵一致。按照霍特林定律,有效的资源配置就是要求矿区使用费与利率以同样的速度增长。固定蕴藏量的矿产资源被开采利用以后,这笔资产在市场上转化为资本资产,用以投资后,在资本市场上按市场利率增值;如果这些资源放在地下不开采,其价值的增长率则与利息率相同。那么,该资源的市场价值增值量与开发转化为资本以后的增值量是一致的。因此,对于资源所有者来说,他并不介意让资产保存在地下增值还是开采出来以后变为资本增值,只要资源的开发本身是有效的,即市场价格的变化率等于利息率,资源蕴藏量本身的变化或者枯竭与否是无关紧要的。霍特林定律体现了新古典经济学在资源利用问题上的经济思想,他们重视的不是自然资源的稀缺与极限,而是资源利用方面的优化配置。

第二个条件中的资源影子价格是指边际使用成本。有学者认为影子价格是资源和产品在完全自由竞争市场中的供求均衡价格;而有的学者认为,影子价格是没有市场价格的商品或服务的推算价格,它代表着生产或消费某种商品的机会成本;也有学者将影子价格定义为商品或生产要素的边际增量所引起的社会福利的增加值。尽管对影子价格有不同的认识,但多数学者认为影子价格是指符合实际经济价值的价格。因此,资源最优耗竭的第二个条件中使用影子价格似乎不妥,容易引起误解,应将其变为边际使用(者)成本、资源稀缺性租金或矿区使用费。此外,对矿产资源的开采,会造成环境的污染,破坏生态平衡,降低当代人的福利,也会损害后代人的切身利益。因此,为了合理有效地利用资源,资源最佳开采条件应为“资源的价格=边际开采成本+边际使用(者)成本+边际环境成本”。

① 庞保成,张大中. 矿产资源最优耗竭的经济学分析. 资源与产业,2006,8(5):96-98。

五、矿产资源的代际配置①

可持续发展思想要求矿产资源的配置不仅要实现当代人之间的公平，而且还要实现当代人与未来各代人之间的公平，即代际公平，这是可持续发展与传统发展模式的根本区别之一。上述讨论中对资源的配置是从经济人的行为假设出发，追求经济效益最大化，忽略了代际公平，与可持续发展相背离。

矿产资源的代际配置，不仅是一个经济问题，更是一个社会伦理问题。矿产资源的开采利用（配置）应该既要符合效率原则，又要符合代际公平配置原则。代际是指代与代之间的关系。其中包括代际公平与代际合作理念。代际公平理念是指每一代人都应当具有最为基本的生存底线和最为基本的生存权利。这就要求前代人必须为后代人提供基本的生存条件并为其创造必要的发展空间。而代际合作是确保代际公正持续的必要条件，社会的发展进步就是依靠代与代之间的合作予以推动。从可持续发展角度看，只要矿产资源储量的耗减速度小于可更新资源的替代速度，那么矿产资源本身储量的减少完全由可更新资源的增加给予了足够的补偿，结果使资源账户上的实际数额，后一代高于前一代，从而抵消了这些折扣的影响，使得后代人与当代人在资源的利用上获得公平的福利水平。因此对矿产资源代际公平的具体要求而言，其关键在于如何确定合理的资源储蓄率及资源利用贴现率。

储蓄率是每一代人所面临的本代人所要消耗的社会财富的数量与本代人应为后代积累的社会财富的数量之间的比例问题。在代际公正的储存问题上，有两种片面的作法需要防范：一是只顾及当代人的利益，而忽视为后代人进行必要的储蓄，过度地消耗本应与后代人共享的矿产资源，造成资源枯竭、环境污染、生态恶化；另一种是不考虑当代人的需求而一味地储蓄，一切为了后代。1995 年，世界银行在其报告《环境进展的监测》中提出真实储蓄的概念，即考虑一个国家在自然资源损耗和环境污染损害之后的储蓄。为了实现代际公平，必需满足以下两个必要条件：(1) 估算矿产资源储量损耗的价值，并给予等量补偿；(2) 必须重视保护资源基础，防范资源空心现象，确保真实储蓄大于零，走资源可持续利用道路。

确定合适的贴现率对矿产资源的可持续利用，特别是代际间公平配置十分重要。贴现率相对水平的高低会直接影响矿产资源的利用强度、开采速度，从而影响矿产资源的代际间配置。根据资源经济学原理，不可再生资源开采的最优性条件为：各个时期的单位矿区使用费（资源价格与边际开采成本之间的差额，

① 魏晓平．矿产资源代际配置的若干问题研究．中国矿业大学学报：社会科学版，2002，2：74-79。

或称为机会成本)的现值相等。一般地说,在完备的市场和不考虑税收条件下,资源利用贴现率等于货币利率,此时所有投资的报酬率均相等,矿权人没有产生转换资产形态的诱因。否则若资源利用的贴现率低于利率时,将使追求利润最大化的矿权人加速开采资源,而后将所获利润转移到其他投资以获取平均利率的报酬,从而加速资源耗竭。若资源利用的贴现率高于利率时,矿权人会愿意将资源储存于地下,从而使资源价格升高,以增加其矿藏的现值。

总之,矿产资源有效配置与代际公平的实现,关键在于如何确定合理的资源储存量及资源利用贴现率。为了获得资源利用的经济效益,贴现率必须大于零,不能太高,也不能太低,应根据社会可持续发展的现状及目标、矿产资源未来可供性、社会平均资本收益率水平和科学技术进步的速度等来确定。对于资源储存量来说,既不能为了当代人的利益,盲目超强度开采矿产资源,严重影响后代人的利益,又不能悲观地为了后代人的利益而过少地利用资源,严重限制现代人的发展,降低现代人应达到的福利水平。可持续的资源配置应该在保证当代人发展利用所需的基础上,为后代人存储达到最低安全标准的资源量。

第4节 矿产资源的可持续利用

矿产资源是人类生存和社会发展的重要物质基础,国家经济的发展和人民生活水平的提高都离不开矿产资源的有力保障。矿产资源的开发利用既受自然条件的限制,又受社会、经济和科技水平的影响;其开发利用的状态又反过来作用于社会、经济和生态环境。我国21世纪的经济社会发展离不开矿产资源的支持与保证,所以,必须用战略的眼光对矿产资源进行可持续利用。

一、矿产资源可持续利用的概念

矿产资源的可持续利用是指人类对矿产资源的开发利用在对人类社会有意义的时间和空间上,矿产资源的质和量以及总体匹配水平基本上维持不变,从而使人类对矿产资源的开发利用不被减少,并可满足社会可持续发展的需要。

矿产资源可持续利用的内涵是以科学地、永续地开发利用矿产资源为目的,以努力协调好人类与矿产资源的关系为形式,以十分珍惜和充分利用矿产资源为手段,从兼顾各代人利益的角度考虑矿产资源的代际分配问题,满足当代人和后代人的需要。它以生态效益为前提,保护生态环境,走生态矿业之路;以资源效益为基础,不断推进矿业科技进步,科学有效地开发利用矿产资源;以经济效益为中心，利用矿业科技进步、矿业市场和科学管理，促进矿业健康发展；以社会效益为目的，使各产业部门协调发展，促进社会可持续发展。

我国矿产资源的特点

我国的矿产资源主要有以下几个特点：①

一是矿产资源总量大，但人均占有量不足。截至 2003 年，我国查明资源储量的矿产有 158 种，从总量上来看，约占世界的 12%，居世界第三位。目前，主要矿产中有 20 多种探明储量位居世界前列。但人均占有量仅为世界平均水平的 58%，居世界第 53 位。仅相当于美国的 1/10，原苏联的 1/7。

二是矿产资源种类齐全，配套程度高，但资源结构不尽如人意。以能源矿产为例，我国以煤为主，石油、天然气占能源总量相对不足。全球平均石油、天然气占能源消费量的 60%，而煤只占 30%，其他如核电、水电等的总和占 10%。而我国石油、天然气只占 20%，煤炭占 74%，水电占 6%，这种状况给环境保护和交通运输等都带来了压力。

三是部分矿产在世界上占有明显优势，但一些重要矿产相对短缺。如我国钨、锡、锑、稀土、钽、钛等金属矿产资源的探明储量居世界第一，而我国铜矿资源目前只能满足一半需要，钾盐等矿产资源紧缺。

四是大宗矿产资源条件不佳，优势矿产大多用量不大，相当一部分矿产地在近期尚难经济地开发利用。如铁矿以贫矿为主，平均品位只有 30%左右；铝土矿质量较差，难以选冶；磷矿以贫矿为主；而优势矿产如钨、锑、钼、汞和稀土等一般用量有限。

五是资源分布不均衡。由于地质成矿条件不同，我国矿产分布具有明显的地域差异，如煤炭集中于北方的山西、陕西、内蒙古三省、自治区，占全国保有储量的 68%，而南方缺煤省区多达 20 个。铁矿集中在辽宁、河北、四川、山西四省，占全国保有储量的 60%，而西北和华南地区十分短缺。磷矿高度集中于云南、贵州、四川、湖北四省，占 70%，而北方和华东却很少。矿产集中有利于建设原材料基地，但过于集中于边远地区，开发利用会受到交通条件的制约，"北煤南运"、"南磷北送"以及"西矿东流"的局面很难改变。

六是由于组成中国大陆的陆块长期不稳定的频繁变动，缺乏大型、成分简单的矿产，许多矿床矿石组分比较复杂，给选矿带来很大困难。

---

① 吴松钦，张立华，李建欣．浅论市场配置矿产资源．矿产保护与利用，2004，2：1-4。

三、我国矿产资源可持续利用的实现

(一) 珍惜和节约利用矿产资源

“珍惜”一词在现代意义上讲，具有“保护”的隐意；“节约”一词具有“节省”和“集约”的含义。单纯的节省并不能创造更多的财富，必须与改变粗放经营为集约化经营相结合。节约矿产资源的另一层意思是综合利用，依靠科技进步寻找新的矿种和替代资源以及非传统资源，发挥矿产资源的多功能、多用途性能，取得整体效益。矿产资源的综合利用是一项技术性很强的工作，其利用程度的高低体现了一个国家或地区开发利用矿产资源的技术水平。无论是资源丰富的国家，还是资源贫乏的国家，都非常重视矿产资源的综合利用。

矿产资源的稀缺性是迄今为止人类社会普遍存在的客观现实。这种稀缺性不仅仅表现为时空分布的数量有限，而且是指在一定的经济社会发展阶段，人类利用矿产资源的能力、范围、种类也是有限的。由于稀缺性的存在，任何一种社会制度都面临着如何节约利用矿产资源的问题。正如劳埃德·雷诺兹所说：“稀缺是经济学的根本。如果所有物品都像空气一样，自由免费取用，那就没有必要节约资源，也就没有经济问题了。”

节约矿产资源并不是不用或少用矿产资源，而是要加强科学管理和合理利用矿产资源，同时采用技术上可行、经济上合理，以及环境和社会都可以承受的措施，减少从矿产资源开发到消费各个环节中的损失和浪费，在开发过程中尽量提高资源的采收率，延长矿山服务年限，以较少的矿产资源消耗获得较大的经济效益、社会效益和环境效益，从而达到合理利用和保护矿产资源，保障国民经济可持续发展的目的。

在过去很长一段时期内，由于历史的原因，我国的经济增长方式主要是粗放型的，资源浪费现象严重，对环境也造成了污染和破坏。严峻的资源形势使人们认识到新的经济发展必须同人口、资源、环境等因素结合起来统筹考虑，合理开发和利用资源，厉行节约，提高资源的利用效率，走内涵扩大再生产之路。

(二) 加强替代资源和非传统资源的开发

世界矿产资源总的形势十分严峻，我国尤甚。人类社会始终存在着不断寻找接替矿产，依靠科技进步发现可替代的新的矿产资源，有效地节约资源的消耗，实行矿产资源多次开发、充分的综合利用矿产资源的任务。

首先，加强勘查、开发海底矿产资源。除近海大陆架蕴藏有丰富的石油、天然气和滨海砂矿外，海水中含钠、钾、碘等各种有用化学元素，深海洋底有丰富的多金属结核、富钴结壳、海底硫化物矿床和天然气水合物。我国已在太平洋进行了多金属结核的调查，并已成为国际海底矿产勘查开发先驱投资者，已拥有 7.5×10^4 km^2 的海底矿产资源的开采权，同时开始了对富钴结壳的调查研究。为确保矿产资源的持续供给，国家应制定长远发展规划，研究实施矿产资源的替代战略。其核心思想在于用易获得、成本低的资源替代难获得、成本高的资源。

其次，调查研究和开发非常规的矿产和能源资源。非传统矿产资源是指由于当今技术、经济原因尚未进行工业利用的资源和尚未被看做矿产的、未发现用途的潜在资源，或虽为传统矿产资源但因地质地理原因极难发现的矿产资源。尤其是面临日益紧缺的矿产资源，加强对非传统矿产资源的开发意义十分重大。如甲烷水合物的开发，将为以后的能源危机提供新的补充来源。通过矿产资源承载力的模拟测算，对我国 37 种主要矿种的测算结果表明：到 2010 年，现有矿产资源中有 18 种矿产难以满足国民经济持续发展的需要，同期预测资源中有 11 种矿产当代人要吃子孙饭，而且其中的石油、铁矿石等，关系国计民生。因而要做到矿产资源的可持续利用，应尽快加强对非传统矿产资源的研究和探讨。

(三) 大力发展循环经济，促进矿产资源可持续利用

循环经济是以资源的有效利用和循环利用为基本特征的经济发展模式，它是相对于传统经济而言的。传统经济是以“资源－产品－废物－污染物排放”单向流动为基本特征的线性经济发展模式，表现为“两高一低”，即高消耗、高污染、低利用，这种模式不利于矿产资源的可持续利用。而循环经济是以“资源－产品－再生资源－产品”为特征的经济发展模式，表现为“两低两高”，即低消耗、低污染、高利用率和高循环率，能使资源得到充分、合理的利用，把经济活动对自然环境的影响降低到尽可能小的程度，更有效地利用资源和保护环境，以尽可能小的成本，获得尽可能大的经济效益和环境效益，是符合可持续发展原则的经济发展模式。

20 世纪 90 年代以来，循环经济与知识经济一起，被认为是国际经济两个重要的发展趋势。循环经济在一些发达国家已取得了明显成效。目前，全世界钢产量的 1/3、铜产量的 1/2、纸制品的 1/3 来自于循环使用。而我国目前矿产资源的回收利用率比较低，比一般发达国家低 10%～20%。发展循环经济的基本途径包括推行清洁生产、综合利用资源、建设生态工业园区、开展再生资源回收利用、发展绿色产业和促进绿色消费等方面。大力发展循环经济，利用好二次资源，可以从根本上改变我国矿产资源过度消耗和环境污染严重的局面，是我国实现可持续矿产资源战略的必然选择，是走新型工业化道路的重要途径。因此，要以循环经济理念指导我国矿产资源的可持续利用，以保证和促进我国经济社会

的可持续发展。

(四) 依靠科技进步

矿产资源技术进步是指与矿产资源的勘查、开发利用以及环境保护相关的科技进步。从发展的实践看,科技进步可以提高矿产资源的加工利用水平,可以推动社会经济发展对该资源及其相关资源的需求。由于矿产资源具有稀缺性和不可再生性,大规模、长期开发利用必然导致资源的短缺甚至枯竭。科技进步可以发现和探明更多的矿产资源,改变矿产资源品种和质量要求,提高矿产资源综合利用方式和矿产资源回收水平以及减少资源消耗等方式达到节约资源的目的。同时,科技进步还可以改进矿产资源的开采方式,减少对环境的副作用,为资源、环境和经济的协调发展提供保证。

我国矿产资源贫矿、难选矿、多组分矿多。因此,依靠科技进步,提高资源的综合利用率就是一个很迫切的问题。我国铁矿采选回收率为65%~69%,考虑储量设计利用率和冶炼加工利用率,则铁矿资源总利用率只有36.7%。主要有色金属采选回收率为50%~60%,考虑储量设计利用率和后续冶炼加工利用率,则总的资源利用率只有25%左右。矿产资源综合利用率也有待提高,据抽查全国1 845个矿山,综合利用率为50%的矿山不及总数的1/5,70%的矿山综合利用率不到1/4。依靠科技进步,提高矿产选冶水平,充分开发利用贫矿,提高矿产资源综合利用率,是我国矿产资源可持续利用的重要途径。如在美洲目前开采的铜矿石中的铜含量已从过去的2%下降到0.5%,我国含铜0.5%的矿石也在开采,但十分稀少。重视科技进步,采用先进的科学技术,是落实节约资源、保护环境,发展清洁生产的技术保障,也是实现废物的无害化、资源化,促进矿区可持续发展的根本途径。

(五) 加强政府宏观调控,优化矿产资源的配置

在充分发挥市场配置资源的基础性作用的同时,要坚持市场调节和政府引导相结合,切实加强政府的宏观调控。政府管理职能要切实到位,依法管理矿产资源和矿业,充分调动各方面对资源合理开发、节约利用和环境保护的积极性。

其一,要进一步明确矿产资源产权与使用权。对矿产资源的产权和使用权实行两权分离的制度,对矿产资源使用部门实行严格的资源有偿使用和转让,这样,使用者就不会轻易地滥用或过度使用资源而不承担任何直接损失;还可以加强国家的宏观调控力度,避免资源以不合理的方式占有,造成不合理的经济效益分配格局。资源归国家、全民所有,国家作为资源的所有者对资源的使用者征收资源补偿费和资源税,协调由于资产条件不同而产生的经济利益差距,消除地方

保护主义的弊端，使资源使用者之间平等竞争，促进矿产资源的合理流动、适度利用。

其二，要进一步加大执法力度，规范市场竞争和企业行为。我们已经制定了《中华人民共和国矿产资源法》等法律、法规，但由于缺乏行之有效的执法监督体系与措施，资源保护法规在地方行政的干扰下往往得不到切实有效的实施，甚至存在以发展地方经济等为由，包庇纵容对矿产资源的破坏性开发等违法行为。因此，建立并完善执法体系，做到“有法可依，有法必依，执法必严，违法必究”，采取有效措施实施立法是保证宏观经济调控的有效和有力手段。

(六) 实施矿产资源全球化战略

从全球角度来看，矿产资源并不短缺，但某一局部地区或某一国家范围内就可能不足或短缺，世界上几乎不存在一个工业化国家的矿产资源完全能自给自足，这就决定了任何一个国家不可避免地要进口其他国家的矿产资源。矿产资源全球化是推动经济全球化、市场化的一个内在动因，也是促进矿产资源可持续利用的一个重要因素。

一方面，长期以来，西方发达国家一直努力实施全球资源战略，并为实施全球矿产战略、勘查开发国外矿产资源提供支持，鼓励本国公司到海外勘探开发矿产资源。另一方面，矿业跨国经营企业是实现矿产资源全球化的载体，一些大的跨国公司通过矿业权、矿业资本、矿产品等市场运营、与国际性金融机构、资源国当地公司、第三方公司合作、为资源国大型的矿业项目提供融资，以换取矿业项目中的部分权益，或与资源国签订长期的供货合同等多种形式勘查开发和利用国外矿产资源，扩大其在全球资源配置中的影响力。占世界人口不到 1/4 的发达国家，消耗了全球 3/4 以上的矿产资源。发达国家经济的高速发展度正是靠世界丰富、廉价的矿产资源供应来维系的。

20 世纪 90 年代中期以来，我国和世界经济发生了影响深远的重大变化。经济全球化使世界经济发展中的相互依赖性越来越强，各国政府开始重新估量自己在新的世界大格局中的地位。我国虽然矿产资源总量丰富，人均拥有量却仅为世界人均拥有量的 58%，一些重要矿产对外依存度持续走高。为了保证我国经济发展的需要，促进国内矿产资源的可持续利用，我国 21 世纪的资源战略应面向国际市场建立稳定、安全、经济、多元的全球矿产资源供应体系。

思考题

1. 如何理解矿产资源的特征？
2. 阐述矿产资源在人类社会发展中的地位与作用。
3. 阐述多个时期矿产资源的配置模型。

4. 阐述矿产资源的最优耗竭理论。

5. 从我国矿产资源的特点及其供求形势,分析矿产资源可持续利用的必要性和实现途径。

第 11 章　水资源的经济问题

本章主要阐述水资源的相关经济问题，包括水资源的含义及特性、水资源的市场配置，以及水资源的公共管理问题。

第 1 节　水资源及其特性

一、水资源概述

(一) 水资源的含义

“水资源”一词最早源于 1894 年美国地质调查局(USGS)机构的设立，当时水资源处(WRD)的业务范围仅限于地表河川径流、地下水的观测及分析；最具权威性的《不列颠百科全书》中对“水资源”定义为(由苏联加里宁撰写)：“自然界一切形态(液态、固态和气态)的水”，这个解释曾被许多学者引用。

中国对水资源一词的理解也各不相同，《中国大百科全书：大气科学·海洋科学·水文科学》中将水资源定义为“地球表层可供人类利用的水，包括水量(质量)、水域和水能资源，一般指每年可更新的水量资源”；《中国大百科全书：水利卷》中水资源的定义则以《不列颠百科全书》为蓝本；《中国大百科全书：地理卷》将其定义为“地球上目前和近期人类可直接或间接利用的水”。

联合国教科文组织(UN-ESCO)和世界气象组织(WMO)的定义是“作为资源的水，应当是可供利用或有可能被利用，具有足够数量和可用质量，并可适合对某地为水的需求而能长期供应的水源”。

为此，水资源有广义和狭义两种不同的理解。

广义的水资源概念是指地球表层水圈中处于各种状态的水，包括海洋水、地下水、冰川水、江河、湖泊水、土壤水、大气水和生物水等。

狭义的水资源概念指富集于江河湖泊等中的地表淡水和浅层地下水，是现阶段技术经济条件下，对人们生存发展直接依赖的水资源，具有经济学研究对象的现实意义。

自然资源经济学意义上的水资源含义是指狭义概念的水资源，但是随着自然生态的演变和经济技术进步的加速，水资源可变量的特性愈发显现。

(二) 水资源的分类

以资源科学分类为基础，水资源可以有多种分类。

1. 按存在形式分类

主要包括：

(1) 地表水：一般指地表水体(即坡面流和壤中流)的动态部分。

(2) 地下水：主要指由降水、地表水入渗补给地下含水层的动态水量。

(3) 河川径流：也有人称它为地表水，实际是地表径流和地下基流部分之和。

2. 按利用方式分类

(1) 河外用水：主要指农村用水、城镇用水，其中农村用水包括灌溉、牲畜、乡村企业和乡村群众生活等用水；城镇用水包括城镇中工业、居民生活和公共设施用水。

(2) 河内用水：一般不消耗水量(除直接蒸发)，主要指河道内发电、航运、养殖、旅游用水等。

(3) 生态环境用水：系指整个生态系统中除城乡各部门用水外的其他用水，既有河外用水，又有河内用水。

3. 按量算要求分类

实测河川径流量，指依据水文站(或测站)实测数据计算出的径流量，是水资源规划与管理的基本依据之一。

(1) 天然径流量：指实测径流量的还原水量，一般是实测径流量加上上游引用水量(扣除回归部分)，为水资源优化配置提供基础数据。

(2) 可利用水资源量：由于经济、技术、上游用水以及生态环境需要用水的限制，实测径流量中有很大一部分不能被利用，其中有可能被利用的部分称之为可利用水资源。

(3) 供水量：指断面以上由工程控制的水量，系指控制断面以上引水、蓄水、提水、开发利用地下水的可控水量之和。随着科学技术的发展和人类文明的进步，可供水的数量和范围将日益扩大[①]。

---

① 石玉林，等．资源科学．北京：高等教育出版社，2006：349。

二、水资源的自然和经济特性

(一) 稀缺性和不可替代性

水资源是基础性的自然资源和战略性的经济资源。地球的淡水资源仅占其总水量的 2.5%，而在这极少的淡水资源中，又有 70%以上被冻结在南极和北极的冰盖中，加上难以利用的高山冰川和永冻积雪，有 87%的淡水资源难以利用。人类真正能够利用的淡水资源仅是江河湖泊和地下水中的一部分，约占地球总水量的 0.26%。所以，当今世界，水资源供求矛盾日益突出，稀缺性已成为其第一大特性。如果水资源的绝对数量短缺，不足以满足人类相当长时期的需要，则称为物质性稀缺；水资源的绝对数量并不少，但在投入一定数量生产成本的条件下可以获取的水资源数量是有限的、供不应求，则被称为经济性稀缺。经济稀缺性和物质稀缺性是可以相互转化的。

水资源的稀缺性与水资源的价值密不可分，同时其稀缺性一般通过价格反映出来，从水资源稀缺性的价格影响因素来看，由于水资源在不同地区、不同年份和季节稀缺程度是不同的，因而水价也是动态的、连续变化的。

水是人类社会赖以生存、发展不可替代的自然资源，其生态功能是一切生命赖以生存的基本条件，其资源功能中大部分的功能是不可替代的，即使可以替代也是相对高成本的。

(二) 循环性、可再生性和可重复利用性

水的自然循环(水文循环)指各种状态的水按照一定规律相互转化，构成了控制地球可再生水资源的水循环系统(图 11-1)，但每年大量的水循环过程中供人类使用的只有一部分；水的社会循环是指人类社会从各种天然水体中取用大量水，生活用水和工业用水使用后被排放出来构成的局部循环体系。

无论何种状态的水，在被人类取用之后，可以在一定的时间内得到恢复。如果使用后的水质量仍能满足某种需求，则可以被再次利用：一是在相同的行业和部门被重复利用；二是在不同的行业和部门被重复利用；三是被处理以后的水可重复利用。

循环性、可再生性表明水资源是一个动态的概念，如果过量开采或大量污染，将破坏和拉长水资源循环的周期性，导致水资源更加稀缺，因此人类应该合理利用水资源，使其得到良好循环；可重复利用的特性，无疑给人类指明了一种利用资源的新方式，在一定程度上可以缓解水资源的紧张状况。

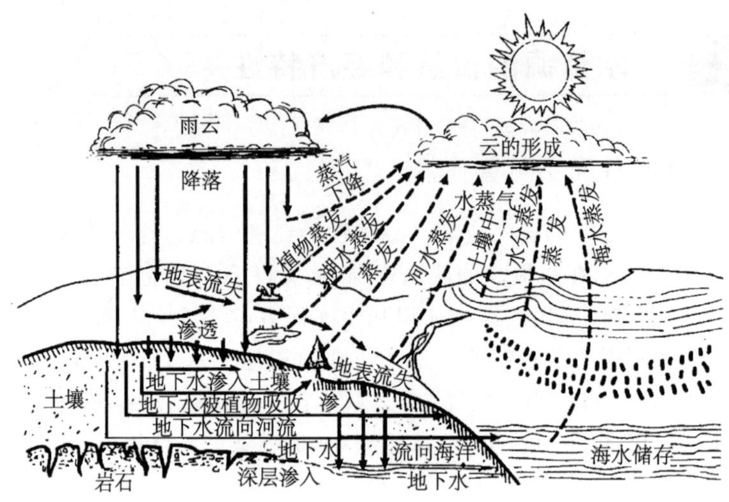

图 11-1 水资源自然循环图示

(引自美国环境质量委员会,《环境趋势》,华盛顿政府印刷局,1981)①

(三) 随机性和流动性

由于受水文规律的影响,地球上的水资源处于不断的物理和化学变化中,年、月之间的水量均有明显变化,有丰水年、枯水年和平水年之分,有连丰、连枯情况,有丰水期和枯水期,而且这种变化是随机的,存在着明显的年际变化和年比分配;流动性是指在重力作用下,水总是自高而低、自上而下流动,而且最终汇入海洋或江湖。

由于随机性和流动性的存在,水资源的分布呈现时间和空间上的不均衡,如水的随机性使得丰水期洪水泛滥,而在枯水期水资源又显得异常宝贵,因而水资源的配置和管理要使水资源的时空变化尽量满足人类的使用要求,如水资源税的征收应区别对待不同时段的水资源,在丰水期制定较低的税率,而在枯水期制定较高的税率。

(四) 空间分布不均和市场的区域性

由于依附于地壳、地表和大气,受到全球气候、区域气候、地形地貌、地质、土壤、植被等自然因素的影响,水资源在地域上的分布极其不平衡,在空间的分布上具有显著的地域性规律。

受输水工程范围的控制,水资源的供给呈现明显的区域性;由于各国水价体

① 汤姆·泰坦伯格. 环境与自然资源经济学. 北京:经济科学出版社,2003:203。

系的缺陷，实际市场价格往往不能很好地反映供水成本和水资源的稀缺性；而供水行业的特殊性使水资源的配置一般会形成自然垄断和区域性管理，区域内只有一家或少数几家企业从事水资源开发利用和供给，水价为自然垄断价格和区域价格。由此，水市场和水的交易也具有明显的区域性。

（五）多功能性

水资源具有多种资源与生态功能，如水是能量交换和物质交换的介质和载体，带有一定势能的水可以发电等。在评价水资源开发利用时，可以把水资源某一方面的功能单独列出，将其看做水资源的一个子类资源（如水能资源）。

水资源对人类社会生产和生活具有多方面的使用功能，在人类社会活动中具有城乡生活供水、农业用水、工业用水、水力发电、水上航运、生态环境用水以及水生养殖等多功能的作用，成为人类社会和自然界不可或缺的基本资源。随着人类社会的发展，水的用途越来越广泛。

（六）水资源使用的负外部性

水资源使用的负外部性表现：

一是水资源的使用者之间存在相互的负外部性，某一消费者在使用水后，将会在水的供给量、质量等方面对其他使用者产生影响。

二是在水的各种用途之间存在负外部性，一种用途的增加将引起其他用途用水量的减少，如工业用水或河流交通的发展将影响河水的水质及其他用途；地下水的抽取将引起河流水补充地下水，河流水的大量使用将引起地下水位下降；等等。

三是水资源的同一用途之间也存在竞争，如河流用水中，同一流域的水用户之间存在着直接的负外部影响，地下水的使用中某个水泵先抽水将迅速降低水泵周围的地下水位，导致其他用户用水成本的相应增加。①

（七）水资源使用的非排他性

水通过流动、蒸发、渗透在水圈中不断循环，在现有技术条件下，很难规定水圈中某部分水属于某人所有；即使规定，也无法保证这部分水不被别人使用。由于水资源的这种随机和流动的物理特性，水属于经济学中所说的非排他性资源或排他成本很高的资源，要确立和保护水资源的排他性产权不仅非常困难，而且成本很高，对水资源规定、保障和实施排他性产权的成本远远超过了任何可以得到的收益。

---

① 鲁传一．资源与环境经济学．北京：清华大学出版社，2004：221。

自然资源经济学中由于非排他性而造成的资源滥用被称为“自由进入”问题，在市场经济中，水资源使用的非排他性导致其开发和使用必然是低效率的。由于使用者没有承担或没有承担足够的相应成本，缺乏资源保护的激励，因而使个人边际收益与社会边际收益、个人边际成本与社会边际成本存在巨大差异，其结果往往导致水供给不足，水污染的数量过多，水资源开发过度，以及在水资源的管理、保护和生产能力方面投资不足。

(八) 水资源深受人类活动和自然条件变迁的影响

水资源的质量和数量不是一成不变的，如果没有相应的防护和节约措施，人类活动和自然变迁都可能随时随地改变其质量和数量状况，使符合人类和其他生物生存需要的水变成有害的物质，失去其利用价值。随着人类社会的发展，水的用途越来越广泛，对水的需求也越来越大，人类是过量开采、大量污染还是合理保护、利用，将直接决定水资源数量和质量正向、负向的动态变化。

第 2 节 水资源的市场配置

水资源有效配置

(一) 水资源配置的含义

水资源的配置是指把有限的、不同形式的水资源在各个用户、用途之间进行数量、质量、水源、时间、空间和效用的分配。在现代社会条件下，水资源的配置包括市场机制、政府公共管理以及市场、政府、社会共同参与的机制。在没有储备的情况下，地表水的配置问题主要是使用者之间的竞争与供给，而对于地下水，水资源的代际配置就成为主要问题。

(二) 水资源有效配置

资源有效配置是人们对稀缺资源进行配置时的目标和愿望，一般而言，有效配置的结果对某一个体的效益或利益并不是最优的，但对整个资源分配体系来说，其总体效益是最优的。

水资源有效配置的内容包括从宏观到微观的各个层次：水资源（可利用水量）在生活、工业、农业等不同用途之间的配置；水资源供需矛盾调控；各类用水竞争协调；上下游左右岸协调；不同水利工程投资关系；经济与生态环境用水效益；当代社会与未来社会用水；各种水源相互转化；不同时间和空间下不同区域及区域内部的配置；同一用途或用户内部的配置；等等。其有效配置反映在一系列复杂关系中相对公平的、可接受的水资源分配方案。

水资源的有效配置是由工程措施和非工程措施的综合体系实现的，既可以通过调整产业结构，调整生产力布局，建设节水型社会，来抑制需水增长势头；又可以协调各项竞争性用水，加强节约，通过工程措施改变水资源的天然时空分布来调整供给，两个方面相辅相成。

二、水资源的市场配置

（一）水资源价值

水资源价值是其自然属性和经济属性共同作用的结果，水资源的价值包括了两部分：

① 投入和成本的补偿费用，主要是补偿追加劳动的价格；

② 较好自然条件下水资源的经济租金，反映了社会总劳动的积累和社会生产力对水资源的利用程度。

当一种物品处于短缺状态并具有使用价值时，才有市场价值。因此讨论水资源的价值必须与需求、供给联系起来。水的需求具有一定弹性，服从边际效用递减规律。水的供给（可利用水量）在一定的限度内具有弹性，供给曲线具有不同的形状。

（二）完全竞争下的水资源配置

理想状态下的水资源配置存在于完全竞争的市场条件下，其基本条件为：

① 作为自然资源，水资源属于一种稀缺性商品，且没有替代品，但其用途之间可以相互替代；

② 市场供需的参与者都是理性的，都以效用最大化为目标；

③ 水资源的价格由市场机制决定，众多市场参与者中的某一经济人不能影响市场价格的形成和变化，彼此都是市场价格的被动接受者；

④ 除了水资源的供给量、需求量以及价格之外，在竞争性市场环境中，其他变量均属于外生变量。

在完全竞争的条件下，水资源的供需双方通过市场进行水资源的自由交易活动，以此追求各自效用的最大化目标（供给方利润最大化、需求方效用最大化），寻求市场中一组水资源的均衡数量和均衡价格，实现水资源配置的帕累托最优状态。当某一用水单位因技术手段等提高了用水效率后，会出现帕累托改进。

设 P 为水资源价格，x_i 表示用户 i 的用水量，U_i 为第 i 个用水单位从生产或生活中获得的效用，$\varphi_i(x)$ 为用户 i 通过水资源的使用而获得的效用，M_i 为用户 i 使用除水资源以外其他生产资料所获得的效用，Q_j 为第 j 个供水单位的供水量，则其公式表达为

$$\max PQ_j - C_j(Q_j)$$
$$\max U_i = M + \varphi_i(x)$$
$$\sum_{i=1}^{I} x_i \leqslant \sum_{j=1}^{J} Q_j$$

在上式中，所有用水单位的实际用水量只会小于或等于供水量，但如果最低限度降低水资源供给过程中的浪费，则两边会趋于近似相等。

设：$\varphi'_i(x)$ 为水资源需求者 i 的水资源边际收益；$C'_j(Q_j^*)$ 为供水单位的边际成本，则根据假设条件和西方经济学中的局部均衡模型，方程组的解为

$$P^* = C'_j(Q_j^*) = \varphi'_i(x)$$
$$\sum_{i=1}^{I} x_i^* = \sum_{j=1}^{J} Q_j^*$$

由 $C'_j(Q_j^*) = \varphi'_i(x)$，$P^*$ 为均衡价格，由此构成一组竞争性均衡，此时水资源市场的总供给和总需求达到均衡，水资源配置达到帕累托最优。

三、水资源价格

研究者们提出了多种水价制定方法，如影子价格定价、模拟价值定价、供求定价、支付能力定价、成本核算定价等，这里选择边际成本定价法对供水市场的水价制定进行经济学分析。

在边际成本定价中，资源的获得包括三种成本，即水资源的直接成本（为了获得资源必须投入的直接费用，如水源工程费用、输水工程费用、环境保护及其他费用）、水资源的使用者成本（指现在使用这种资源从而使后代不能使用这部分资源所放弃的净效益）和水资源的外部成本（指给外部所造成的损失，包括各种外部环境成本）。该理论弥补了传统资源经济学中忽视资源环境代价以及后代人利益的缺陷，将各种因素综合考虑，从理论上反映了利用某一单位水资源时全社会所付出的全部代价，包括边际生产成本、边际使用者成本、边际外部成本，其中，边际成本等于边际直接成本、边际使用者成本和边际外部成本之和。

供需均衡时单位水资源的边际劳动量决定水资源的价值，而使用资源所付出的价格应等于得到这种资源的边际成本，若市场价格低于边际成本，就会刺激资源过度使用，而生产者不会付出超过受益的成本去蓄水引水，导致供给小于需

求，市场价格随着短缺而上升；若市场价格高于边际成本，则供给方会支付更多的劳动去蓄水引水，而消费者不愿支付更高价格去获取水，消费的抑制和供大于求会引致市场价格下跌。

如图 11－2 所示，按照帕累托最优条件，在完全竞争的市场上供水商会选择在边际成本曲线 MC 与需求曲线 D 的交点 B 处定价，即 $P=MC$（水价为 P_2），此时配置效果为最优，供水商能收回所有成本，且有 P_2BO' 面积的盈余空间。

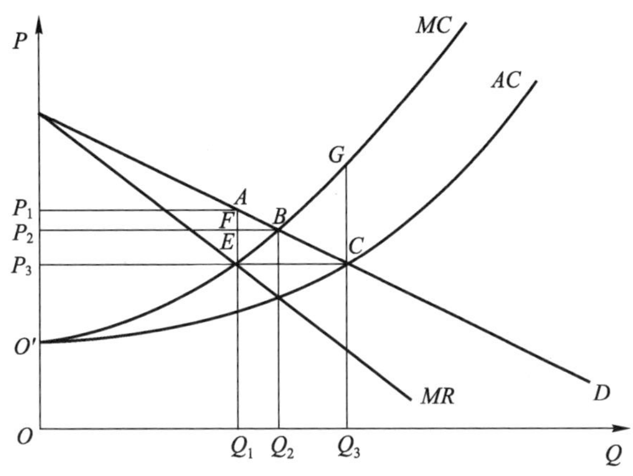

图 11－2　水资源边际价格曲线

水资源在供给上呈现明显的区域性，一般区域内只有一家或少数几家企业从事水资源开发和供给，水价为垄断价格和区域价格。作为自然垄断产品的供水行业，如果政府采取放任的政策，则供水商将在追求利润最大化的目标下选择垄断价格，供水商的定价将选择在 E 点即 $MR=MC$ 处决定其产量 Q_1 和价格 P_3，需求点则从 B 点移向 A 点。随着生产者剩余的增加（生产者剩余增加＝$P_1AEO'-P_2BO'=P_1AFP_2-BFE$），消费者剩余随之减少 P_1ABP_2，社会福利净损失 ABE＝消费者剩余减少－生产者剩余增加＝$P_1ABP_2-(P_1AFP_2-BFE)$。

因此，为防止供水商采取自身利益最大化的定价策略，政府一般对自然垄断性质的供水行业会采取规制行为。如在平均成本曲线 AC 与需求曲线 D 的交点 C 处决定其价格，需求点则从 B 点移向 C 点，社会福利变化为：消费者剩余增加面积 P_2BCP_3，生产者剩余减少面积 P_2BO'，社会福利损失面积 $GBC=P_2BO'-P_2BCP_3=P_3EO'-BEC$，此时，供水商盈利虽为 0，但可以维持经营，同时消费者剩余比 B 点大。

近年来，随着水资源遭掠夺性的开发和水污染、水浪费的严重，水资源的开发利用成本越来越高，因此水的边际成本线总体呈不断上升趋势。在防止供水商采取自身利益最大化的定价策略的同时，还要防止政府对水价的过分管制，使水价远低于平均成本，导致供水企业亏损运营，例如，现阶段我国水价的水平处在 C 点以下，仅考虑工程成本为主的定价，而忽略或只部分考虑了与机会成本和外部成本相对应的资源水价和环境水价，社会福利损失远大于面积 GBC。因此，目前政府对水价的管制范围应限在 B 点和 C 点之间。①

在实践中，由于大自然降水的不确定性和水质影响等因素还难以把握，计算边际外部成本和边际使用者成本十分困难，因此，边际成本定价法仍处于理论探讨阶段。

四、水资源产权

(一) 水权

市场经济下，要想使市场机制成为配置水资源的基本手段，实现“使用者付费”，必须界定水资源的产权——水权。

产权经济理论自诞生以来便被广泛应用于各个不同领域，但是关于产权的概念在理论界一直处于争论状态。对于水权的定义，研究者往往根据研究的出发点和着重点来对其进行界定，更多的是从法律层面和实际操作方面出发，或者从水资源的管理和使用角度出发来定义水权。②

鉴于水权在水资源市场中的实际意义和应用价值，这里把它表述为：在稀缺的条件下，以水资源所有权为基础，并由此派生的一系列权利的总和。水权以水资源所有权为中心和出发点，涉及水资源的使用权、收益权、处置权等一系列权利。在这一系列相关水资源权属中，水资源使用权是所有权派生的第一权利，是所有权最直接的体现，所有权直接决定和限制使用权；收益权和处置权是确保水资源的所有权拥有者维护其所有权权益(包括受益或受损的权利)的有效手段它们也是所有权的体现。需要注意的是，处置权应该包括水资源的经营权、可转让权和保护水资源所有权不受侵犯(即产权的安全性)。

为了保障水权的安全，可以通过确立财产共有权利的使用规定，防止滥用并保障生产者获得合理的收入，达到水资源配置和使用的次优结果。

世界各国(地区)的水权制度有所差别，在我国水资源属于国家所有，水权主要指依法对于地表水、地下水所取得的使用权及相关的转让权、收益权等。在于取得法定权利和保护的同时，明确相应的义务；当水权受到侵害时，会得到国家

---

① 周文斌．中部地区水资源开发与利用研究．北京：经济科学出版社，2006：256。

② 参见王亚华．水权解释．上海：上海人民出版社，2005：32。

的保护和相应补偿。

(二) 水权界定的理论模型

水权界定是指明确水权的各种权利关系,包括水资源的所有权界定问题以及由此衍生的水资源使用权、收益权和处置权等一系列权属的获取和行使。在市场经济下,水权界定的基本目标是明晰产权关系,以确保水权配置水资源的作用很好地实现。

水权的合理界定是实现水资源持续高效利用的基础,也是完善水资源市场、确保水市场有效运行的基础和前提。由于水资源的特性和水资源资产作为商品的特殊性决定了市场经济下水资源权利界定不同于一般资产。水权界定必须遵循可持续利用、公平和效率兼顾、市场导向等基本原则,并在此基础上实现区域水资源的社会效用最大化。

在市场经济体制下,水权界定可以从两个层次进行,即流域水权的界定和分配,将水权分配到行政区;水资源的功能区分与部门分配,如工业、农业、城市生活和生态环境等各方面用水的配给。

以流域水权的分配为例,市场经济体制下,流域水权的理论界定和分配基于如下假设:

① 水资源是短缺的,其供给存在稀缺性;

② 通过市场机制可以有效地分配流域水权;

③ 各行政区域对水资源的需求分为生态功能和资源功能两类。

从而,流域水权的界定和分配分为两个步骤:

第一,进行生态需水量的分配。根据流域和生态情况,要以流域为基本单元进行综合考虑,并以下游截面为计量点,计算所需保持生态稳定所需要的水量,以此为基础数据向上推,确立生态需水量总量并分配给各行政区,如果 D 为生态需水量,i 为地区,其基本数量关系为

$$D = \sum D_i$$

第二,确定各区资源功能用水量。由于水资源共给存在稀缺性,因此从全流域的角度来考虑,水权的界定和分配必须以实现有限水资源供给条件下的水资源社会效用最大化为目标。

设 Q 为流域可供水量;q_i 为行政区社会经济发展需水量;X 为除水资源需求量之外的其他参数;F 为水资源的社会经济效用函数,则

$$\max F = F_1(q_1, X_1) + F_2(q_2, X_2) + \cdots + F_i(q_i, X_i)$$

$$\text{S. t.} (Q - D) \leqslant q_1 + q_2 + \cdots + q_i$$

在社会总效用最大化前提下，根据这一条件方程组求出的最优水资源需求量 q_i^* 就是地区 i 所需要的水权量。

(三) 可交易取水许可证

可交易取水许可证是指将水资源的分配以定额数量的水许可证发放给社会和个人，规定每张取水许可证的标准取水数量，并允许市场交易。

可转让的许可证体系由下列基本要素构成：

① 许可证持有者能对特定的共享资源使用规定的数量；

② 许可证规定的水资源使用总量等于社会有效水平；

③ 许可证能够在水资源使用者之间自由交换。

一般的，可转让许可证制度的运作程序如下：首先由政府的资源管理机构确定特定共享资源的最佳使用水平，印制与社会有效水平相一致的水资源许可证，然后将其向水资源使用者拍卖，或无偿分配给水资源使用者，每个使用者只能使用与其购买的许可证相一致的水资源数量，否则将受到严厉的处罚。

如果足够数量的许可证参加交易，一个竞争性的许可证市场就会发生作用。在市场均衡时，许可证的边际收益将等于边际成本，因为在取水许可证初始发行时充分考虑了分配公平，却很难充分考虑到效率和社会的真实需求，而允许取水许可证上市交易，可以弥补效率上的不足。这样，在公平分配的基础上，靠市场的驱动力来达到水资源的合理配置使市场达到了社会福利净损失最小的配置。

可转让取水许可证制度产生了一个外在市场，由于这一市场把直接控制和税费制度下的某些优点结合起来，因而具有一定的吸引力。可转让的许可证制度如果能有效地发挥作用，则具有下列优点：

① 许可证拍卖能够充分发挥市场机制的作用，使其到达生产效率最高者手中，提高了水资源利用的社会效率；

② 在共享资源使用者之间的自由交易，可促进水资源利用水平的不断改进，鼓励技术进步，实现共享资源的利用从生产效率较低者向生产效率较高的创新者转移；

③ 水资源管理部门可由此获得部分收入以保护和提高水资源利用率。

然而，许可证制度也有一定的缺陷：政府如若拍卖许可证，通过拍卖获得收入，这与税费相类似，水资源使用者不一定满意这种做法；如果根据水资源使用的历史情况将许可证无偿分配给水资源使用者，尽管水资源使用者可以自由交易直到市场均衡，但是，新资源使用者要进入水资源使用者的行列，就必须向现有水资源拥有者购买许可证，新的资源使用者之间的竞争将抬高许可证的市场价格。因此对新的市场进入者而言，这与税费无异。

可交易取水许可证的数量随着供水量的变化而变化，在取水许可证初始分配不满足社会真实需求的情况下，允许取水许可证上市交易，不只是消费者之间收入的再分配，也是社会福利的增加，资源配置效率的提高。

假设市场上只有两个消费者 A 和 B，如图 11-3 所示。

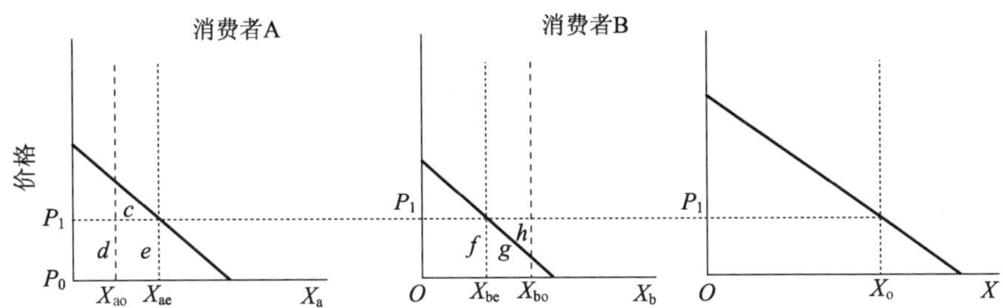

图 11-3　可交易取水许可证的社会福利变化

由于初始发行取水许可证时很难根据真实的现实需求进行配置，因此很难做到发行价格与均衡价格的统一。如果取水许可证以价格 P_0 发行，而此时市场上水资源的供需均衡价格为 P_1，此时，消费者 A 和消费者 B 的真实需水量分别为 X_{ae} 和 X_{be}，在 A 得到许可证 X_{ao}，B 得到许可证 X_{bo} 的情况下，A 的福利比均衡状态少了面积 $c+e$，B 的福利比均衡状态多了面积 g。在取水许可证不可流通的情况下，社会福利净损失为 $c+h$；而如果允许取水许可证进行流通，会减少社会福利净损失。此时，消费者 B 会将超过其真实需求量的取水许可证拿到市场上交易，因市场均衡价格 P_1 超过初始购入价格 P_0，因此消费者 B 的净福利增加为 h。消费者 A 在用货币换取其需要的取水许可证的情况下，净福利变为 c，故总的社会净福利增加 $c+h$。

第 3 节　水资源的公共管理

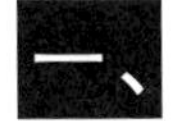

一、水资源的利用成本

水既有价值，也有不可替代的使用价值。水资源的综合开发利用(例如水的分配、保护、引用、排放、水利工程对水的控制、调节、处理等)要付出一定的劳动，其开发利用的成本包括短期总成本、长期总成本和边际成本，对短期总成本和长期总成本下短期生产和长期生产问题的分析完全符合经济学中最优生产规模的分析，而水资源经济配置决策的理论分析是围绕水资源开发利用的边际成本来展开的。

水资源开发利用的边际成本是指供给者增加一个单位的产量所增加的总成本量，分别可由短期总成本函数和长期总成本函数求得；且在边际报酬递减规律作用下，这两种边际成本曲线形状都呈先降后升的 U 字形。

水资源开发利用的成本计算具有其本身特征，随着开发利用程度的提高，未来的开发难度愈加增大，相应的(边际)成本也愈大。由于节水、治污和挖潜的边际成本计算具有相似性，这里选择节水措施的边际成本计算为例，以讨论水资源开发利用中的边际成本分析。①

假设：

① 各种措施在已有的不同规模时均已通过各类管理和技术手段达到相应的最大产出量，需依靠继续投入来增大产出量。这样的假定较符合社会经济用水调控的基本内涵。

② 设为节水量 W 所需要的总投资(或总费用)为 C，ΔC 表示采取节水措施所需的总投资变化量，Δw 表示采取措施后的节水变化量，且二者之间存在函数关系 $C=f(w)$。则节水边际成本 MC 为

$$MC=\frac{\Delta C}{\Delta W}=\lim_{\nabla\to 0}\frac{\Delta C}{\Delta W}=\frac{\mathrm{d}f(w)}{\mathrm{d}w}$$

以城镇节水为例，可采取技术改进、输配水工程改造、循环利用、产业调整、人口迁徙等措施，如果其相对应的投资分别是 C_1、C_2、C_3、C_4、C_5，原用水量为 W_0，采取节水措施后的用水量为 W_1，则城镇平均节水边际成本 AMC 为

$$AMC=\frac{C_1+C_2+C_3+C_4+C_5}{W_0-W_1}$$

如图 11－4 所示，设纵轴表示节水投资，横轴表示可能得节水量，从节水量与节水总成本之间的函数关系看，初期节水潜力很大时，节水措施的规模效益较好，稍有一些投资，其节水效益将十分明显；但随着节水潜力的不断挖掘，当其节水量接近理论上的最大可能值 W_{max} 时，提高节水效益的难度越来越大，且投资巨大。

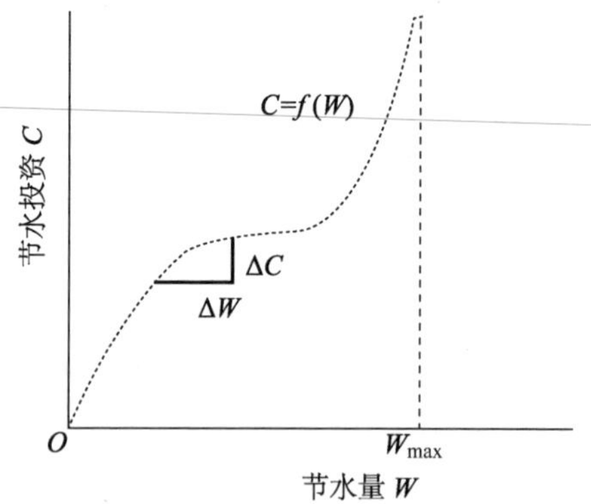

图 11－4　节水投资与节水量的关系

① 这里将节水界定为某一用户在保持其产业属性(或结构)不变的条件下，采取各种技术的或管理的措施，使其单位产值取水量(包括用水量、耗水量以及污水排放量)低于某一恰当标准的行为。

二、水资源公共管理

(一) 水资源公共管理的含义

对于水资源公共管理的阐释，学术界见仁见智，即使是在权威的《中国大百科全书》中，不同卷表述也都各自不同。

与水资源的概念相对应，水资源公共管理的概念也有广义和狭义之分。广义的水资源公共管理是整个社会为了满足社会对水(包括水量、水质、与水相关的环境等)的需求而对水进行的各个层次(国际、国家、流域、区域、灌区、用户等)的管理。而狭义的水资源公共管理仅指公共管理部门对水资源的管理。

水资源公共管理是组织性行为，由管理主体和客体组成。其主体有国际多边机构、国家机构、各级地方政府、流域及自治机构、企业、家庭等，虽然有的主体行为侧重于开发，有的侧重于节约和保护，但它们都在一定的管理制度和体制下实施管理行为，以达到最有效地满足相关主体对水资源的要求。

(二) 水资源公共管理的原则

作为稀缺和不可替代的自然资源，水资源日趋短缺成为制约国民经济发展的重要因素，如何让有限的水资源发挥更大效益、实现可持续利用，是各国面临的现实问题。在市场经济下，水资源的配置和管理应该尽可能地遵循市场经济原则，但因水资源本身所具有的自然和经济特性，必须加强水资源的公共管理，以达到短期效益与和长远利益的统一，局部利益与整体利益的统一，社会效益、经济效益与环境效益的统一。

1. 可持续利用原则

水资源是一种财富，其开发利用不仅要考虑当代人，还要考虑到子孙后代；水既是生产资料和生活资料，又是环境要素，尽管水资源是可再生的，但水资源赋存的环境和以水为基础的环境不一定是再生的。因此，水资源管理必须遵循可持续发展的原则，采取多种措施对稀缺的水资源加以保护和有效利用，既要保证水资源本身的可持续利用，又要保证与水相关的生态系统的持续和良性循环，给经济社会发展留有空间。

2. 公平与效率相平衡原则

谋求水资源的优化配置就是要实现投入产出的最佳比，谋求最大效益；以最小的排污量取得最大的经济成果，保证排水造成的社会福利的减少要小于生产带来的社会福利的增加；产业布局要将用水成本纳入决策函数，考虑当地水的供求趋势，提高重复利用率，减少单位产值耗水量。在用最少的水资源消耗实现组织目标的同时，作为水资源管理主体的政府，其重要职责就是保证社会的公平性，而且没有公平的社会不会有长期的高效率。因此水资源管理的指导思想应该是公平与效率的均衡，不可偏废。

3. 合理补偿原则

公平交易是市场经济必须遵循的原则之一，由于水资源的公平交易具有特殊性，因此要坚持合理补偿原则。如为保证良好水质，水源地居民往往要付出巨大代价，从而在水资源交易上他们不仅具有优先权，而且应该得到与其付出相适应的补偿；而水资源的开发利用者在受益的同时，有责任向资源所有者支付补偿，向国家和地方缴纳水资源税。

同时，要坚持成本回收和合理利润原则，在制定水价时除了核算水的商品成本外，还必须考虑有合理的利润，以保证有足够的流通资金来进行维护运行管理、大修与设备更新，保证供水企业自我积累和自主投资创造条件。

4. 承受性原则

水资源作为交易对象与其他常见的商品相比有着特殊性，其交易和配置对国家经济建设、社会发展、人民生活有全局性、长期性、决定性的影响，因此，水资源交易过程中必须保证价格在社会承受能力范围之内。供水价格的制定必须考虑用水产业和消费者的承受能力，保证正常生活和社会扩大再生产的需要，在保质、保量、及时供水的基础上，分门别类、按质按量、公平定价；并结合当地经济、自然条件和人民生活水平等具体情况制定措施与政策；特殊情况下，国家应予以适当的政策补贴。

(三) 水资源公共管理的内容

根据不同的功能，水资源公共管理的内容有很多不同的划分方法和体系。

按照水的社会经济循环及相应的管理内容划分，因水在人类开发利用过程中组成了一个闭合的社会循环，故对水资源管理也渗透到其中的每个环节，相应的水资源公共管理的内容包括：水资源勘探与评价、水资源开发利用规划、取水许可(或权属)、供水配置、需求调控、废水排放监管与回用、水环境规制等。

根据水事活动的不同功能划分，可以把水资源公共管理的内容体系概括为以下几个方面：①

水资源勘测与评估，它是降水、蒸发、地表水、地下水、土壤水、水土流失、泥沙、水质等监测网络的布局、监测机构的设置、监测结果的整理和颁布、水资源评价等。

水资源权属、计划、配置与调度，它是水权的划分、水权交易制度的设计、权

① 贾绍凤. 水资源经济学. 北京：中国水利水电出版社，2006：311。

属登记、权属纠纷仲裁、各用户之间的水资源合理配置、水资源时空优化调度、用水计划等。

水资源战略与规划，它是定期或不定期研究、制定、修订水资源长远发展战略与规划，包括流域规划。

水资源工程建设，它是水资源工程的项目前申报与审批，尤其是水资源工程可行性论证；水资源工程建设，包括移民工程、施工资金、施工进度、施工质量管理等；水资源工程建成后的运行管理，包括供水质量管理、水资源工程移民的后续管理。

水资源保护，它是防治水污染、保证水质；防止打井、开矿、土地开发等活动对原有地表地下产水、输水、储水系统的破坏，保护水源。

水资源需求调控、节水管理，它是利用经济、行政等手段，促进水资源高效利用，减少需求浪费，促进经济社会发展模式与水资源条件相适应。

水资源资产、价格与成本管理，它是对水资源资产评估、经营、委托或承包、买卖等的管理；水价管理，包括水价构成和变动程序的制度安排等；对具有自然垄断性的供水企业的成本进行相应的规制和监管。

水资源科技建设，它是水资源科技资源的合理配置，以取得更好的科技成果；技术标准的管理宗旨是把成熟先进的技术推广到实践中，并获得标准化管理的可靠、通用、共享。

水资源信息管理，它是水资源的各类信息(包括法律、规定、政策、规划、水资源勘测和评价数据、水资源工程论证信息、水资源工程运行信息、水资源成本与效益信息等)的发布、宣传和共享。

水资源人才建设，它是对水资源人才教育、培训、考评、奖惩的制度管理和人才环境建设。

水资源风险控制和灾害应对，它是干旱、水灾、水质污染等各类水资源风险的控制和灾害应对和综合管理。

三、国外水资源公共管理

(一) 德国的水资源管理

德国在水资源的开发和管理上，实行从联邦政府到州、地方、市政府、社团和企业各司其职的方式。具体由中央到地方实行四级管理。[①]

① 参见北京大学环境工程研究所，中国21世纪议程管理中心. 国外城市水资源管理与机制开发. 北京：中国水利水电出版社，2007：4-5。

1. 国家级

联邦政府主要进行宏观领导与管理，负责制定水资源开发利用的法律法规，全国水运航道的建设、维护和管理，水资源开发和管理的有关技术、科研和资料的管理工作。

2. 联邦各州

根据联邦政府制定的法律，16个州政府各自制定适合本州的水资源法规，并负责各自管辖范围内的供水、污水处理及相关水事活动的监督管理。

3. 各州的地方水务部门

各州的地方水务部门的职责是，贯彻国家的法律法规，负责本地区污水处理和供水管理；负责组建用水者协会，制订相应的水资源发展规划。

4. 各类水务协会

水务协会都有着明确的具体任务，如鲁尔区水务协会，具体负责鲁尔河流域供水和污水处理等。

这种管理水资源的框架如图11-5所示。

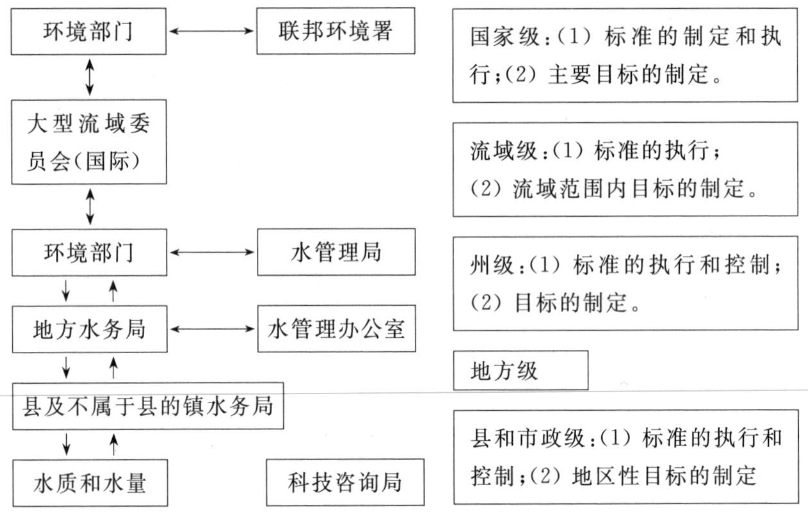

图11-5 德国水资源管理体制框架

(二) 美国的水资源管理

美国对水资源建立了按照水权管理的制度体系，主要包括：①

第一，将水权制度作为水资源管理和水资源开发的基础；

① 参见李晶．水权与水价——国外经验研究与中国改革方向探讨．北京：中国发展出版社，2003。

第二,按照优先用水的原则进行水权分配;获取水权需要缴纳费用;

第三,规范水权转让,培育水权交易市场;

第四,以水权作为交易股份成立股份制灌溉公司;

第五,因地制宜建立切合实际的水权管理体系;

第六,水权管理有一定的法律体系作保障;

第七,水权交易有公正的水权服务公司作为中介。

(三) 荷兰的水资源管理①

1. 水资源管理的参与者

荷兰有 12 个自治省,政府机构分为三级,从而水资源的管理也分为三级管理,中央政府、省政府和市镇政府各负其责。与政府管理密切相关的职能机构是分布于全国的水务局。表 11-1 显示了荷兰地下水与地表水管理分别在国家、地区以及地方的参与者。

表 11-1 荷兰地下水与地表水管理的参与者

管理级别	地下水管理	地表水管理
国家级管理	交通、公共工程和水资源部 环境保护部	
国际级协商	荷兰供水公司协会 农业委员会 环境保护部 农业部 省际协商会	水务局联盟 省际协商会 荷兰市政当局协会 公共事业代理处 环境保护部 工业协会
区域级管理	省(统一由省际协商会代表)	
	供水公司(私有公司,统一由供水公司协会代表)	水务局(公共代理,统一由水务局联盟代表)
区域级协商	省 供水公司 农民协会	工业 农民 市政当局
地方级管理		市政当局(负责污水系统)
地方级协商	饮用水生产单位(由供水公司管理)	污水处理厂(由水务局管理)

① 参见北京大学环境工程研究所,中国 21 世纪议程管理中心. 国外城市水资源管理与机制开发. 北京:中国水利水电出版社,2007:29-38。

2. 水资源管理的规划

为了实现水资源综合管理的目标，荷兰强化了水资源的规划。荷兰所有的水资源包括地下水、地表水、饮用水（城乡供水）、污水处理以及湿地、海洋等都由交通、公共工程和水资源部负责，所有水资源统一规划并列入国民经济发展计划。图 11-6 显示了水资源规划、总体规划与环境规划的关系。

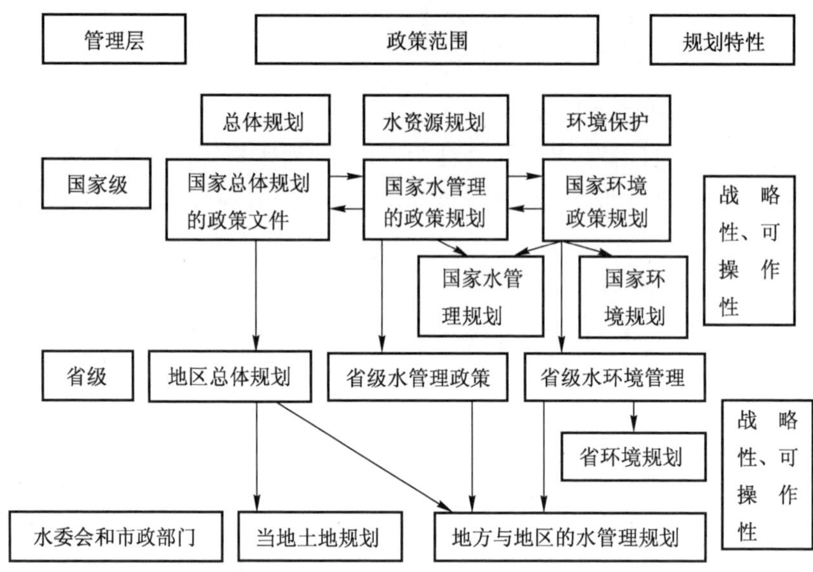

图 11-6 荷兰与水相关的规划之间的关系

3. 水资源管理部门的职责分工

荷兰水资源管理分为国家、省和地方三级，各个水资源管理部门职责分工明确，一般情况下，较高一级的机构对于下一级机构有监督权，地方管理机构可以有自己的政策和规则，但不能和上一级制定的法规相抵触。水务局独立于各级政府而自成一体。表 11-2 显示了荷兰水资源管理的职责分工。

表 11-2 荷兰水资源管理部门的职责分工

组织级别	组织名称	职　　责
国家级	交通、公共事务与水管理部	荷兰综合水法和政策的制定，对国有水域和水资源进行规划和管理；管理国有地表水，包括大江大河、主要运河、河口、领海及防洪、防潮大坝、大堤等
	房屋、自然规划与环境部	负责荷兰总体环境政策的制定、规划与协调，主要是有关大气、土壤、废水、固体废物、噪声、辐射等问题的法规及其环境影响评价，负责饮用水、排污和土地规划等

续表

组织级别	组织名称	职　　责
区域级	省政府	制订省的水管理计划和战略规划；省内非国有水资源的管理；省内地下水和区域内的地表水水质的管理
	饮用水公司	负责饮用水的供给
地方级	地方市政府	管理城市的排水系统，并将收集到的污废水送到水务局管理的污水处理厂进行处理
民主组织	水务局	负责管理辖区内的灌溉、引流、排水、水净化以及运河和河流等

(四) 法国的水资源管理①

1. 法国水资源管理体制

法国水资源管理体制分为四个层面，即：国家级、流域级、地区级和地方级。

首先是国家级。国家级水资源管理部门是国土规划与环境保护部，其职能是制定全国性水管理法律法规和政策，定期召开各部代表会议，提出中期、长期规划目标，审定流域水资源开发规划和各省水质改善目标，监督各个流域的工作等。

其次是流域级。流域级的管理机构包括流域委员会和流域水管局。法国水管理以水文流域为单元，在涉及地表水与地下水、水量和水质管理方面，流域管理效果明显。

再次是地区级。地区级水管理机构主要包括地区领导、地区水技术委员会与地区环境办公室，其职能分别是参与其管辖区域开发计划的制订和执行，以协调研究工作以及监督和批准项目的执行。

最后是地方级。在地方级层次上，由地方政府按照法律法规，在流域水资源开发管理规划的框架下，提出本区域水资源开发管理规划，组织生活用水供应及污水处理、筹集资金、决定投资金额、决定工程的管理方式、决定水价等。水管理工作主要在乡镇一级政府，大区和省级政府主要是代表国家行使监督职能。

2. 法国水资源管理的原则

法国水资源均作为国有公共财产进行管理，管理的原则是：

① 水资源管理尊重地理状况，不单纯以行政边界划分；

② 在考虑水生态系统问题的解决方案时，必须综合考虑所有用水户的需求；

③ 建立协商机制，协调各个公共部门的行动；

④ 用水户、污染者必须遵循“谁污染谁负责”的原则；

⑤ 依法办事，各相关合同的签订、投资计划的拟定等都需要遵循流域管理局制订的一系列程序来操作；

---

① 参见北京大学环境工程研究所，中国 21 世纪议程管理中心．国外城市水资源管理与机制开发．北京：中国水利水电出版社，2007：65-69。

⑥ 在遵循法律规定的前提下,充分尊重每个私人或管理机构的能力。

3. 法国水资源管理的特点

法国水资源管理的特点主要是:

① 注重水资源的权属管理,实行水资源分权管理制,四个层级各司其职;

② 注重以法制手段来规范水资源管理,形成了较为完善的水资源管理法规体系;

③ 注重以流域为单元的水质水量综合管理;

④ 通过市场调节手段优化水资源配置;

⑤ 水资源管理的民主化;

⑥ 公司企业进行水资源项目经营管理。

(五) 澳大利亚的水资源管理[①]

澳大利亚水资源管理大体上分为联邦、州和地方三级,但基本以州为主,各州对水资源的管理都是自治的。各州都有自己的水法及水资源委员会或者类似的机构,负责水资源的评价、规划、分配、监督、开发和利用;建设州内所有与水有关的工程,如供水、灌溉、排水、河道整治等。

澳大利亚水资源管理以州政府为中心,体制上有利于信息的传播与反馈,能够制定出符合实际的政策,减少实施的中间环节,避免出现多部门之间的矛盾。图11-7以维多利亚州为例说明澳大利亚政府水资源的管理结构。

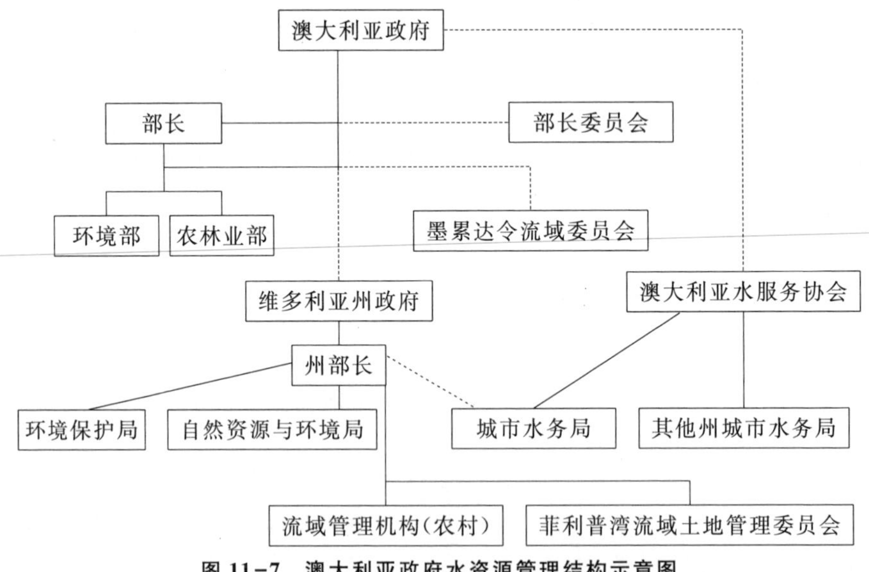

图11-7 澳大利亚政府水资源管理结构示意图

① 参见北京大学环境工程研究所,中国21世纪议程管理中心. 国外城市水资源管理与机制开发. 北京:中国水利水电出版社,2007:157-158。

四、中国水资源公共管理的改革

水资源的公共管理包括对水资源的开发、利用、保护与管理，既要开发水利（供水、发电、航运、渔业、旅游、休闲等）、均衡配置，又要防治或规避水害（洪涝、干旱灾害）、防治水污染。要保证水资源公共管理高效、公平和可持续性，必须进行中国水资源公共管理的改革。

（一）加强规划，统筹协调

水资源配置具有利益矛盾复杂化、尖锐化和不易协调等特点，是关系人民生活、国家稳定和经济增长的重大问题。缓解 21 世纪初期水资源供需压力，应把水的问题放在整个经济社会发展的全局中进行统筹考虑，遵循客观规律，把握经济社会可持续发展和生态环境保护对水资源的要求，深入研究水资源的承载能力，慎重论证重大水资源工程的布局，提出水资源合理开发、优化配置、高效利用、有效保护和综合治理的总体布局及实施方案，实现防洪安全、供水安全和环境安全，协调好生活、生产和生态用水，以水资源的可持续利用支持经济社会的可持续发展。

（二）以市场经济手段为基础

供水建设周期长、投资大，公益性强，单纯依靠国家公共财政的投入是远远不够的。同时，水资源的管理和配置是一种利益分配，水资源的合理配置必须要注重水资源的自然属性、经济属性和水资源可持续利用的客观要求，发挥市场在水资源配置中的基础作用。通过引导和培育水资源交易市场，建立交易规则，为水权和水量流转创造条件；建立科学合理的水价形成机制，发挥价格在水资源配置当中的杠杆作用；建立控制污水排放、污水治理、利益补偿和各类要素市场的管理运作机制，有效地调节水资源的供需关系，促进水资源的供需平衡和生态环境保护，提高用水效率和优化配置的目的。

（三）完善国民经济核算体系

水资源核算包括实物量、价值量、水质核算三个方面，而目前许多国家水资源核算研究工作仍处在实物量核算阶段。由于通过货币表现形式可更加明确地从价值量的变化来衡量水资源的状况和变化，并运用此数据来修正国民生产总值，真正地将环境资源纳入国民经济核算体系之中，因此价值量核算更加重要。由于水资源核算是由多部门、多层次、多环节、多因素组成的，它们纵横交错，相互联系又相互制约，因此必须完善国民经济核算体系，修正国民生产总值，消除由于消耗资源、恶化环境而带来的国民经济的虚假增长，从宏观上观察、分析和有效地加强自然资源的管理。

（四）水务管理一体化

水资源作为基础性的自然资源和战略资源，越来越成为经济社会发展的制约因素。为更好地适应社会经济发展的进程，使有限的水资源发挥最佳的经济效益和社会效益，水务一体化管理成为必要。

实行水务一体化管理体制有利于实现水资源管理上的质与量的统一、开发与治理的统一、节约与保护的统一；促进供水和污水处理一体化，地表水和地下水管理一体化，城乡防洪、抗旱灌溉管理一体化，城乡供水水源和供水管网建设一体化，改变部门分割、交叉管理的情况，实现水资源的优化配置。

坚持“先节水后调水、先治污后通水、先环境保护后用水”的原则，加强水资源调蓄和配置工程建设，提高对水资源在时间和空间上的调控能力。强化水资源统一调度，协调好生活、生产和生态用水。

（五）建立可靠的供给保障与高效利用体系

随着人口的急剧增长，世界近 50 年的农业用水增长了 5 倍，工业用水增长了 26 倍，生活用水增长了 18 倍，因此必须建立可靠的水资源供给与高效利用保障体系。可靠的水资源供给重在开源、保护和质量管理，充分利用现有经济条件和先进水处理技术，扩大可利用水源范围，如污水回用、循环利用海水淡化、苦咸水利用、雨水利用等；积极实施跨流域的调水工程，通过人工再分配、迁移等调水手段，缓解水资源时空分布上的紧缺状况；同时，要调整产业结构布局与经济结构，大力发展高效节水农业、工业，加强城镇节水；提高用水的循环利用程度，提倡和推行分质供水；改进原有供水系统，开发节水技术，加大水处理科技与工程的投入，加大技术交流与合作；大力推进环境保护工作，退耕还林、退牧还草、涵养水源；加强水污染防治的力度，缓解和逐步改善水体污染，保护好有限的水资源；逐步建设节水型社会。

建设节水型社会是解决我国干旱缺水问题最根本、最有效的战略举措，也是促进经济增长方式转变的重要手段和基本途径。节水型社会建设主要通过对社会管理制度的变革，调整生产关系和产业结构，进行制度建设，达到节水增效的目的。

（六）建立完善的防洪减灾、生态环境安全保障体系

随着自然灾害和突发事件频率的不断提高，建立完善防洪减灾、生态环境安全保障体系的重要性愈发显现，因此，要建立防洪保险、救灾机制，建设防洪控制

性枢纽，确保重要城市和重点地区的防洪标准，建立现代化的防洪减灾信息技术体系、专业队伍和安全保障体系。

要加强水资源保护，就必须严格供水水质标准，建立健全水资源管理的法规制度，加强工业和生活污水的治理和排放系统的建设，加强水污染监测和控制；搞好河湖水系的综合治理，保证生态脆弱地区的生态环境用水，划定重点预防和监督区，控制地下水严重超采区和重点河湖的生态环境防止水土流失，协调好生产、生活和生态用水。

思考题

1. 简述水资源的自然和经济特性。
2. 试论水资源市场配置和公共管理的异同。
3. 画图并阐释水价对水资源的配置原理。
4. 试论我国的供水安全和水资源的可持续利用。
5. 试述你所在城市的水价制定方法，并评价其利弊。

主要参考文献

[1] “十五”国家高技术发展计划能源技术领域专家委员会．能源发展战略研究[M]. 北京:化学工业出版社,2004.

[2] 迈里克·弗里曼 A. 环境与资源价值评估:理论与方法[M]. 北京:中国人民大学出版社,2002.

[3] Adamowicz W, Boxall P, Williams M, et al. Stated preferences approaches to measuring passive use values[J]. American Journal of Agricultural Economics. 1998, 80(1): 64-75.

[4] Adamowicz W, Louviere J, Williams M. Combining revealed and stated preference methods for valuing environmental amenities[J]. Journal of Environmental Economics and Management, 1994, 26(3): 271-292.

[5] Boulding, K. E. The economic of the coming spaceship[M]. Johns Hopkins University Press, 1966.

[6] Boxall P, Adamowicz W, Swait J, et al. A comparison of stated preference methods for environmental valuation[J]. Ecological Economics, 1996, 18(3): 243-253.

[7] BP statistical review of world energy june 2005[OL]. [2007-10-08]. http://www.bp.com/statisticalreview2005

[8] Jianjun Jin, Zhishi Wang, Shenghong Ran. Comparison of contingent valuation and choice experiment in solid waste management programs in Macao[J]. Ecological Economics, 2006, 57: 430-441.

[9] Jianjun Jin, Zhishi Wang, Shenghong Ran. Estimating consumer preferences for solid waste management programs in Macao using choice experiment[J]. Waste Management & Research, 2006, 24: 301-309.

[10] 韦布 M G, 里基茨 M J. 能源经济学[M]. 重庆:西南财经大学出版社, 1987.

[11] Morrison M, Bennett J, Blamey R. Valuing improved wetland quality

using choice modelling[J]. Water Resources Research, 1999, 35(9): 2805-2814.

[12] 吕贝尔特 R. 工业化史[M]. 上海:上海译文出版社,1983.

[13] Tietenberg. 环境与自然资源经济学[M]. 严旭阳,译. 北京:经济科学出版社,2002.

[14] 埃尔克曼. 工业生态学——怎样实施超工业化社会的可持续发展[M]. 北京:经济日报出版社,1999.

[15] 奥蒂. 资源富足与经济发展[M]. 北京:首都经济贸易大学出版社,2006.

[16] 北京大学环境工程研究所,中国 21 世纪议程管理中心. 国外城市水资源管理与机制开发[M]. 北京:中国水利水电出版社,2007.

[17] 毕宝德. 土地经济学[M]. 北京:中国人民大学出版社,2001.

[18] 蔡运龙. 自然资源学原理[M]. 北京:科学出版社,2001.

[19] 陈大夫. 环境与资源经济学[M]. 北京:经济科学出版社,2001.

[20] 陈家清. 浅谈"水资源"和"水资源学"[J]. 水资源论坛,1994,(3).

[21] 陈家清. 水资源学概论[M]. 北京:中国水利水电出版社,1996.

[22] 大岛茂男. 可持续经济发展的道路[M]. 北京:中国农业出版社,2000.

[23] 戴利,汤森. 珍惜地球:经济学、生态学、伦理学[M]. 北京:商务印书馆,2001.

[24] 堤清二. 消费社会批判[M]. 北京:经济科学出版社,1998.

[25] 恩格斯. 自然辩证法[M]//马克思恩格斯选集:第 4 卷. 北京:人民出版社,1995:383.

[26] 福格特. 生存之路[M]. 北京:商务印书馆,1981.

[27] 高岚,王富炜,李道和. 森林资源评价理论与方法研究[M]. 北京:中国林业出版社,2006.

[28] 赫尔曼·E·戴利.《走向稳态经济》论文集绪论[M]//赫尔曼·E·戴利,肯尼思·N·汤森. 珍惜地球:经济学、生态学、伦理学[M]. 北京:商务印书馆,2001.

[29] 霍斯特·西伯特. 环境经济学[M]. 北京:中国林业出版社,2002.

[30] 加勒特·哈丁. 公地的悲剧[M]//赫尔曼·E·戴利,肯尼思·N·汤森. 珍惜地球——经济学、生态学、伦理学[M]. 北京:商务印书馆,2001.

[31] 贾敬敦,黄黔,徐铭. 中国资源(矿业)枯竭型城市经济转型科技战略研究[M]. 北京:中国农业科学技术出版社,2004.

[32] 贾绍凤. 水资源经济学[M]. 北京:中国水利水电出版社,2006.

[33] 姜文来. 水资源价值论[M]. 北京:科学出版社,1999.

[34] 蒋敏元,李继军,李龙成. 森林资源经济学[M]. 2 版. 哈尔滨:东北林业大

学出版社,2004.

[35] 金丹阳.再生资源产业的实践与探索[M].北京:中国环境科学出版社,2001.

[36] 金建君,王志石.澳门改善固体废弃物管理的总经济价值评估[J].中国人口、资源与环境.2005,15(6):122-125.

[37] 金建君,王志石.澳门固体废弃物管理的经济价值评估[J].中国环境科学,2005,(6):751-755.

[38] 金建君,王志石.条件价值法在澳门固体废弃物管理经济价值评估中的应用[J].地球科学进展,2006,21(6):605-609.

[39] 金建君,王志石.选择试验模型法在澳门固体废弃物管理中的应用[J].环境科学,2006,(3):820-824.

[40] 康静文,薛俊明,刘洪福.矿产资源学[M].北京:煤炭工业出版社,2002.

[41] 宫尺健一.产业经济学[M].2版.北京:东洋经济新报社,1987.

[42] 克拉克.政治经济学——比较的观点[M].北京:经济科学出版社,2001:359.

[43] 拉坦.农业发展:国际前景[M].北京:商务印书馆,1993.

[44] 郎一环.建议用“能源”和“能量资源”替代“能源资源”[J].科技术语研究,2003,(5).

[45] 郎一环.全球资源态势与中国对策[M].武汉:湖北科学技术出版社,2000.

[46] 李春雨,石海宽.水资源价格理论研究综述[J].山西水利科技,2002,(1).

[47] 李嘉图.政治经济学及赋税原理[M].北京:商务印书馆,1962.

[48] 李金昌,姜文来,靳乐山,等.生态价值论[M].重庆:重庆出版社,1999.

[49] 李晶.水权与水价——国外经验研究与中国改革方向探讨[M].北京:中国发展出版社,2003.

[50] 李良园.上海发展循环经济研究[M].上海:上海交通大学出版社,2000:10-11.

[51] 李祥仪,李仲学.矿业经济学[M].北京:冶金工业出版社,2001.

[52] 连亦同.自然资源评价利用概论[M].北京:中国人民大学出版社,1987.

[53] 梁小民.经济学家的赌博[J].万象,2003,(1).

[54] 刘成武,杨志荣,方中权,等.自然资源概论[M].北京:科学出版社,2000.

[55] 刘静.我国水资源问题与经济可持续发展[J].宏观经济管理,2002,(4).

[56] 刘学敏.城市化与可持续发展[M].北京:中共中央党校出版社,2004.

[57] 刘学敏.中国价格管理研究——微观规制和宏观调控[M].北京:经济管理出版社,2001.

[58] 卢岑贝格. 自然不可改良[M]. 北京:生活·读书·新知三联书店,1999.
[59] 鲁传一. 资源与环境经济学[M]. 北京:清华大学出版社,2004.
[60] 罗必良,王玉蓉. 自然资源利用的不确定问题[J]. 生态经济通讯,1994.
[61] 罗杰·珀曼,马越,詹姆斯·麦吉利弗雷,等. 自然资源与环境经济学[M]. 北京:中国经济出版社,2002.
[62] 马克思,恩格斯. 马克思恩格斯全集:第1卷[M]. 北京:人民出版社,1972:82.
[63] 马克思,恩格斯. 马克思恩格斯选集:第2卷[M]. 北京:人民出版社,1972:537.
[64] 马克思. 资本论:第1卷[M]. 北京:人民出版社,1975.
[65] 马克思. 资本论:第3卷[M]. 北京:人民出版社,1975.
[66] 马中. 环境与资源经济学概论[M]. 北京:高等教育出版社,1999.
[67] 麦克唐纳,布朗嘉特. 从摇篮到摇篮——循环经济设计之探索[M]. 上海:同济大学出版社,2005:100.
[68] 欧阳洪亮. 湖南雪峰山金祸陷入怪圈,万人上山疯狂挖金[N]. 潇湘晨报,2005-3-9.
[69] 庞保成,张大中. 矿产资源最优耗竭的经济学分析[J]. 资源与产业,2006,8(5):96-98.
[70] 秦德先,刘春学. 矿产资源经济学[M]. 北京:科学出版社,2002.
[71] 邱俊齐. 林业经济学[M]. 北京:中国林业出版社,1998.
[72] 曲福田. 资源经济学[M]. 北京:中国农业出版社,2001.
[73] 沈满洪. 资源与环境经济学[M]. 北京:中国环境科学出版社,2006.
[74] 什科连科. 哲学·生态学·宇航学[M]. 沈阳:辽宁人民出版社,1988.
[75] 石玉林. 资源科学[M]. 北京:高等教育出版社,2006.
[76] 史培军,刘学敏. 生态建设产业化,产业发展生态化[J]. 求是,2003,(4).
[77] 斯蒂格利茨. 经济学[M]. 北京:中国人民大学出版社,1997.
[78] 斯蒂格利茨. 中国第二步改革战略[N]. 人民日报,1998-11-13(2).
[79] 斯密. 国民财富的性质与原因的研究[M]. 北京:商务印书馆,1972:13-14.
[80] 苏伦·埃尔克曼. 工业生态学——怎样实施超工业化社会的可持续发展[M]. 北京:经济日报出版社,1999.
[81] 速水佑次郎. 日本农业保护政策探[M]. 北京:中国物价出版社,1993.
[82] 孙鸿烈. 中国资源科学百科全书[M]. 北京:中国大百科全书出版社,2000.
[83] 汤姆·泰坦伯格. 环境与自然资源经济学[M]. 北京:经济科学出版社,2003.
[84] 陶在朴. 生态包袱与生态足迹——可持续发展的重量及面积计量[M]. 北

京:经济科学出版社,2003:12-15.

[85] 汪丁丁.资源经济学若干前沿问题[M]//汤敏,茅于轼.现代经济学前沿专题:第二集.北京:商务印书馆,1993.

[86] 王春元.水资源经济学及其应用[M].北京:中国水利水电出版社,1999.

[87] 王德鼎.中国自然资源经济评价[M].北京:中国农业科技出版社,1994.

[88] 王贵成.我国矿产资源可持续开发利用研究[J].引进与咨询,2003,4:15-17.

[89] 王克强,王洪卫,刘红梅.土地经济学[M].上海:上海财经大学出版社,2005:202-212.

[90] 王青云.资源型城市经济转型研究[M].北京:中国经济出版社,2003.

[91] 王如松.循环经济建设的产业生态学方法[M]//王如松.复合生态与循环经济.北京:气象出版社,2003:154.

[92] 王世军.矿产资源配置方式分析[J].中国矿业,2005,14(11):42-44.

[93] 王舒曼.自然资源核算理论与方法研究[M].北京:中国大地出版社,2001.

[94] 王伟,邓蓉,何伟.土地经济学[M].北京:中国农业出版社,2006.

[95] 王亚华.水权解释[M].上海:上海人民出版社,2005.

[96] 王永霞.山西近 1/7 地面“悬空”,全省斥资 70 亿“疗伤”[N].南方都市报,2005-8-29.

[97] 魏晓平.矿产资源代际配置的若干问题研究[J].中国矿业大学学报:社会科学版,2002,2:74-79.

[98] 魏一鸣,范英,韩智勇,等.中国能源报告(2006)——战略与政策研究[M].北京:科学出版社,2006.

[99] 吴德春,董继武.能源经济学[M].北京:中国工人出版社,1991.

[100] 吴松钦,张立华,李建欣.浅论市场配置矿产资源[J].矿产保护与利用,2004,2:1-4.

[101] 武力.中华人民共和国经济史[M].北京:中国经济出版社,1999.

[102] 闫军印,赵国杰,孙卫东.基于可持续发展的区域矿产资源配置问题研究[J].生态经济,2006,5:5-9.

[103] 杨艳琳.资源经济发展[M].北京:科学出版社,2004.

[104] 杨云彦.人口、资源与环境经济学[M].北京:中国经济出版社,1999.

[105] 姚志勇.环境经济学[M].北京:中国展望出版社,2002.

[106] 约翰·伊特韦尔,彼得·纽曼,默里·米尔盖特.新帕尔格雷夫经济学大辞典:第 3 卷[M].北京:经济科学出版社,1996.

[107] 伊武军.资源、环境与可持续发展[M].北京:海洋出版社,2001.

[108] 张帆.环境与自然资源经济学[M].上海:上海人民出版社,1998.

[109] 张培刚.新发展经济学[M].郑州:河南人民出版社,1992.

[110] 张平军.西北水资源与区域经济的可持续发展研究[M].北京:中国经济科学出版社,2005.

[111] 张志强,徐中民,程国栋.条件价值评估法的发展与应用[J].地球科学进展,2003,18(3):454-463.

[112] 中国21世纪议程管理中心.可持续发展在欧洲——EMCP赴欧盟地方与城市发展考察报告(北欧篇)(内部交流资料).2004,北京.

[113] 钟水映,简新华.人口、资源与环境经济学[M].北京:科学出版社,2005.

[114] 周诚.土地经济学原理[M].北京:商务印书馆,2003.

[115] 周文斌.中部地区水资源开发与利用研究[M].北京:经济科学出版社,2006.

[116] 朱迪·丽丝.自然资源:分配、经济学与政策[M].北京:商务印书馆,2002.

[117] 朱志刚.稳步实施资源价格改革,推动增长方式转变[OL].[2005-11-15].http:// theory.people.com.cn/GB/49169/49170/3855304.html

[118] 诸大建.德国的可持续发展与循环经济[M]//李良园.上海发展循环经济研究.上海:上海交通大学出版社,2000:212.

读者意见反馈

为收集对教材的意见建议，进一步完善教材编写并做好服务工作，读者可将对本教材的意见建议通过如下渠道反馈至我社。

咨询电话　400－810－0598

反馈邮箱　hepsci@pub.hep.cn

通信地址　北京市朝阳区惠新东街 4 号富盛大厦 1 座

　　　　　高等教育出版社理科事业部

邮政编码　100029